AI
투자 버블이
온다

닷컴 버블에서 배운
10가지 생존 법칙

AI 투자 버블이 온다 - 닷컴 버블에서 배운 10가지 생존 법칙

© Dalgas Lab·클라우디아 로드니 2026

1판 1쇄 인쇄__2026년 1월 10일
1판 1쇄 발행__2026년 1월 15일

지은이__Dalgas Lab, 클라우디아 로드니
펴낸이__홍정표
펴낸곳__글로벌콘텐츠
　　　　등록__제25100-2008-000024호

공급처__(주)글로벌콘텐츠출판그룹
　　　　대표_홍정표 이사_김미미 편집_백찬미 남혜인 홍명지 권군오 기획·마케팅_홍민지
　　　　주소__서울특별시 강동구 풍성로 87-6
　　　　전화__02) 488-3280 팩스__02) 488-3281
　　　　홈페이지__http://www.gcbook.co.kr
　　　　이메일__edit@gcbook.co.kr

값 25,000원
ISBN 979-11-5852-623-8 03320

AI

투자 버블이
온다

닷컴 버블에서 배운
10가지 생존 법칙

Dalgas Lab

클라우디아 로드니 지음

글로벌콘텐츠

AI 투자 버블은
개인 투자자들의 유입으로 완성된다.
OpenAI의 IPO가 성공했을 때,
그때가 정점이다.

폭풍의 발원지를 보지 않고는
집을 지킬 수 없다

이 책은 미국의 실리콘밸리와 월스트리트를 배경으로 한 AI 버블의 실체를 다룬다. 책의 첫 장을 넘기며 어떤 독자들은 의구심을 가질지도 모른다. "왜 한국 기업이 아닌 OpenAI와 NVIDIA(엔비디아), 나스닥의 AI 버블을 이토록 집요하게 이야기하는가?"

그 이유는 거대한 거품이 만들어지고 터지는 과정에서 대한민국은 전 세계 그 어느 나라보다 미국의 경제 상황에 즉각적이고 파괴적인 영향을 받기 때문이다.

우리는 이미 두 차례의 거대한 파도를 통해 이 잔혹한 공식을 학습했다. 첫 번째는 2000년 닷컴 버블이다. 당시 태평양 너머 나스닥에서 시작된 기술주 폭락은 단 며칠 만에 코스닥 시장을 덮쳤다. 나스닥이 휘청이자 코스닥은 비명을 지르며 고점 대비 80% 이상 추락했고, '벤처 열풍'에 베팅했던 수많은 한국의 개인 투자자들이 파산을 맞이했다. 버블의 발원지는 미국이었지만, 그 잔해를 치워야 했던 것은 우리였던 것이다.

두 번째는 2008년 리먼 브라더스 사태로 촉발된 글로벌 금융위기이다. 뉴욕의 투자은행 하나가 무너졌을 뿐인데, 한국의 환율은 치솟았고 외화 유동성은 얼어붙었다. 미국의 부실 채권 문제는 곧바로 한국 부동산 시장의 침체와 가계 부채 위기로 이어졌다. 미국이 재채기를 하면 한국은 독감에 걸린다는 말은 비유가 아니라, 우리의 생존을 결정짓는 실물 경제의 법칙인 것이다.

AI 버블: 왜 과거보다 더 위험한가

현재의 AI 광풍은 과거의 위기보다 훨씬 더 미국 중심적이다. AI의 지능을 공급하는 OpenAI와 Google(구글), 그 지능을 가동하는 칩의 독점권자인 NVIDIA, 그리고 이들에게 무한한 자본을 공급하는 빅테크들이 모두 미국에 있다.

대한민국의 주력 산업인 반도체는 이 '미국산 엔진'에 부품을 납품하며 지탱되고 있다. 만약 이 책에서 예견하는 것처럼 OpenAI의 IPO가 광기의 정점을 찍고 개인 투자자들이 대거 AI 열풍에 올라타면서 거품이 터지기 시작한다면, 미국의 빅테크들이 투자를 멈추는 순간 한국의 삼성전자와 SK하이닉스, 그리고 수많은 협력사는 즉각적인 실적 쇼크를 마주하게 될 것이다.

이 책은 '조기 경보 시스템'이다

이 책에서 미국 시장의 지표와 OpenAI의 행보를 집요하게 추적하는 이유는 단순하다. 폭풍의 발원지를 추적해야만 우리 집 지붕을 언제 고쳐야 할지 알 수 있기 때문이다. 나스닥 지수가 꺾이는 지점, OpenAI의 실적이 기대를 배신하는 순간, 그리고 월스트리트의 거물들이 조용히 Exit를 준비하는 징후를 읽어내는 것은 한국에서 자신의 자산과 일터를 지키고 싶은 이들에게 가장 절실한 '생존 지도'가 될 것이다.

이 책에 담긴 이야기는 결코 남의 나라 이야기가 아니다. 머지않아 여러분의 계좌와 우리 이웃의 일자리에 직접적인 타격을 줄 미래의 예고편이다.

미국을 공부함으로써, 역설적으로 가장 한국적인 생존 전략을 세울 수 있다. 파티가 끝나고 조명이 꺼지기 직전, 이 책이 여러분에게 가장 차가운 이성을 찾아주는 이정표가 되기를 바란다.

서문

거품의 냄새는 언제나 같다

닷컴의 향기

2025년 11월, 샌프란시스코 소마(SoMa) 지역의 한 카페에서 나는 묘한 기시감에 사로잡혔다. 스타트업 창업자들이 모여 앉아 "우리 회사 밸류에이션이 3개월 만에 3배 올랐다"라고 자랑하고, 벤처캐피탈리스트들은 "지금 투자하지 않으면 기회를 놓친다"라며 조바심을 냈다. 누군가는 "이번엔 다르다. AI는 진짜 혁명이다"라고 외쳤다.

그 순간, 나는 1999년으로 돌아간 것 같았다.

당시 나는 스물여섯 살의 주니어 애널리스트였다. 실리콘밸리는 닷컴 열풍에 휩싸여 있었고, 모든 사람이 부자가 될 수 있다고 믿었다. '.com'만 붙으면 기업가치가 수십억 달러로 뛰었고, 수익 모델이 없어도 IPO는 성공했다. '인터넷이 모든 것을 바꿀 것'이라는 서사는 강력했고, 의심하는 사람은 '시대를 읽지 못하는 꼰대'로 취급받았다.

그리고 2000년 3월, 거품이 터졌다. 나스닥은 78% 폭락했고, 수천 개의 스타트업이 하루아침에 사라졌다. 사무실에서 함께 일하던 동료들은 하나둘 실리콘밸리를 떠났다. 나 역시 포트폴리오의 70%를 잃었다. 그로부터 25년이 지난 지금, 역사는 놀라울 정도로 정확하게 반복되고 있다.

닷컴과 AI – 다른 기술, 같은 구조

사람들은 이렇게 말한다. "AI는 닷컴과 다르다. 이번엔 진짜 기술이 있다." 맞는 말이다. ChatGPT는 진짜로 작동하고, 생성형 AI는 실제로 가치를 창출한다. 1999년의 Pets.com처럼 허술한 비즈니스 모델이 아니다.

하지만 그들이 놓치는 것이 있다. **기술의 진위 여부는 버블과 무관하다.** 튤립도 실제로 아름다운 꽃이었다. 철도도 진짜로 도시를 연결했다. 인터넷도 실제로 세상을 바꿨다. 그럼에도 튤립 버블(1637), 철도 버블(1840s), 닷컴 버블(2000)은 모두 터졌다. 문제는 기술의 유무가 아니라 자본이 기술보다 훨씬 빠르게 움직였다는 사실이다.

내가 이 책에서 증명하려는 것은 딱 하나다. 버블은 기술의 산물이 아니라 인간 욕망의 산물이며, 그 구조는 400년간 거의 변하지 않고 있다는 점이다.

닷컴 버블과 AI 버블의 구조적 유사성을 보자.

1단계: 유동성 유입
닷컴(1995~1999): 저금리 정책과 아시아 금융위기 이후 달러 유입
AI(2020~2023): 제로 금리 시대와 코로나 팬데믹 이후 양적완화

2단계: 서사의 확산
닷컴: "인터넷이 모든 산업을 파괴한다"
AI: "AI가 모든 직업을 대체한다"

3단계: 투기적 광풍
닷컴: 매출 없는 기업들의 수십억 달러 밸류에이션
AI: 수익 없는 기업들의 수억 달러 시드 라운드

4단계: 현실과의 충돌
닷컴: 2000년 3월, '수익성이 없다'는 각성
AI: 2026년, '추론 비용이 너무 비싸다'는 각성(진행 중)

차이가 있다면 속도다. 닷컴 버블은 5년이 걸렸지만, AI 버블은 불과 18개월 만에 동일한 단계를 통과했다. 자본의 속도가 빨라진 만큼, 붕괴도 더 가파를 것이다.

기술서가 아닌 현금서

이 책은 AI 기술의 버블을 설명하지 않는다. 의료용 AI의 진실을 파헤쳐 보니 얼마나 의미 없는 동작을 하는지, 생산성을 20% 높여준다는 AI는 또 얼마나 많은 오류를 뿜어내는지에 대한 설명은 다른 책에 넘긴다. 그런 것들은 이미 충분히 많이 쓰였고, 솔직히 말해 투자자에게는 그다지 중요하지 않다.

내가 이 책에서 집요하게 추적하는 것은 단 하나다. 돈이 어디에서 와서 어디로 가는가이다. OpenAI는 기술적으로 놀라운 기업이지만, 투자자에게 중요한 것은 '그들이 추론 비용을 어떻게 감당하는가'와 '언제 수익을 낼 것인가'이다. Midjourney(미드저니)는 아름다운 이미지를 생성하지만 핵심은 '그들의 구독 모델이 GPU 비용보다 빠르게 성장하는가'이다.

이 책에서 '투자자의 지도'라고 명시한 이유가 여기 있다. 나는 엔지니어가 아니라 투자자의 눈으로 AI 시장을 본다. 그리고 투자자의 눈은 기술의 화려함이 아니라 현금 흐름의 지속 가능성을 추적한다.

제1부에서는 버블의 보편적 구조를 해부한다. 왜 인간은 400년 동안 같은 실수를 반복하는가? 고정관념, 편향, 집단 광기의 메커니즘을 파헤친다.

제2부에서는 AI 밸류체인을 따라 돈의 흐름을 추적한다. 모델 기업(OpenAI, Anthropic)은 실제로 돈을 벌고 있는가? 데이터 기업은 어떻게 권력을 독점하는가? 인프라 기업(NVIDIA, AWS)은 왜 항상 승리하는가? 애플리케이션 기업은 어떻게 현금 흐름을 만드는가를 살펴본다.

제3부는 이 책의 핵심이다. 10가지 생존 법칙을 담았다. 닷컴 버블에서 살아남은 기업들(Amazon, Google, PayPal)과 죽은 기업들(Pets.com, Webvan, eToys)을 비교하며 도출한 실전 전략이다. 이 법칙들은 기술적 우수성이 아니라 구조적 생존 가능성에 집중한다.

제4부는 5년 후를 내다본다. AI 버블이 터진 후 무엇이 남을 것인가? 역사는 명확한 패턴을 보여준다. 닷컴 버블 이후 진짜 승자는 화려한 포털 사이트가 아니라 조용한 인프라 기업(AWS, Google Ads)이었다. AI 버블 이후에도 비슷한 일이 일어날 것이다.

왜 지금 이 책을 쓰는가

많은 사람들이 묻는다. "버블이라고 생각하면 그냥 투자하지 않으면 되는 거 아닌가?"

그렇게 간단하지 않다. 버블 속에서도 진짜 기회는 존재한다. Amazon(아마존)은 닷컴 버블 한가운데서 태어났고, 주가는 95% 폭락했었지만 결국 세계 최대 기업이 되었다. Google도, Facebook(페이스북)도, Netflix(넷플릭스)도 모두 닷컴 버블의 잔해 위에서 성장했다. 문제는 '어떻게 구별하는가'이다. 어떤 기업이 다음 Amazon이고, 어떤 기업이 다음 Pets.com인가? 어떤 투자가 10년 후 100배가 되고, 어떤 투자가 18개월 후 0이 되는가?

이 책은 그 질문에 대한 나의 답이다. 완벽하지 않다. 시장은 언제나 예측을 비웃는다. 하지만 적어도 구조적으로 생각하는 법을 배울 수 있다.

나는 이 책을 두 분야의 독자를 위해 썼다.

첫째, 투자자들. 당신이 벤처캐피탈이든, 엔젤이든, 개인 투자자이든, AI 기업의 피치덱*을 볼 때 "기술이 멋지다"가 아니라 "현금 흐름이 가능한가"를 물어야 한다.

둘째, 관찰자들. 당신이 단순히 이 광란의 시대를 이해하고 싶다면, 이 책은 하나의 렌즈를 제공한다. 400년간 반복된 인간 욕망의 패턴을 통해 현재를 읽는 법이 그것이다.

탐욕과 냉정 사이에서

마지막으로 고백하자면, 나도 완벽한 투자자가 아니다. 2000년에 나는 손실을 봤고, 2008년 부동산 위기 때도 타이밍을 놓쳤다. 2018년 암호화폐 광풍 때는 비트코인을 4,000달러에 팔았다(지금은 100,000달러이다). 하지만 실수로부터 배운 것이 하나 있다. 버블은 피할 수 없지만, 버블 속에서 냉정을 유지하는 법은 배울 수 있다는 것이다.

이 책의 진짜 목적은 당신에게 **"AI에 투자하지 말라"고 말하는 것이 아니다. 오히려 반대다. 투자하되, 눈을 뜨고 투자하라. 서사에 취하지 말고, 숫자를 보라.** 밸류에이션에 현혹되지 말고, 현금 흐름을 추적하라. 군중을 따르지 말고, 구조를 읽어라.

---

*   Pitch deck. 투자자나 파트너에게 회사를 소개하고 설득하기 위해 사용하는 발표용 자료

거품의 냄새는 언제나 같다. 1637년 암스테르담의 튤립 시장에서도, 1999년 실리콘밸리의 스타트업 파티에서도, 2024년 샌프란시스코의 AI 밋업에서도. 그 냄새는 탐욕, 희망, FOMO*의 혼합물이다. 하지만 냄새를 맡았다고 해서 도망칠 필요는 없다. 오히려 그 냄새가 나는 방향으로 걸어 들어가되, 지도를 들고 가라. 이 책이 그 지도다.

자, 이제 여행을 시작하자. 버블의 중심으로.

---

*   Fear Of Missing Out. 다른 사람들이 큰 수익을 내거나 빠르게 진입하는 모습을 보면서 자신도 뒤처질까 봐 과열된 심리로 무리하게 투자에 뛰어드는 상황을 가리킨다.

차례

PART 1   버블의 해부학

Chapter 1   버블의 냄새—닷컴에서 AI까지

PART 3   **생존 전략: 10가지 투자 법칙**

PART 4   미래의 승자들

PART 1

버블의
해부학

"기술은 진보하지만,
인간의 욕망은 진보하지 않는다."

버블의 냄새 ─ 닷컴에서 AI까지

1999년 3월 15일, 팔로알토

그날 나는 샌드힐 로드(Sand Hill Road)의 한 벤처캐피탈 사무실에서 투자 미팅에 참석하고 있었다. 스물다섯 살 창업자가 노트북을 열며 말했다. "우리는 온라인 반려동물 용품 배송 플랫폼입니다. 시장 규모는 230억 달러이고…." 그가 말을 채 끝내기도 전에 파트너 중 한 명이 끼어들었다. "수익 모델은?" 창업자는 잠시 머뭇거리다 대답했다. "아직 없습니다. 하지만 트래픽이 월 30% 성장하고 있습니다."

파트너는 동료들과 눈빛을 교환하더니 즉석에서 결정을 내렸다. "얼마가 필요한가?" "시리즈 A*로 1,500만 달러를…." "2,000만 달러 드리겠습니다. 내일 텀시트 보내드리죠." 그 회사는 Pets.com이었다. 양말 인형 마스코트로 유명해진 그 회사는 2000년 IPO를 통해 8억 2천만 달러의 밸류에이션을 받았고, 정확히 268일 후 파산했다.

나는 그 회의실에서 나오며 묘한 불안감을 느꼈지만, 그것이 무엇인지 정확히 알지 못했다. 모두가 흥분해 있었고, 회의실 밖 복도에는 다음 투자 미팅을 기다리는 창업자들이 줄지어 서 있었다. 공기 중에는 돈 냄새와 희망이 뒤섞여 있었다. 그리고 지금 돌이켜 보면, 그것은 곧 터질 거품의 냄새였다.

2024년 9월 18일, 샌프란시스코

25년이 흐른 후, 나는 비슷한 장면을 목격했다. 이번에는 소마 지역의 한 코워킹 스페이스였다. 스물여섯 살 창업자가 노트북으로 데모를 보여주며 말했다. "우리는 멀티모달 AI 에이전트 플랫폼입니다. 엔터프라이즈 자동화 시장 규모는 5,000억 달러이고, 우리 솔루션은 워크플로우 처리 시간을 95% 단축시킵니다." 투자자가 물었다. "추론 비용 구조는?" 창업자는 자신감 있게 대답했다. "작업당 약 1달러 80센트입니다. 하지만 우리는 OpenAI와 직접 엔터프라이즈 계약을 맺었고, 자체 증류 모델로 비용

---

*   시리즈 A는 제품·서비스의 가능성이 검증된 이후, 본격적인 사업 모델 확장과 시장 진입을 위해 받는 초기 투자 단계, 시리즈 B는 매출과 사용자 성장이 확인된 뒤, 조직 확대·시장 점유율 확장을 가속하기 위한 성장 투자 단계, 시리즈 C 이후는 이미 안정적인 사업을 기반으로 대규모 확장·해외 진출·인수합병(M&A) 등을 목표로 하는 후기 투자 단계를 말한다.

을 60% 절감할 계획입니다."

"현재 고객 수는?"

"파일럿 고객 50개 기업이 있고, 그중 15개는 연간 계약으로 전환했습니다. 월 반복 매출은 12만 달러 수준입니다." 투자자는 고개를 끄덕이며 말했다. "1,200만 달러에 15% 지분으로 들어가겠습니다. 이번 주 안에 투자계약서 보내겠습니다." 나는 노트북을 닫으며 1999년의 그 회의실을 떠올렸다. 장소도, 기술도, 사람도 달랐지만, 공기 중의 냄새는 똑같았다. 탐욕과 희망과 조급함이 뒤섞인, 버블의 냄새였다.

버블의 DNA: 불변의 구조

버블은 무작위로 발생하지 않는다. 나는 지난 25년간 금융의 역사를 연구하며 놀라운 사실을 발견했다. 1637년 네덜란드 튤립 버블부터 앞으로 다가올 AI 버블까지, 거의 400년에 걸친 모든 버블이 동일한 4단계 생애주기를 따른다는 것이다. 기술이 바뀌고 시대가 바뀌어도, 인간 욕망의 구조는 바뀌지 않는다.

첫 번째 단계는 유동성 유입이다. 저금리 정책이나 자본 과잉으로 인해 돈이 갈 곳을 찾기 시작한다. 투자자들은 "이 돈을 어디에 둘까?"라고 묻는다. 이 단계는 보통 1년에서 2년 정도 지속된다. 두 번째 단계는 서사 확산이다. 혁명적 기술에 대한 스토리가 확산되고, "이번엔 다르다"는 믿음이 형성된다. 이 단계는 2년에서 3년 정도 이어진다. 세 번째 단계는 투기 광풍이다. 밸류에이션이 폭등하고 FOMO가 극대화되며, "지금 안 사면 영영 못 산다"는 공포가 지배한다. 이 단계는 1년에서 2년 정도 지속된다. 마지막 네 번째 단계는 붕괴다. 현실과 충돌하고 패닉 매도가 일어나며, 투자자들은 "대체 내가 뭘 산 거지?"라고 자문한다. 이 단계는 6개월에서 18개월 사이에 급격히 진행된다.

이 패턴은 예외가 거의 없다. 철도 버블, 라디오 버블, 닷컴 버블, 부동산 버블, 암호화폐 버블, 그리고 지금의 AI 버블까지 모두 이 구조를 따른다. 왜일까? 답은 간단하다. 기술은 진보하지만 인간의 욕망과 공포는 진보하지 않기 때문이다. 우리는 더 빠른 컴퓨터와 더 똑똑한 AI를 만들었지만 우리 자신의 탐욕과 두려움은 17세기 암스테르담의 튤립 투기꾼들과 본질적으로 다르지 않다.

1단계: 유동성 유입 ― 돈이 갈 곳을 찾는다

모든 버블은 기술에서 시작되지 않는다. 돈에서 시작된다. 더 정확히 말하면 돈이 너무 많아서 생기는 문제에서 시작된다. 1990년대 중반 닷컴 버블의 시작을 보자. 세 가지 요인이 겹쳤다. 첫째, 앨런 그린스펀이 이끄는 미국연방준비위원회가 기준금리를 3% 수준으로 낮게 유지했다. 둘째, 1997년 아시아 금융위기로 아시아 자본이 안전자산을 찾아 미국으로 대거 유입되었다. 셋째, 베이비붐 세대가 퇴직연금 자금을 대거 주식시장에 투자했다.

돈이 모인 결과는 명확했다. S&P 500 기업들의 평균 주가수익비율이 1995년 15배에서 1999년 35배로 급등했다. 돈은 수익률을 찾아 헤맸고, 그 답을 인터넷에서 찾았다. 채권 수익률은 5% 수준으로 떨어졌고, 부동산 시장은 이미 과열되어 있었다. 투자자들은 새로운 프런티어를 원했고, 인터넷이 그 답처럼 보였다.

2020년대 초반 AI 투자도 90년대와 놀랍도록 유사한 구조를 보였다. 연준 기준금리는 2020년부터 2022년까지 0.25%로 떨어졌고, 10년 만기 국채 수익률은 1%대에 머물렀다. 코로나 팬데믹 대응으로 2020년부터 2021년까지 무려 4조 5천억 달러의 통화가 공급되었다. SPAC 열풍*과 IPO 광풍이 겹치며 2021년 한 해에만 미국 증시에 1,000여 개의 기업이 상장했는데, 이는 역대 최다 기록이었다. 미국 AI 스타트업 투자액은 2019년 195억 달러에서 2021년 529억 달러로 급증했다.

그리고 2022년부터 시작된 금리 인상에도 불구하고, AI 섹터로의 자본 유입은 멈추지 않았다. 2025년 벤처캐피탈 투자액은 2,500억~3,000억 달러 규모이고, 그중에서 AI 스타트업에 1,590억 달러(2,000억 달러까지 추정)의 돈이 몰리고 있다. 금리가 4%를 넘어섰는데도 왜 투자가 계속될까? 답은 간단하다. 이미 2020년부터 2021년 사이 조성된 벤처 펀드들이 아직 돈을 다 쓰지 못했기 때문이다. 돈은 이미 모였고, 그 돈은 반드시 어

---

*   Special Purpose Acquisition Company(기업합병전문회사). 상장을 위한 껍데기 회사를 만든 뒤 상장을 통해 투자금을 모은다. 이후 유망한 비상장 회사를 찾아 합병하면 그 회사가 별도의 IPO 절차 없이 바로 상장사로 변신하게 된다. 2020~2021년에는 미국에서 규제가 느슨하고 자금이 과열되면서 SPAC을 통한 상장이 폭발적으로 늘어났다.

딘가로 가야 한다. 그리고 2026년 현재, 그 어딘가는 여전히 AI다.

여기서 핵심을 놓쳐서는 안 된다. **버블은 기술에서 시작되지 않는다. 자본에서 시작된다.** 기술은 단지 자본이 향하는 방향일 뿐이다. 만약 AI가 없었다면 그 돈은 다른 곳으로 갔을 것이다. 실제로 2021년 초반에는 NFT와 메타버스가 그 역할을 했었다. 돈은 항상 이야기를 찾고, 이야기는 항상 돈을 끌어들인다. 그리고 지금, AI는 가장 설득력 있는 이야기다.

2단계: 서사 확산 — 이번엔 다르다

돈이 모이면 다음 단계는 정당화다. 투자자들은 자신의 선택을 합리화할 이야기가 필요하고, 시장은 그 이야기를 제공한다. 1990년대 후반 실리콘밸리는 하나의 강력한 서사로 통일되었다. 인터넷은 전기, 철도, 전화를 합친 것보다 더 큰 혁명이며, 모든 산업이 재편될 것이고, 먼저 움직이는 자가 시장을 독점한다는 서사였다. 지금 투자하지 않으면 역사의 뒤안길로 사라진다는 긴급성까지 더해졌다.

이 서사의 위력은 실로 강력했다. 1999년 말, 타임지는 제프 베조스를 올해의 인물로 선정하며 이렇게 썼다. "베조스는 단순히 책을 파는 게 아니다. 그는 상거래의 미래를 만들고 있다." 1999년 Amazon은 7억 2,000만 달러의 적자를 기록했다. 하지만 아무도 개의치 않았다. 서사가 숫자를 압도했다. 투자자들은 '언젠가 수익이 날 것'이라고 믿었고, 그 '언젠가'가 정확히 언제인지는 아무도 알 수 없었지만, 그것조차 문제가 되지 않았다.

2025년 AI 버블의 서사는 더 정교해졌지만 구조는 동일하다. 생성형 AI는 소프트웨어를 넘어 인간 지능 자체를 대체한다는 이야기가 확산되었다. 지식노동의 80%가 자동화될 것이고, AI를 활용하지 못하는 기업은 시장에서 도태된다는 경고가 뒤따랐다. 지금은 아이폰 출시 순간과 같다는 비유도 널리 퍼졌다. OpenAI의 샘 알트먼은 2024년 초 AGI[*]가 약 5년 내 도래할 수 있다고 언급하며 "그리고 그것은 인류 역사상 가장 중요한 순간이 될 것이다"라고 말했다.

"2025년 AI 버블 형성, 서사는 더 정교해졌지만 구조는 동일하다"

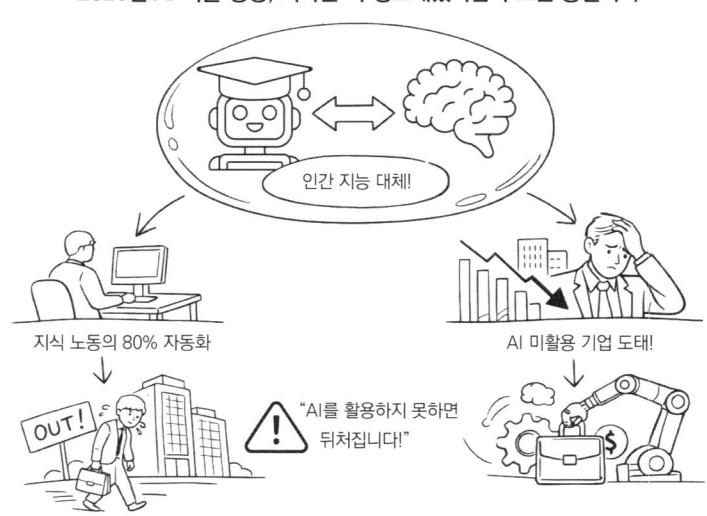

인간 지능 대체!

지식 노동의 80% 자동화

AI 미활용 기업 도태!

OUT!

"AI를 활용하지 못하면 뒤처집니다!"

---

[*]   인간처럼 다양한 분야의 문제를 스스로 이해하고 해결할 수 있는 일반 인공지능을 말한다. 특정 작업에 한정되지 않고 폭넓은 지능과 적응력을 갖춘 AI의 최종 단계로 여겨진다.

2025년, 이 서사는 더욱 구체화되었다. OpenAI의 GPT-5 출시 이후, AGI가 곧 도래할 것이라는 이야기가 주류가 되었다. Google의 Gemini(제미나이) 3.0은 '인간 전문가 수준'을 넘어섰다고 발표되었고, Anthropic의 Opus(오퍼스) 4.5는 '복잡한 추론에서 인간보다 우수하다'는 벤치마크 결과를 내놓았다. 매주 새로운 브레이크스루가 발표되고, 매달 새로운 기록이 깨진다. 서사는 점점 더 강력해지고, 의심의 여지는 점점 더 줄어든다.

두 버블의 서사를 분석하면 공통된 수사학 패턴이 드러난다. 첫째는 범용성이다. "모든 산업을 바꾼다"는 주장이다. 닷컴 때는 모든 상거래가 온라인으로 이동한다고 했고, AI 시대에는 모든 지식 노동이 AI로 대체된다고 한다. 둘째는 긴급성이다. "지금 아니면 늦는다"는 압박이다. 닷컴 때는 선점자 우위와 승자 독식을 강조했고, AI 시대에는 AI 군비 경쟁과 기하급수적 성장을 이야기한다. 셋째는 비교 불가능성이다. "이전과 차원이 다르다"는 주장이다. 닷컴은 전기 혁명의 재현이라 했고, AI는 인간 지능의 외주화라고 한다. 넷째는 필연성이다. '거스를 수 없는 흐름'이라는 것이다. 닷컴 때 디지털 전환은 선택이 아닌 필수였고, AI 시대에 AI 도입은 생존의 문제라고 말한다.

2025년 10월, 내가 참석한 한 AI 컨퍼런스에서 기조연설자는 이렇게 말했다. "우리는 인류 역사의 전환점에 서 있습니다. AI는 단순한 도구가 아닙니다. 그것은 새로운 종류의 지능이며, 새로운 종류의 노동력이고, 새로운 종류의 경제입니다. 10년 후를 돌아보면, 우리는 ChatGPT가 발표된 2022년을 '이전'과 '이후'를 나누는 분기점으로 기억할 것입니다." 청중은 기립박수를 쳤다. 나는 박수를 치면서도, 1999년 비슷한 말을 들었던 기억이 떠올랐다. 당시에도 모두가 인터넷을 '이전과 이후'를 나누는 분기점이라 불렀다. 그리고 그들 중 대부분은 2002년 파산했다.

핵심 통찰은 이것이다. 서사가 강력할수록 버블은 크다. 서사는 감정을 자극하고, 감정은 이성을 압도한다. 2025년 AI 서사는 1999년 닷컴 서사보다 훨씬 더 정교하고, 훨씬 더 설득력 있으며, 훨씬 더 과학적으로 들린다. 하지만 그것이 더 정확하다는 의미는 아니다.

3단계: 투기 광풍 — 숫자가 의미를 잃는 순간

유동성이 유입되고 서사가 확산되면 세 번째 단계가 도래한다. 밸류에이션의 이성적 기준이 붕괴되는 단계다. 1999년 말, 전통적인 가치평가 지표들이 하나씩 의미를 잃었다. 프라이스라인닷컴은 매출 3,500만 달러에 순손실 1억 1,400만 달러였지만 IPO 시가총액은 108억 달러였다. 매출 대비 시가총액 비율이 무려 308배였다. 마켓워치는 매출 630만 달러에 14억 달러 밸류에이션을 받아 222배의 비율을 기록했다. 애스크지브스*는 더 극단적이었다. 매출 80만 달러에 시가총액 9억 달러로 무려 1,125배의 비율이었다.

비교를 위해 같은 시기 전통 기업들을 보자. 월마트의 매출 대비 시가

---

*   자연어 질문에 답해주는 방식을 내세운 미국의 초기 검색엔진이다. 나중에 Ask.com으로 사명을 변경했으며, Google의 부상으로 주류 검색시장에서는 영향력이 크게 줄었다.

총액 티율은 0.7배였고, GM은 0.3배, IBM은 2.1배였다. 애스크지브스의 비율은 월마트의 1,600배였다. 합리적 설명은 불가능했다. 그래서 시장은 새로운 지표를 발명했다. 이른바 뉴 이코노미 메트릭스였다. 페이지뷰가 중요하다고 강조했으며, 방문자 수가 많으면 언젠가 수익화할 수 있다는 논리를 제시했다. 심지어 번 멀티플이라는 개념도 등장했다. 빠르게 자금을 태울수록 빠르게 성장한다는 역설적 논리였다.

메릴린치는 Pets.com의 2000년 2월 IPO 주관사로 참여하며 긍정적인 평가를 내렸다. Henry Blodget가 주도한 인터넷 리서치 팀은 IPO 전후 Buy 등급을 부여하고 온라인 반려동물 시장 성장성을 강조했다. 실제로는 어땠을까? Pets.com은 제품을 원가의 60~70% 가격으로 판매해 매 거래마다 손실이 발생했고 무료 배송은 추가 비용을 초래했지만 누구도 이를 문제 삼지 않았다. 서사가 너무 강력했기 때문이다.

2023~2025년을 지나오면서 역사는 정확히 반복되고 있다. 아니, 더 극단적으로 반복되고 있다. Inflection AI는 2023년 약 13억 달러 규모의 자금을 유치했다. 이 투자로 회사의 기업가치는 약 40억 달러로 평가되었다. Inflection AI는 당시 공개된 제품은 있었으나 완전한 상업화/매출 기반 제품이라기보다는 초기 공개 단계에 머물렀다.

AutonomyAI는 2025년 4월 스텔스 모드에서 공식 출범하며 약 400만 달러 규모의 프리-시드(Pre-Seed) 투자를 확보했다. 투자를 주도한 투자자들에는 Inbound Capital, Ion Partners의 Gilad Shany, Google Cloud Security의 Vikram Makhija 등이 포함되어 있다.

멀티모달 AI 모델을 개발하는 스타트업 Twelve Labs는 2021년 샌프란시스코에서 설립되었으며, Databricks, Snowflake, HubSpot Ventures, SK Telecom, In-Q-Tel 등으로부터 약 3,000만 달러 규모의 전략적 투자를 유치했다. 투자 추적 데이터에 따르면 Twelve Labs는 총 약 1억 700만~1억 1,000만 달러 정도의 누적 투자금을 확보한 것으로 알려졌다.

닷컴 버블(1999)과 AI 버블(2024~2026)의 밸류에이션 비교

기업		시기	연매출	시가총액	PSR배수
닷컴	Priceline	1999	$35M	$10.8B	308배
	Ask Jeeves	1999	$0.8M	$900M	1,125배
	Pets.com	1999	$5.8M	$290M	50배
기업		시기	연매출	밸류에이션	PSR배수
AI	Sierra AI	2025	$0.05B+(추정)	$10B	225배
	Perplexity	2025	$0.1B(추정)	$18B	180배
	xAI	2025	$0.5B(추정)	$200B	400배

전통적인 SaaS 기업*들의 상장 시점을 보자. 세일즈포스는 2004년 IPO 당시 매출이 9,600만 달러였고 시가총액은 11억 달러로 매출 대비 11.4배였다. 워크데이는 2012년 상장 시 매출 1억 3,400만 달러에 시가총액 45억 달러로 33.6배를 기록했다. 스노우플레이크는 2020년 상장 당시 매출 2억 6,400만 달러에 시가총액 330억 달러로 125배였는데, 당시에도

---

*   소프트웨어를 설치형이 아니라 인터넷을 통해 제공·운영하는 회사를 말한다. 사용자는 구독료만 내면 언제 어디서나 웹으로 소프트웨어를 이용할 수 있는 방식을 제공한다.

과대평가라는 비판을 받았다. 그런데 2025년 AI 기업들은 스노우플레이크보다 더 높은 배수를 받고 있다.

또다시 새로운 지표들이 등장했다. AI 메트릭스로 불리는 것들이다. 파라미터 카운트*가 중요하다고 한다. 700억 파라미터 모델은 70억 파라미터 모델보다 10배 가치 있다는 논리다. 토큰 스루풋, 즉 초당 처리 토큰 수가 경쟁력이라고 한다. 벤치마크 점수도 중요해졌다. MMLU**에서 90점을 받으면 시장을 지배한다는 믿음이다. 가장 최근에는 "에이전트 자율성 지수"라는 새로운 지표가 등장했다. AI가 얼마나 독립적으로 작업을 수행할 수 있는지를 측정한다는 것인데, 이것이 기업 가치와 어떤 상관관계가 있는지 아무도 설명하지 못한다.

2025년 6월, 한 벤처캐피탈 파트너는 내게 이렇게 말했다. "지금은 제품이나 매출을 볼 때가 아닙니다. 우리는 AGI로 가는 경로를 투자하는 겁니다. 이 팀이 AGI 구축에 얼마나 가까운지, 그들의 아키텍처가 확장 가능한지가 중요하죠. 5년 후 이들이 산업을 지배할 겁니다." 나는 물었다. "5년 후 그들이 파산하면 어떻게 하죠? 그 전에 현금이 바닥나면요?" 그는 웃으며 대답했다. "그럴 리 없습니다. 이 정도 팀이면 언제든 추가 펀딩을 받을 수 있어요. 그리고 설사 안 되더라도, Google이나 Microsoft가 인수할 겁니다. 어차피 우리는 이익을 볼 수 있어요."

이것이 바로 투기 광풍의 핵심이다. 리스크가 사라진 것처럼 보이는 환

---

*   모델이 학습한 가중치의 총 개수로 두뇌의 세포 수처럼 모델의 복잡도를 나타내는 숫자이다. 파라미터가 많을수록 더 복잡한 패턴을 배우고 표현할 수 있지만, 계산 비용도 커진다.

**   AI 언어 모델의 지식과 이해 능력을 STEM, 인문학, 사회과학 등 57개 주제 문제로 평가하는 벤치마크

상. 모든 베팅이 승리로 이어질 것 같은 착각. 그리고 가장 위험한 것은 이 착각이 일시적으로는 자기실현적 예언이 된다는 점이다. 높은 밸류에이션을 받은 기업은 더 쉽게 인재를 영입하고, 더 큰 계약을 따내고, 더 많은 미디어 주목을 받는다. 그러면 다음 라운드에서 더 높은 밸류에이션을 받고, 선순환이 계속되는 것처럼 보인다. 하지만 이것은 순환이 아니라 나선형 상승이고, 모든 나선형은 언젠가 정점에 도달한다.

착시의 메커니즘: 왜 똑똑한 사람들이 속는가

버블의 가장 기묘한 측면은 가장 똑똑한 사람들이 가장 크게 속는다는 점이다. 1999년 하버드 MBA 출신 컨설턴트들이 닷컴 스타트업으로 몰려들었다. 2025년 스탠퍼드 CS PhD들이 AI 스타트업을 창업하고 있다. 그들은 멍청하지 않다. 오히려 가장 뛰어난 인재들이다. 그렇다면 왜 이런 일이 일어나는가?

첫 번째 착시는 기술적 가능성과 경제적 실행 가능성을 혼동하는 것이다. 닷컴 시대에 사람들은 말했다. "인터넷으로 강아지 사료를 배송할 수 있다." 이것은 기술적 가능성이다. 하지만 이것이 "인터넷으로 강아지 사료를 배송해서 돈을 벌 수 있다"는 경제적 실행 가능성을 의미하지는 않는다. Pets.com은 기술적으로 완벽했다. 웹사이트는 잘 작동했고 물류도 원활했다. 문제는 단위경제학이었다. 평균 주문금액은 27달러였고, 배송비는 8달러, 마케팅비는 12달러, 원가는 19달러였다. 주문 하나당 12달러를 잃었다. 규모가 커질수록 손실도 커졌다. 규모의 경제는 오지 않았다.

AI 시대에도 동일한 착시가 반복된다. "GPT-5로 법률 문서를 생성할 수 있다"는 기술적 가능성과 "GPT-5로 법률 문서를 생성해서 변호사를 대체할 수 있다"는 경제적 실행 가능성은 다른 문제다. 2025년 말, GPT-5.2 API 비용은 입력 토큰 100만 개당 1.75달러, 출력 토큰 100만 개당 14달러다. OpenAI의 가격 인하에도 불구하고, 복잡한 법률 문서를 생성하면 여전히 건당 3달러에서 8달러의 비용이 든다. 여기에 변호사 검수 비용, 스정 비용, 고객 지원 비용, 책임 보험료를 더하면 어떻게 될까?

2025년 9월, 한 법률 AI 스타트업 CEO는 내게 이렇게 털어놨다. "우리는 문서당 80달러를 받습니다. 경쟁사 대비 70% 저렴한 가격이죠. 하지만 실제 비용은 68달러입니다. 여기엔 API 비용 8달러, 변호사 검수 비용 35달러, AWS 인프라 15달러, 고객 지원 10달러가 포함됩니다. 마진은 12달러, 15%입니다. 우리는 규모가 커지면 검수 비용이 줄어들 거라 생각했습니다. AI가 더 정확해지면 변호사가 덜 개입해도 될 거라고요. 하지만 실제로는 반대였습니다. 고객이 늘수록 더 복잡한 케이스가 들어오고, 검수에 더 많은 시간이 걸립니다. 지난 분기 우리는 매출 390만 달러에 순손실 210만 달러를 기록했습니다."

나는 물었다. "그럼 가격을 올리면 되지 않나요?" 그는 고개를 저었다. "그러던 고객이 떠납니다. 우리의 핵심 가치 제안은 저렴한 가격이거든요. 가격을 올리면 기존 로펌과 경쟁할 수 없습니다. 우리는 함정에 빠진 겁니다. 싸게 팔아야 고객이 오는데, 싸게 팔면 돈을 잃습니다." 이것이 바로 기술적 가능성과 경제적 실행 가능성의 괴리다. AI는 법률 문서를 생성할 수 있다. 하지만 그것으로 지속 가능한 비즈니스를 만드는 것은 전혀 다른 문제다.

두 번째 착시는 타이밍의 환상이다. 버블 속에서는 "너무 이르다"와 "너무 늦다"의 구분이 사라진다. 1999년 모두가 이렇게 생각했다. 지금 안 들어가면 시장을 놓친다는 투자 조급성과 선점자 우위가 모든 것을 결정한다는 믿음이 지배했다. 실제로는 어땠을까? 대부분의 닷컴 1세대 기업들은 파산했다. eToys, Webvan, Pets.com은 모두 사라졌다. 진짜 승자는 버블이 터진 후 조용히 등장한 기업들이었다.

Amazon은 1994년 설립되었지만 진짜 성장은 2001년 닷컴 붕괴 이후에 일어났다. 2000년 주가가 95% 폭락했을 때, 대부분의 애널리스트들은 Amazon도 곧 파산할 거라 예측했다. 하지만 베조스는 물류 인프라에 집중 투자했고, 2006년 AWS를 출시하며 완전히 새로운 비즈니스 모델을 구축했다. Google은 1998년 설립되었지만 IPO는 2004년, 시장이 완전히 회복된 후였다. Facebook은 2004년 설립되었는데, 이는 버블이 완전히 꺼진 후였다. 당시 '소셜 네트워크'는 이미 실패한 아이디어로 간주되었다. 프렌드스터와 마이스페이스가 쇠락하고 있었기 때문이다. 하지만 바로 그때가 진짜 기회였다.

AI 버블에서도 동일한 FOMO가 재연되고 있다. OpenAI가 선점하고 있으니 지금 안 하면 영영 못 한다는 압박과 AI 인재 확보 전쟁에서 뒤처지면 끝이라는 공포가 퍼지고 있다. 하지만 역사적 패턴을 보면 진짜 승자는 2027년에서 2030년쯤 조용히 등장할 것이다. 버블이 터지고, 인프라가 안정되고, 가격이 떨어지고, 진짜 문제가 명확해진 후에 말이다.

지금은 모두가 '범용 AI'를 추구하고 있다. 모든 것을 할 수 있는 AI, AGI에 가까운 무언가를 만들려 한다. 하지만 1999년에도 모두가 '모든 것을 파는 온라인 스토어'를 만들려 했다. 실제로 성공한 것은 틈새에서 시작한 기업들이었다. Amazon은 책으로 시작했고, eBay는 수집품으로 시작했으며, Netflix는 DVD 대여로 시작했다. 범용은 나중에 왔다. 2030년 우리가 돌아보면, 2025년의 '범용 AI' 추구가 얼마나 순진했는지 깨닫게 될 것이다.

세 번째 착시는 집단 검증의 함정이다. "세쿼이어가 투자했다면 검증된 거 아닐까?" "a16z 포트폴리오면 믿을 만하지 않을까?" "OpenAI 출신 창업자면 성공할 거 아냐?" 이런 질문들은 합리적으로 들린다. 실제로 이런 시그널들은 위험을 줄여주는 것처럼 보인다. 하지만 역사는 다른 이야기를 한다.

1999년 Pets.com의 투자자 리스트를 보면 Amazon의 전략적 투자, 허머 윈블래드 벤처 파트너스, 보면 캐피탈 같은 일류 투자자들이 있었다. 그들은 모두 100% 손실을 봤다. Webvan은 세쿼이어와 벤치마크 캐피탈의 투자를 받았다. 실리콘밸리 최고의 VC들이었다. Webvan은 8억 7,500만 달러를 조달했고, 2001년 파산했다. eToys는 인텔 캐피탈, 아이데알랩, 소프트뱅크의 투자를 받았다. 2001년 청산되었다.

2025년에도 동일한 패턴이 반복되었다. 2025년 5월 파산한 AI 스타트업 Builder.ai는 'AI로 앱 만들기'라는 매력적인 스토리로 시리즈 D까지 총 4억 5천만 달러 이상을 유치했다. 투자자 중에는 Microsoft, SoftBank DeepCore, Qatar Investment Authority, IFC가 있었다.

2019년 《월스트리트저널》이 Builder.ai의 AI 기술이 실제로는 700명의 인도 엔지니어 수작업임을 폭로했으나, 회사는 계속 AI 마케팅으로 투자를 유치했다. 2021~2024년 인도 기업 Verse와 허위 송장 교환으로 매출 부풀리기를 하여 실제 매출 5천만 달러를 2억 2천만 달러(340% 과장)로 투자자에게 허위 보고했다. 2025년 5월, 채권자 Viola Credit가 계약 위반으로 3천 7백만 달러를 압류했는데, 이로 인한 자금 고갈로 파산 신청을 했다. 화려하게 등장했으나 실제로는 기술력 부족과 재무 조작으로 2년 만에 유니콘에서 파산으로 추락한 대표적인 AI 버블 사례가 되었다.

Builder.ai의 창업자들은 화려한 이력과 비전을 가졌지만 실행 능력 부족, 재무 부정, 과거 범죄 혐의 등으로 4억 5천만 달러를 투자받은 유니콘 기업을 단 2년 만에 파산으로 몰고 갔다. 창업자 사친 데브 두갈(Sachin Dev Duggal)은 '마법사 최고책임자'라는 독특한 칭호를 쓰면서 카리스마와 스토리텔링으로 세계 최고 투자자들을 설득했지만, 기술적 실체는 'AI가 아닌 700명의 인도 엔지니어'였다는 점에서 AI 버블 시대의 대표적인 사기 사례로 기록되고 있다.

집단 검증은 위험을 제거하지 않는다. 단지 숨길 뿐이다. 아니, 더 정확히 말하면 위험을 분산시킬 뿐이다. VC는 50개 AI 스타트업에 투자한다. 그중 45개가 실패해도, 5개가 대박을 치면 펀드는 성공이다. 하지만 개별 투자자 입장에서는 그렇지 않다. 당신이 그 45개 중 하나에 투자했다면, VC의 성공은 당신의 위로가 되지 않는다. 집단 검증은 벤처캐피탈의 포트폴리오 전략일 뿐, 개별 투자의 보증이 아니다.

구조의 발견: 패턴 인식의 힘

그렇다면 우리는 어떻게 버블 속에서 길을 찾을 수 있을까? 답은 구조를 보는 것이다. 서사나 감정이 아닌 반복되는 패턴을 추적하는 것이다.

첫 번째 패턴은 돈의 흐름을 추적하는 것이다. 버블 속에서 유일하게 거짓말하지 않는 것은 현금 흐름이다. 1999년 4분기 주요 닷컴 기업들의 캐시 번*을 보자. Webvan은 매달 2,100만 달러를 소진하며 런웨이**가 18개월이었다. eToys는 월 1,800만 달러를 소진하며 14개월의 런웨이를, Pets.com은 월 1,200만 달러를 소진하며 12개월의 런웨이를 가지고 있었다. 세 기업 모두 2000년에서 2001년 사이 파산했다. 놀랍게도 런웨이 예측이 정확했다. 그들은 예측된 시점에 정확히 현금이 바닥났고, 추가 펀딩을 받지 못하고 문을 닫았다.

2025년 AI 스타트업들의 추정 캐시 번을 보면, Anthropic은 모델 학습과 연구 비용으로 연간 약 30억 달러를 소진하고 있다. 2024년 Amazon과 Google로부터 100억 달러, 2025년 165억 달러 펀딩을 받았으니 계산상 런웨이는 약 8.8년이다. 하지만 그들이 GPT-5 수준의 차세대 모델을 학습하려면 일회성으로 5억 달러 이상이 필요하며, 연간 컴퓨트 비용으로 60억 달러가 지출된다. 그렇게 되면 런웨이는 급격히 줄어든다. Midjourney는 월 추정 소진액이 800만 달러 수준이지만, 구독 매출이 월 4,100만 달러를

---

* Cash burn은 기업이 영업으로 현금을 벌기 전까지 매달 얼마나 빠르게 현금을 소모하는지를 나타내는 지표이다.

** Runway는 기업이 현재 보유한 현금으로 추가 자금 조달 없이 버틸 수 있는 예상 기간을 의미한다.

넘어서며 현금 흐름 양성을 달성했다. 이것이 생존자와 위험군을 가르는 가장 명확한 선이다.

현금 흐름을 추적하면 서사에 가려진 진실이 드러난다. 아무리 혁명적인 기술이어도, 아무리 천재적인 팀이어도, 현금이 바닥나면 게임은 끝난다. 내 추정으로는 상위 100개 AI 스타트업 중 약 35개가 2027년 말까지 현금 위기를 맞을 것이다. 그들 중 일부는 추가 펀딩을 받겠지만 그때쯤이면 시장 분위기가 바뀌어 있을 것이다. 투자자들은 더 이상 '비전'만으로는 돈을 주지 않을 것이다. 실제 매출, 실제 이익, 실제 현금 흐름을 요구할 것이다.

두 번째 패턴은 밸류체인 파워를 분석하는 것이다. 버블 속에서도 밸류체인의 특정 위치는 항상 유리하다. 닷컴 시대의 밸류체인을 보면, 소비자와 직접 접촉하는 닷컴 사이트들은 대부분 파산했다. 그들은 트래픽은 많았지만 수익은 없었다. 인터넷 인프라 기업들은 살아남았다. Cisco(시스코)는 라우터와 스위치를 팔았고, 닷컴이 망해도 인터넷 자체는 계속 성장했다. Intel(인텔)은 서버 CPU를 팔았고, 웹사이트가 사라져도 데이터센터는 계속 확장되었다. 그리고 가장 흥미로운 것은, 진짜 승자는 버블 후 인프라를 활용한 기업들이었다는 점이다. Amazon은 자신의 물류 인프라를 AWS로 전환했고, Google은 검색 인프라를 광고 플랫폼으로 수익화했다.

2026년 현재 AI 밸류체인을 보면 확실한 승자는 NVIDIA 하나다. GPU 없이는 아무것도 할 수 없으니까. NVIDIA의 2025 회계연도 매출은 1,305억 달러로 전년 대비 114% 증가했다. 영업이익률은 62.4%다. 이것이 진짜 돈이 흐르는 곳이다. AWS, Azure, Google Cloud Platform도 AI 인프라 수요로 엄청난 성장을 기록하고 있다. AWS의 2025년도 매출은 전년 대비

20% 증가했다.

닷컴 밸류체인(1999~2002)

소비자	←	닷컴사이트	←	인터넷 인프라	←	하드웨어
		대부분 파산 생존율: 5%		Cisco 생존 생존율: 95%		Intel 승리 생존율: 100%

AI 밸류체인(2025)

기업고객	←	AI 앱	←	AI 모델	←	GPU/클라우드
		혼전 예상 생존율: 15~20%		대규모 적자 예상 생존율: 30~40%		NVIDIA 독점 예상 생존율: 100%

닷컴과 AI 밸류체인의 권력 구조 비교

그 다음 레이어인 AI 모델 기업들은 어떤가? OpenAI는 2024년 매출액은 37억 달러, 2025년 예상 매출이 약 130억 달러(200억 달러까지 예상)인데, 이는 인상적으로 들린다. 하지만 2024년에 50억 달러의 손실을 기록했다. Microsoft의 지원이 없었다면 이미 현금 위기를 맞았을 것이다. Anthropic은 2024년 매출 10억 달러, 2025년 예상 매출 90억 달러이다. 2024년에 운영 비용이 약 56억 달러였다. Google과 Amazon의 지원으로 버티고 있다. 모델 레이어는 기술적으로는 인상적이지만, 경제적으로는 아직 작동하지 않는다.

가장 위험한 것은 애플리케이션 레이어다. 여기에는 수천 개의 AI 스타트업이 있지만 대부분은 차별화되지 않는다. 그들은 OpenAI나 Anthropic의 API를 호출하는 비즈니스 모델이다. 그런데 고객은 조금만 투자하면 직접

API를 호출하는 기능을 구축할 수 있다. 락인 효과*가 없다. 2025년 상반기에만 많은 AI 앱 스타트업이 문을 닫았다. 그들은 모두 차별화 부족, 높은 고객 이탈률, 지속 불가능한 단위경제학이라는 비슷한 이유로 실패했다.

예측해 보자. 2028년쯤 진짜 승자는 누구일까? NVIDIA와 주요 클라우드 제공업체들은 확실하다. 모델 기업 중에서는 OpenAI와 Anthropic이 살아남을 것이다. 빅테크의 지원 때문이다. 하지만 많은 독립 모델 기업이 빅테크에 인수되거나 사라질 것이다. 애플리케이션 레이어는 더 심각하다. 진짜 수직적 통합을 이룬 기업들, 즉 특정 산업에서 데이터부터 인터페이스까지 전체 스택을 소유한 기업들만 살아남을 것이다. 그리고 가장 흥미로운 승자는 아직 드러나지 않았다. 2027년쯤 조용히 등장할 'AI 시대의 Amazon'이 있을 것이다. 그것이 누구인지는 아직 모른다.

세 번째 패턴은 생존자의 공통점을 역분석하는 것이다. 닷컴 붕괴에서 살아남은 기업들을 보자. Amazon은 1999년 버블 정점에 마케팅 광고를 줄이고 물류 인프라에 투자했다. 모두가 트래픽 증가에 집중할 때, 베조스는 창고 자동화에 돈을 썼다. Google은 2000년까지 수익화를 거의 하지 않았다. 검색 품질에만 집중했다. 구글 애드워즈는 2000년 10월에야 출시되었다. eBay는 판매자 생태계를 강화하는 데 집중했다. 마켓플레이스의 락인 효과를 구축했다. Paypal(페이팔)은 결제 인프라 자체가 되는 데 집중했다. 그들은 모두 '근본'에 집중했다.

---

* 　락인 효과(Lock-in effect)는 한 서비스에 익숙해지거나 의존하게 되어 다른 대안으로 옮기기 어렵거나 비용이 커지는 현상을 말한다.

반대로 파산한 기업들을 보자. 온라인 식료품 배송 서비스 기업인 Webvan은 1999년 말 26개 도시로 동시 확장하려 했다. 결국 2001년 7월 파산했다. 과도한 인프라 투자가 회사를 죽였다. 온라인 장난감 판매회사 eToys는 크리스마스 시즌 배송 처리에 실패했다. 기술이 아니라 운영의 실패였다. Pets.com은 슈퍼볼 광고에 수백만 달러를 쏟아부었다. 브랜드 인지도는 올라갔지만, 단위경제학은 개선되지 않았다. 결국 2001년 3월 파산했다. 그들은 모두 겉치레에 집중했다.

2025년 AI 스타트업들을 보면 동일한 패턴이 반복되고 있다. 생존 가능성이 높은 기업들은 조용하다. Midjourney는 화려한 마케팅 없이 제품 품질로 승부한다. 그들의 이미지 생성 품질은 업계 최고이고, 디스코드 커뮤니티는 강력한 네트워크 효과를 만들어낸다. 월 구독료 30달러, 유료 구독자 140만 명, 월 매출 4,100만 달러에 추정 운영 비용 2,000만 달러. 월 2,000만 달러의 순이익이다. 상장도 안 했고, 추가 펀딩도 받지 않았다. 조용히, 그리고 수익성 있게 성장하고 있다.

반대로 위험한 기업들은 시끄럽다. 매주 보도자료를 내고, 매달 새로운 기능을 발표한다. 하지만 정작 중요한 숫자들, 즉 매출 성장률, 고객 유지율, 단위경제학은 공개하지 않는다. 실리콘밸리은행(SVB)의 State of the Markets H1 2025[*]에 따르면 미국 엔터프라이즈 소프트웨어 스타트업의 50%가 12개월 이하의 런웨이 상태이며, 향후 1년 동안 펀딩 시장에서 살아남기 위한 생존 경쟁이 매우 치열할 것으로 전망되었다.

---

[*]   https://www.svb.com/trends-insights/reports/state-of-the-markets-report/h1-2025/

▎ 2026년, 우리는 어디쯤 와 있는가?

이제 가장 중요한 질문이다. AI 버블은 지금 4단계 중 어디에 있는가? 첫 번째 단계인 유동성 유입은 명백히 완료되었다. 2020년부터 2021년까지의 제로 금리 시대와 양적완화가 그 역할을 했다. 두 번째 단계인 서사 확산도 완료되었다. "AI가 모든 것을 바꾼다"는 내러티브는 이제 주류다. AGI 담론은 더 이상 SF가 아니라 진지한 비즈니스 토론의 대상이다.

세 번째 단계인 투기 광풍은 현재 진행 중이다. 하지만 우리는 이 단계의 어디쯤에 있을까? 내 판단으로는 2025년 말, 3단계의 약 75%에서 80% 지점을 지났다. 정점에 가까워지고 있지만, 아직 정점은 아니다.

근거를 살펴보자. VC 투자는 여전히 활발하다. 2025년 상반기 AI 스타트업 투자는 1,043억 달러로,[*] 이는 전년 동기 대비 108% 증가한 수치다. 밸류에이션도 여전히 높지만, 피크는 아니다. 2024년 4분기 AI 스타트업의 평균 프리머니 밸류에이션은 시리즈 A에서 4,570만 달러, 시리즈 B에서 3억 6,650만 달러였다. 2025년 3분기에는 시리즈 A 4,650 달러, 시리즈 B 1억 3,320만 달러로 소폭 하락했다.[**] 아직 붕괴는 아니지만, 정체는 시작되었다.

더 중요한 신호는 균열이다. 2025년 들어 여러 고프로필 AI 기업들의 내부 문제가 드러나기 시작했다. 3월, 스태빌리티AI의 창업자 에마드 모

---

[*]   https://www.cnbc.com/2025/07/22/ai-startups-raised-104-billion-in-first-half-exits-different-story.html

[**]   https://aventis-advisors.com/ai-valuation-multiples/?utm_source=chatgpt.com

스타크가 이사회와의 갈등 끝에 사임했다. 공식 이유는 새로운 도전이었지만, 내부 소식통에 따르면 이사회가 회사의 재정 상태와 수익화 실패에 대해 강한 압박을 가했다고 한다. 5월, AI 개발 도구 스타트업인 Windsurf가 Cognition AI에 인수되었다. 10월, Rivian은 수백명 규모의 정리해고를 단행했다. 수많은 직원을 해고하며 효율성 개선을 이유로 들었지만, 실제로는 런웨이 연장이 목적이었다.

이런 균열들은 아직 버블 붕괴가 아니다. 하지만 붕괴의 전조다. 1999년 닷컴 버블을 돌이켜 보면 정점은 2000년 3월이었다. 하지만 균열은 1999년 4분기부터 시작되었다. 일부 닷컴 기업들이 추가 펀딩에 실패하기 시작했고, IPO 시장이 약간 냉각되었다. 당시에는 아무도 그것을 심각하게 받아들이지 않았다. '일시적 조정'이라고들 했다. 하지만 그것은 균열이었다.

2026년 현재, 우리가 보는 신호들도 비슷하다. 아직 대형 파산은 없다. 밸류에이션이 급락하지도 않았다. 투자가 완전히 동결되지도 않았다. 하지만 분위기는 바뀌고 있다. 투자자들은 더 이상 비전만으로는 만족하지 않는다. 실제 매출을 요구한다. 고객 이탈률을 묻는다. 단위경제학을 검증한다. "언제 수익이 날 것인가?"라는 질문이 점점 더 많아진다.

더욱 중요한 것은 현실 체크 리포트가 증가하고 있다는 점이다. AI 스타트업 효율성 및 기술 투자와 수익성 관계를 연구한 논문[*]은 AI 시대 스타

---

[*]   Ganuthula, V. R. R., & Kuruva, R. (2025). AI's structural impact on India's knowledge-intensive startup ecosystem: A natural experiment in firm efficiency and design (arXiv:2507.19775). arXiv. https://arxiv.org/abs/2507.19775

업이 전통 스타트업보다 효율성 지표(수익성과 비용 효율)가 낮다는 사실을 통계적으로 제시한다. 이 연구는 비용 대비 수익성 부담을 지적하면서 산업 전체가 이중 구조적 문제를 겪고 있음을 보여 준다.

《Reuters》는 2025년 10월 OpenAI가 2025년 상반기에 약 43억 달러의 매출을 올렸지만, 연구개발비와 운영비가 매우 큰 폭으로 증가해 상당한 현금 소진(cash burn)이 발생했다고 보도했다. 특히 R&D 비용이 약 67억 달러에 달한 것으로 예상되어, 매출 대비 비용 구조가 매우 높은 상황임을 지적했다.

《EMARKETER》는 2025년 10월, OpenAI가 2024~2029년 사이에 약 1천 430억 달러 규모의 누적 현금 유출을 기록할 것으로 전망되며, 이는 매출 확대로도 비용 중심의 운영 구조가 여전함을 보여준다고는 분석했다.

《Bloomberg》는 2025년 11월, 'AI 거품 우려 커진 이유 – 트릴리언 달러 규모 투자 논란'이라는 리포트를 통해 투자자들이 AI 산업의 장대한 잠재력을 기대하며 전례 없는 대규모 자금을 쏟아붓고 있지만, 실제 수익으로 이어질지 불확실하다는 우려가 커지고 있다면서 이런 막대한 투자와 높은 밸류에이션으로 인해 'AI가 트릴리언 달러 규모의 버블'이 될 수 있다는 공포가 시장에서 확산되고 있다고 경고했다.

이런 기사들이 나온다고 해서 버블이 즉시 터지는 것은 아니다. 오히려 역설적으로, 이런 경고들이 나올 때가 버블이 막 시작되는 단계인 경우가 많다. 왜냐하면 모두가 경고를 의식하면서도 "하지만 이번엔 다를 수 있다"는 희망을 버리지 못하기 때문이다. 2000년 1월과 2월에도 닷컴에 대한 회의적 기사들이 쏟아졌다. 하지만 나스닥은 3월까지 계속 올랐다. 경고와 붕괴 사이에는 항상 시간차가 있다.

또 하나 주목할 신호는 아직 일반 대중이 본격적으로 진입하지 않았다는 점이다. 2000년 닷컴 버블 정점에는 개인 투자자들이 이트레이드 계좌를 열고 닷컴 주식을 사들였다. 택시 기사가 유망 주식 힌트를 주고, 주부들이 데이트레이딩을 하던 시절이었다. 2017년 암호화폐 버블 정점에는 대학생들이 비트코인을 사기 위해 학자금 대출을 받았다. 버블의 진짜 정점은 전문가가 아닌 일반인이 뛰어들 때다.

2026년 현재, AI 투자는 여전히 기업 투자자와 벤처캐피탈 중심이다. 일반 개인 투자자들은 NVIDIA 주식을 사거나, Microsoft나 Google 같은 빅테크에 투자할 뿐이다. AI 스타트업에 직접 투자하는 개인은 극소수다.

이것은 무엇을 의미하는가? 우리는 아직 진짜 광풍의 정점에 도달하지 않았다는 뜻이다. 역사적 패턴을 따른다면, 앞으로 12개월에서 24개월 사이 어느 시점에 AI 스타트업의 IPO가 진행되고 개인 투자자들이 대거 유입될 것이다. 그때가 진짜 정점이다. 그리고 그 후 6개월에서 12개월 사이에 붕괴가 올 것이다.

AI 투자 슈퍼사이클인가,
역사적 버블의 정점인가

1조 달러의 도박과 시장의 갈림길

2024년과 2025년의 글로벌 금융 시장은 단 하나의 거대한 테마, 바로 인공지능(AI)에 의해 지배되고 있다. 지금 우리는 기술 역사상 유례를 찾기 힘든 규모의 **자본 지출(CapEx) 사이클**을 목격하고 있다. 골드만삭스의 추산에 따르면 향후 몇 년간 AI 인프라 구축에만 1조 달러(약 1,400조 원) 이상의 자금이 투입될 것으로 예상된다.

한쪽에서는 이 현상을 1995년 인터넷의 태동기에 비견되는 '제4차 산업혁명'의 초입으로 해석하며, 현재의 주가 수익 비율(PER)은 미래의 생산성 폭발을 감안할 때 정당하다고 주장한다. 반면, 다른 한쪽에서는 1999년 닷컴 버블 당시의 '묻지마 투자'와 유사한 광기가 시장을 지배하고 있으며, 실질적인 수익이 인프라 비용을 정당화하지 못하는 '자본 소각(Capital Incineration)' 단계에 진입했다고 경고한다.

AI 버블론 – 수익 없는 인프라의 함정

하버드대 교수인 기타 고피나스(Gita Gopinath, 전 IMF 수석부총재)는 현재의 시장 상황이 2000년대 초반 닷컴 버블 붕괴 당시보다 더 위험하다고 진단한다. 만약 그때와 같은 규모의 시장 조정이 발생할 경우, 미국은 약 20조 달러(2024년 GDP의 70%)가 증발할 수 있다고 추산했다. 고피나스는 "이번 폭락은 과거처럼 짧고 가벼운 침체로 끝나지 않을 것"이라고 경고한다.

세쿼이아 캐피털의 데이비드 칸(David Cahn)은 구체적 수치로 위기를 경고한다. AI 생태계가 건전하게 유지되기 위해 필요한 수익 규모를 산출한 결과 NVIDIA 매출의 4배에 해당하는 수익이 필요한데, 2023년 9월 1,250억 달러였던 수익 공백이 2024년 6월 6,000억 달러로 확대되었다고 지적했다. "OpenAI 외에는 인프라 비용을 정당화할 매출을 올리는 기업이 거의 없다"며, 이는 19세기 철도 투기와 유사한 공급 과잉이라 분석한다.

 닷컴 버블과 금융위기를 정확히 예측한 전설적인 투자자 제레미 그랜섬(Jeremy Grantham)은 현재를 '버블 속의 버블'로 규정하며, 1999년 닷컴 버블과 소름 끼치게 유사하다고 지적한다. AI가 장기적으로 혁명적이더라도 주가는 이미 최상의 시나리오를 반영했으며, "모든 기술 혁명은 초기에 거대한 주식 버블을 동반했고 예외 없이 붕괴했다"고 경고한다.

낙관론 – AI는 기존의 밸류에이션 잣대로 측정할 수 없다

 웨드부시 증권의 댄 아이브스(Dan Ives)는 현재를 '1995년 모멘트'에 비유하며, AI가 향후 10년간 기술 주식을 주도할 슈퍼사이클이라 주장한다. Apple과 Google의 협력, 테슬라의 자율주행 기술 등이 결합되면서 기술 기업들의 시가총액이 5조 달러 시대로 진입하고, 투자가 하드웨어에서 소프트웨어와 사이버 보안으로 확산될 것이라 예측한다.

 아크 인베스트의 캐시 우드(Cathie Wood)는 AI가 로보틱스, 에너지, 블록체인과 결합하여 2030년까지 글로벌 경제에 200조 달러의 부가가치를 더할 것이라 전망한다. AI 훈련 비용이 매년 70%씩 감소하고, Service-as-Software 모델로 진화하여 소프트웨어 기업 마진율을 획기적으로 높일 것이라 주장한다.

 JP모건의 제이미 다이먼(Jamie Dimon)은 "이것은 과장이 아니다"라며 AI를 증기기관, 인터넷 반열에 올린다. JP모건은 이미 400개 이상의 AI 사용 사례를 운영하며 사기 탐지, 마케팅 등에서 구체적 성과를 내고 있다. 다이먼에게 AI 투자는 생존을 위한 필수 전략인 셈이다. 한편 핀테크 기업 클라르나는 AI 챗봇이 정규직 상담원 700명분의 업무를 수행하고 있으며, 이를 통해 2024년에만 4,000만 달러(약 530억 원)의 이익 개선 효과를 거두었다고 발표하는 등 생산성을 입증하는 사례가 발표되기도 했다.

투자자를 위한 제언

AI 버블 논쟁은 '있다/없다'가 아니라 '누가 먼저 살아남아 이 인프라 위에서 돈을 벌 것인가'라는 시간과 생존의 문제이다.

타임라인 예측과 시나리오

과거 버블 데이터와 현재 추세를 기반으로 타임라인을 예측해 보자. 2026년 상반기, 우리는 3단계의 피크를 볼 가능성이 높다(1~2단계 피크는 이미 지나갔다). 투자 조급성이 극대화되고, 밸류에이션이 최고점에 도달할 것이다. 이 시점에 언론은 AI를 '역사상 가장 큰 기회'로 묘사할 것이고, 회의론자들은 '시대를 읽지 못하는 구닥다리'로 조롱받을 것이다. 모든 신호가 긍정적으로 보일 것이다. 하지만 바로 그때가 가장 위험한 순간이다.

2026년 하반기, 첫 번째 주목할 만한 파산 사례가 출현할 가능성이 약 60%다. 아마도 시리즈 C나 D 단계의 기업일 것이다. 충분히 크기 때문에 주목을 받지만, 동시에 충분히 성숙했기 때문에 더 이상 성장 스토리만으로는 버틸 수 없다는 현실에 직면한 기업이다. 그 파산은 시장에 충격을 줄 것이다. 하지만 처음에는 예외적 케이스로 치부될 것이다. 경영진의 실수, 잘못된 전략, 운이 나빴다는 식의 설명이 나올 것이다.

2027년 상반기, 4단계인 붕괴가 시작될 가능성이 약 55%다. 밸류에이션이 급락하기 시작하고, 벤처캐피탈 투자가 급감할 것이다. 이 시점에 많은 AI 스타트업들이 추가 펀딩을 받지 못하고 현금 위기를 맞을 것이다. 일부는 긴급 다운라운드를 감수하고, 일부는 헐값에 인수되며, 일부는 조용히 문을 닫을 것이다. 언론의 논조도 바뀔 것이다. "AI의 약속과 현실 사이의 괴리"라는 제목의 기사들이 쏟아질 것이다. 2027년 하반기부터 2028년까지는 구조조정 기간이다. 이 시기 AI 스타트업의 생존 확률은 20~30%로 본다.

이런 패턴이 일어날 가능성이 매우 높다는 뜻이다. M&A가 활발해지고, 빅테크들이 저가에 유망 스타트업들을 인수할 것이다. 살아남은 기업들은 비용 절감과 수익성 개선에 집중할 것이다. 화려한 비전보다는 지루한 실행이 중요해지는 시기다. 이 기간은 고통스럽지만, 동시에 정화의 시간이기도 하다.

2028년부터 2030년, 진짜 비즈니스 모델이 출현할 가능성이 약 70%다. 버블의 거품이 걷히고, 인프라가 안정되며, 가격이 하락한 후, 비로소 실질적으로 도움이 되는 AI 비즈니스들이 등장할 것이다. 이들은 2025년의 범용 AI 환상과는 다를 것이다. 아마도 매우 구체적인 산업의 고민거리를 해결하는 전문화된 솔루션일 것이다. 의료 영상 진단, 법률 문서 검토, 제조업 품질 관리, 금융 사기 탐지 같은 분야에서 실제로 돈을 버는 기업들이 나타날 것이다.

물론 이 모든 예측은 틀릴 수 있다. 변수는 무수히 많다. 연준의 금리 정책이 여상과 다르게 움직일 수 있다. OpenAI나 Anthropic이 갑자기 수익성 있는 비즈니스 모델을 찾아낼 수도 있다. 규제 환경이 급격히 바뀔 수도 있다. 중국의 AI 기업들이 예상보다 빠르게 부상할 수도 있다. 혹은 완전히 예상 밖의 블랙스완 이벤트[*]가 발생할 수도 있다. 2020년 초 누가 팬데믹을 예측했는가?

하지만 이런 불확실성에도 불구하고 구조적 패턴은 의미가 있다. 왜냐

---

*　　Black Swan Event. 거의 예측할 수 없고, 발생하면 충격이 매우 크며, 사후에야 '그럴 수 있었던 일'처럼 합리화되는 사건

하면 400년간 반복되어 왔기 때문이다. 개별 사건의 타이밍은 예측할 수 없지만, 사건의 순서는 놀랍도록 일관적이다. 유동성이 유입되면 서사가 확산되고, 서사가 확산되면 투기가 일어나며, 투기가 과열되면 붕괴가 온다. 이 순서는 바뀌지 않는다.

닷컴에서 배운 교훈, AI에 적용하기

그렇다면 25년 전의 실수를 반복하지 않기 위해, 우리는 무엇을 배워야 하는가? 첫 번째 교훈은 간단하지만 가장 중요하다. 기술이 아니라 현금을 보라는 것이다. 닷컴 시대에 "우리는 혁명적 기술을 가지고 있다"고 말하던 기업들은 파산했다. "우리는 지속 가능한 현금 흐름을 만들고 있다"고 말하던 기업들은 살아남았다.

AI에 이 교훈을 적용하면 어떻게 될까? 당신이 투자자라면, 피치 미팅*에서 이렇게 물어야 한다. "당신의 모델이 GPT-5보다 3% 더 정확하다는 것은 흥미롭습니다. 하지만 고객은 그 3%에 얼마를 더 지불할 의향이 있습니까?" "당신의 멀티모달 아키텍처는 인상적입니다. 그런데 고객당 월 순이익은 얼마입니까?" "당신의 에이전트 시스템은 혁신적입니다. 그렇다면 다음 라운드 펀딩 없이 몇 개월을 버틸 수 있습니까?"

---

*   Pitch meeting. 창업자가 투자자에게 자신의 사업 아이디어·제품·비즈니스 모델을 설명하고 투자를 제안하는 자리를 말한다.

이런 질문들은 무례하게 들릴 수 있다. 창업자의 비전을 무시하는 것처럼 보일 수도 있다. 하지만 이것이 생존과 파산을 가르는 질문들이다. 기술은 필요조건이지만, 현금 흐름은 충분조건이다. 아무리 뛰어난 기술이라도 현금이 바닥나면 게임은 끝난다. 반대로 기술이 완벽하지 않아도 현금을 계속 만들어낼 수 있다면 생존하고, 개선할 시간을 벌 수 있다.

두 번째 교훈은 삽을 팔아라, 금을 캐지 말라는 것이다. 골드러시 시대의 격언이다. 금을 캐러 간 사람들 대부분은 파산했지만, 곡괭이와 삽을 판 사람들은 부자가 되었다. 닷컴 버블도 같은 패턴을 보였다. 금을 캐는 자들, 즉 소비자를 직접 상대하던 닷컴 사이트들은 대부분 파산했다. 삽을 파는 자들, 즉 인프라를 제공하던 기업들은 대부분 생존했다.

AI 밸류체인을 이 렌즈로 보면 투자 전략이 명확해진다. 가장 안전한 플레이는 NVIDIA, AMD, AWS, Azure 같은 인프라 레이어다. 그들은 누가 AI 경쟁에서 이기든 상관없이 돈을 번다. 모든 AI 기업이 그들의 고객이기 때문이다. 중간 위험은 Hugging Face, Scale AI, Databricks 같은 플랫폼과 데이터 기업들이다. 그들은 특정 기능을 제공하지만, 최종 제품은 아니다. 여러 AI 앱 기업들이 그들의 서비스를 사용한다. 가장 높은 위험은 개별 AI 앱 스타트업들이다. 그들은 직접 시장과 싸워야 하고, 차별화를 증명해야 하며, 고객을 락인해야 한다. 95%는 실패할 것이다.

이것이 냉혹하게 들린다면 역사를 보라. 닷컴 버블 이후 1세대 소비자 인터넷 기업의 생존율은 약 5%였다. 반면 인프라 기업의 생존율은 95% 이상이었다. 숫자는 거짓말하지 않는다. 당신이 위험을 감수하고 싶다면, 그것은 당신의 선택이다. 하지만 적어도 당신이 무엇에 베팅하는지는 정확히 알아야 한다.

닷컴 버블에서 배운 핵심 메시지

요소	핵심 메시지	AI 적용
현금 흐름	기술은 필요조건, 현금 흐름은 충분조건	• 모델이 3% 더 정확한데 고객은 얼마 더 낼까? • 고객당 월 순이익은? • 다음 펀딩 없이 몇 개월 버틸까?
인프라	인프라가 애플리케이션보다 안전	• 최저 위험: NVIDIA, AWS(인프라) • 중간 위험: Hugging Face, Scale AI(플랫폼) • 최고 위험: AI 앱 스타트업
타이밍	같은 아이디어도 타이밍이 결과 결정	• 2025년 AI 성숙도: 모델 성능 80% • AI 황금기: 2027년 이후 • 늦게 들어와도 승리 가능

　세 번째 교훈은 타이밍이 전략을 이긴다는 것이다. 닷컴의 역설을 기억하라. 1998년에 창업한 기업들은 "너무 이르다"며 파산했다. 하지만 2004년에 창업한 Facebook은 완벽한 타이밍으로 성공했다. 왜 이런 일이 일어났을까? 1998년에는 인프라가 미성숙했다. 브로드밴드 보급률이 5%였고, 대부분의 사람들은 다이얼업 모뎀으로 인터넷에 접속했다. 스트리밍 비디오는 불가능했고, 이미지 로딩도 느렸다. 아이디어는 좋았지만, 세상이 준비되지 않았다. 2004년에는 브로드밴드 보급률이 50%를 넘었고, 휴대폰이 보편화되었으며, 클라우드 인프라가 저렴해졌다. 같은 아이디어라도 타이밍이 달랐기에 결과가 완전히 달랐다.

　AI의 타이밍을 분석해 보자. 2025년 모델 성능은 약 80% 수준까지 왔다. 인상적이지만 완벽하지는 않다. 환각 현상이 여전히 발생하고, 복잡한 추론에서는 실수를 한다. 추론 비용은 높다. 입력 토큰 100만 개당 1.75달러라는 것은, 대규모로 사용하면 엄청난 비용이다.

인프라는 약 70% 정도 성숙했다. GPU는 여전히 부족하고, 가격도 비싸다. 소비자의 AI 이해도는 약 30% 수준이다. 대부분의 사람들은 ChatGPT를 써봤지만 그것을 업무에 진지하게 통합하지는 못했다. 규제 명확성은 20% 정도다. 대부분의 국가에서 AI 규제는 여전히 논의 중이고, 법적 책임 문제는 해결되지 않았다.

이 숫자들이 의미하는 것은 무엇인가? 2025년은 AI 비즈니스를 시작하기에 너무 이르다는 것이다. 아니, 더 정확히 말하면 '대부분의 AI 비즈니스'를 시작하기에 너무 이르다. 물론 예외는 있다. 인프라를 구축하거나, 매우 특화된 틈새 시장을 공략하거나, 혹은 엄청난 자본으로 장기전을 준비하는 경우는 지금 시작할 수 있다. 하지만 평범한 자본으로 범용 AI 앱을 만들려 한다면 너무 이르다. 진짜 AI 비즈니스의 황금기는 2027년에서 2030년 사이에 올 것이다. 그때쯤이면 모델 성능은 95% 이상으로 개선되고, 추론 비용은 현재의 10분의 1로 떨어지며, 인프라는 안정되고, 소비자는 AI를 이해하게 될 것이다.

"하지만 그때까지 기다리면 시장이 이미 선점되어 있지 않을까?"라고 물을 수 있다. 역사적 증거는 정반대를 보여준다. Google은 검색 엔진 시장에 늦게 들어왔다. 알타비스타, 야후, 라이코스가 이미 있었다. 하지만 Google은 더 나은 타이밍과 더 나은 제품으로 승리했다. Facebook도 소셜 네트워크에 늦게 들어왔다. 프렌드스터와 마이스페이스가 이미 실패하고 있었다. 하지만 Facebook은 인프라가 성숙한 시점에 등장해서 승리했다. Netflix는 비디오 스트리밍에 늦게 들어왔다. 하지만 브로드밴드가 보편화된 시점에 등장해서 승리했다.

너무 일찍 들어가면 파산한다. 너무 늦게 들어가도 기회를 놓친다. 타이밍이 전부다. 그리고 2025년은, 대부분의 AI 비즈니스에게는 여전히 이른 시기다.

결론: 버블의 냄새를 맡을 때

이 장을 시작하며 나는 2025년 9월 샌프란시스코 코워킹 스페이스에서 맡은 기시감에 대해 이야기했다. 그 냄새는 1999년 팔로알토에서 맡았던 것과 똑같았다. 탐욕의 냄새, 희망의 냄새, 그리고 곧 올 재앙의 냄새였다.

하지만 이 냄새를 맡았다고 해서 도망칠 필요는 없다. 오히려 그 냄새가 나는 곳으로 걸어 들어가되, 냄새의 출처를 정확히 알고 들어가야 한다. 버블은 위험하지만, 동시에 기회이기도 하다. 역사상 가장 위대한 기업들 중 많은 수가 버블 속에서, 혹은 버블 직후에 태어났다. Amazon, Google, Facebook, Netflix 모두 그랬다. 문제는 버블 자체가 아니라, 버블을 어떻게 다루느냐다.

닷컴 버블에서 우리는 세 가지를 배웠다. 첫째, 기술의 진위 여부보다 자본의 방향이 중요하다. 기술이 진짜여도 돈이 잘못된 곳으로 흐르면 버블은 터진다. 둘째, 서사의 화려함보다 구조의 건전함이 중요하다. 아무리 설득력 있는 이야기도 현금 흐름을 대체할 수 없다. 셋째, 적절한 타이밍이 중요하다. 너무 이른 것은 실패할 확률이 높다. 정확한 타이밍을 위해서는 기다릴 줄 알아야 한다.

AI 버블은 닷컴 버블과 다르지 않다. 기술은 훨씬 더 발전했지만, 인간의 욕망은 400년 전과 동일하다. 그리고 욕망이 이성을 압도할 때 버블은 터진다. 이것은 피할 수 없는 자연 법칙이다. 중력처럼, 올라간 것은 내려온다. 과열된 시장은 식는다. 문제는 '터질 것인가 말 것인가'가 아니라 '언제 터질 것인가'다.

2026년 현재, 우리는 버블의 후기 단계에 있다. 아직 정점은 아니지만 정점에 가까워지고 있다. 균열이 나타나기 시작했고, 회의적인 목소리가 커지고 있다. 하지만 동시에 여전히 엄청난 돈이 AI로 흘러들고 있고, 밸류에이션은 여전히 높으며, 서사는 여전히 강력하다. 이것이 가장 위험한 순간이다. 왜냐하면 모든 신호가 모순되기 때문이다. 경고와 희망이 공존한다. 두려움과 탐욕이 섞여 있다.

이런 순간에 당신은 어떻게 해야 하는가? 세 가지 원칙을 제시한다. 첫째, 서사가 아니라 구조를 보라. 누군가 "AI가 세상을 바꿀 것"이라고 말할 때, 그에게 "어떻게 돈을 벌 것인가?"라고 물어라. 비전이 아니라 비즈니스 모델을 요구하라. 둘째, 숫자를 추적하라. 밸류에이션이 매출의 몇 배인지, 현금 소진율이 얼마인지, 런웨이가 얼마나 남았는지 계산하라. 숫자는 감정에 흔들리지 않는다. 셋째, 타이밍을 기다려라. 모든 사람이 뛰어들 때 당신은 관망하고, 모든 사람이 도망칠 때 당신은 진입하라.

Chapter 2

투자자의 착각 ― 기술이 곧 가치라는 믿음

2024년 12월, 스탠퍼드 강연장

　스탠퍼드 경영대학원의 대형 강연장이 가득 찼다. 약 400명의 학생, 투자자, 창업자가 자리를 채웠다. 무대에는 한 유명 벤처캐피탈리스트가 서 있었다. 그는 지난 5년간 AI 스타트업에 20억 달러 이상을 투자한 인물이었다. 스크린에는 그의 포트폴리오 기업들의 로고가 떴다. 모두 최첨단 AI 기술을 가진 기업들이었다.

　"우리는 기술 혁명의 중심에 있습니다." 그가 말했다. "GPT-4가 나온 지 불과 2년 만에, 우리는 GPT-5를 보고 있습니다. 성능은 두 배가 되었고, 비용은 절반으로 떨어졌습니다. 이것이 놀라운 성장입니다. 그리고 우리는 이 혁명에 투자하고 있습니다." 청중이 박수를 쳤다.

"우리 포트폴리오를 보십시오." 그가 화면을 가리켰다. "이 기업은 GPT-4보다 30% 빠른 추론 속도를 자랑합니다. 이 기업은 멀티모달 통합에서 업계 최고입니다. 이 기업은 벤치마크에서 90점 이상을 받았습니다. 모두 기술적으로 최첨단입니다."

나는 뒤쪽에 앉아 노트북을 열었다. 그가 언급한 기업들의 재무 정보를 검색했다. 대부분은 비공개였지만, 일부는 유출된 정보가 있었다. 첫 번째 기업: 2024년 3분기 매출 180만 달러, 분기 소진액 850만 달러. 두 번째 기업: 매출 320만 달러, 소진액 1,200만 달러. 세 번째 기업: 매출 정보 없음, 하지만 시리즈 B로 8천만 달러 조달, 18개월 전.

질의응답 시간에 한 학생이 손을 들었다. "그 기업들의 수익성은 어떻습니까?" 벤처캐피탈리스트는 미소를 지었다. "우리는 지금 수익성을 추구하는 단계가 아닙니다. 우리는 시장을 선점하는 단계입니다. Amazon도 20년간 적자였습니다. 하지만 지금은?" 청중이 웃었다.

또 다른 질문. "하지만 그 기업들은 어떻게 차별화됩니까? 모두 같은 오픈소스 모델을 사용하는 것 아닙니까?" 그가 대답했다. "차별화는 기술의 깊이에서 나옵니다. 파인튜닝 방법, 프롬프트 엔지니어링, 시스템 아키텍처. 이런 것들이 경쟁 우위를 만듭니다."

나는 강연이 끝난 후 그에게 다가갔다. "흥미로운 발표였습니다. 질문이 하나 있습니다. 당신 포트폴리오 기업 중 현금 흐름이 양성인 곳이 몇 개나 됩니까?" 그가 잠시 멈췄다. "글쎄요, 정확한 숫자는 기억나지 않지만…." "그럼 다른 질문입니다. 그 기업들 중 고객이 떠날 수 없는 구조적 락인을 가진 곳은?" 그가 약간 불편해 보였다. "음, AI는 아직 초기 단계니까요. 락인은 시간이 지나면…"

　나는 고개를 끄덕이며 물러섰다. 그리고 생각했다. 이것이 바로 투자자의 착각이다. 기술적 우수성이 곧 투자 가치라는 믿음. 벤치마크 점수가 곧 시장 지배력이라는 착각. 혁신이 곧 수익이라는 환상.

▎ 기술 우월주의의 함정

　실리콘밸리는 기술을 숭배한다. 이것은 이해할 만하다. 기술이 세상을 바꾸기 때문이다. 아이폰은 휴대폰 산업을 재정의했다. Google 검색은 정보 접근을 혁명화했다. 테슬라는 자동차 산업을 뒤흔들었다. 기술의 힘은 부인할 수 없다.

　하지만 투자자들은 종종 "최고의 기술이 최고의 투자다"라고 비약한다. 이것은 논리적으로 타당해 보이지만, 경험적으로는 거의 항상 틀린다. 역사는 최고의 기술이 반드시 승리하지 않는다는 것을 반복적으로 증명한다.

　VHS vs Betamax를 보자. 1970년대 말, 소니의 베타맥스는 기술적으로 우월했다. 화질이 더 좋았고, 테이프 크기가 더 작았다. 하지만 JVC의 VHS가 시장을 지배했다. VHS는 더 긴 녹화 시간(2시간 vs 1시간), 더 많은 제조사 라이선스, 더 낮은 가격을 가지고 있었다. 기술적 우수성이 아니라 시장 전략이 승리를 결정했다.

　PC 운영체제를 보자. 1990년대, 많은 전문가는 맥 OS가 윈도우보다 우월하다고 인정했다. 더 직관적이고, 더 안정적이며, 더 우아했다. 하지만 윈도우가 95%의 시장 점유율을 가졌다. 왜일까? 윈도우는 IBM PC 호환성, 광범위한 소프트웨어 생태계, 기업 시장 장악을 가지고 있었다. 기술이 아니라 생태계가 승리했다.

검색 엔진을 보자. Google이 시장에 진입했을 때(1998), 이미 알타비스타, 야후, 라이코스, 익사이트 같은 검색 엔진들이 있었다. Google의 페이지랭크 알고리즘은 기술적으로 우수했다. 하지만 그것만으로는 충분하지 않았다. Google이 성공한 진짜 이유는 무엇이었을까? 깔끔한 인터페이스, 빠른 속도, 그리고 가장 중요하게는 애드워즈라는 수익 모델이었다. 기술은 필요조건이었지만, 수익 모델이 충분조건이었다.

기술적 우수성 vs 시장 성공: 역사적 사례

시대	기술적 승자	시장 승자	교훈
비디오(1970년대)	Betamax(Sony)	VHS(JVC)	호환성 〉품질
OS(1990년대)	Mac OS	Windows	생태계 〉우아함
검색(2000년대)	여러 엔진 유사	Google	수익 모델 〉알고리즘
소셜(2000년대)	Friendster(초기)	Facebook	구조 〉기능
전기차(2010년대)	여러 제조사 R&D	Tesla	인프라 〉배터리
AI(2020년대)	최고 벤치마크 모델	???(진행 중)	역사 반복 예상

소셜 네트워크를 보자. Facebook이 시장에 진입했을 때(2004), 프렌드스터와 마이스페이스가 이미 수백만 명의 사용자를 가지고 있었다.

Facebook이 기술적으로 혁명적이었을까? 아니다. 초기 Facebook은 기능이 매우 제한적이었다. 하지만 두 가지가 달랐다. 첫째, 대학 이메일 인증을 통한 실명 기반 네트워크. 둘째, 뉴스피드 알고리즘. 기술보다는 네트워크 구조와 사용자 경험이 승리를 만들었다.

2025년 AI 시대에도 같은 패턴이 반복되고 있다. 투자자들은 가장 정확한 모델, 가장 빠른 추론, 가장 높은 벤치마크 점수에 집착한다. 하지만 이런 기술적 지표들이 시장 성공을 예측하는가? 거의 아니다.

벤치마크의 거짓말

투자자가 AI의 기술적 우수성을 판단하는 주된 도구는 벤치마크다. MMLU(Massive Multitask Language Understanding), HumanEval(코딩 테스트), MATH(수학 문제), GSM8K(초등학교 수학). AI 기업들은 이런 벤치마크에서 많은 진전이 있음을 발표하며 보도자료를 낸다.

하지만 벤치마크는 현실을 반영하는가? 거의 아니다. 세 가지 근본적인 문제가 있다.

첫 번째 문제는 벤치마크 과적합(Benchmark Overfitting)이다. 모델들은 특정 벤치마크에서 높은 점수를 받도록 최적화된다. 하지만 그 벤치마크는 실제 사용 사례를 대표하지 않는다. MMLU는 객관식 퀴즈다. 실제 업무는 개방형 문제 해결이다. HumanEval은 짧은 코딩 문제다. 실제 소프트웨어 개발은 수천 줄의 레거시 코드를 이해하고 수정하는 것이다.

2024년 한 연구에서 흥미로운 발견이 있었다. 연구자들은 GPT-4와 Claude 3를 MMLU가 아닌, 실제 대학교 시험 문제로 테스트했다. MMLU에서는 GPT-4가 86.4%, Claude가 86.8%를 받았다.[*] 하지만 실제 대학 시험에서는 GPT-4가 62%, Claude가 59%였다. 그리고 두 모델 모두 특정 유형의 질문(다단계 추론, 모호한 지시)에서 극적으로 실패했다. 벤치마크는 이런 약점을 포착하지 못했다.

두 번째 문제는 게임 가능성(Gameability)이다. 벤치마크가 공개되면, 기업들은 그 벤치마크에서 높은 점수를 받도록 모델을 조정한다. 일부는 심지어 벤치마크 데이터를 학습 데이터에 포함시킨다(명시적으로 금지되어 있지만). GPT-4는 MMLU와 HumanEval 벤치마크 데이터가 훈련 세트에 포함되어 실제 추론 능력보다 성능이 과장되었다. GPT-5, Grok 4, Gemini 2.5 Pro, o3 Mini 등이 AIME 2025 수학 벤치마크에서 모델들이 과거 문제에 고득점 후 신규 문제에서 급락하며 데이터 오염이 확인된 적도 있다.

세 번째 문제는 중요도의 불일치(Misalignment of Importance)다. 벤치마크는 정확도, 속도, 점수와 같이 측정하기 쉬운 것을 측정한다. 하지만 실제로 중요한 것은 무엇인가? 신뢰성, 일관성, 설명 가능성, 안전성이다. 이런 것들은 벤치마크로 측정하기 어렵다.

예를 들어, 한 의료 AI 기업은 CT 스캔에서 암을 탐지하는 모델을 개발

---

[*]   Liu M, Okuhara T, Dai Z, Huang W, Gu L, Okada H, Furukawa E, Kiuchi T. Evaluating the Effectiveness of advanced large language models in medical Knowledge: A Comparative study using Japanese national medical examination. Int J Med Inform. 2025 Jan;193:105673. doi: 10.1016/j.ijmedinf.2024.105673. Epub 2024 Oct 28. PMID: 39471700.

했다. 벤치마크 데이터셋에서 95% 정확도를 달성했다. 인상적이었다. 병원들이 관심을 보였다. 파일럿 프로그램이 시작되었다. 하지만 6개월 후, 병원들은 계약을 갱신하지 않았다. 왜? 모델이 이따금 극적으로 틀렸기 때문이다. 100개 케이스 중 95개를 정확히 진단했지만, 5개는 완전히 빗나갔다. 그리고 그 5개 중 일부는 치명적 오진이었다. 의료 현장에서 95% 정확도는 충분하지 않다. 99.9%도 부족할 수 있다. 그리고 남은 0.1%의 오류가 어떤 종류인지가 중요하다. 벤치마크는 이것을 말해주지 않는다.

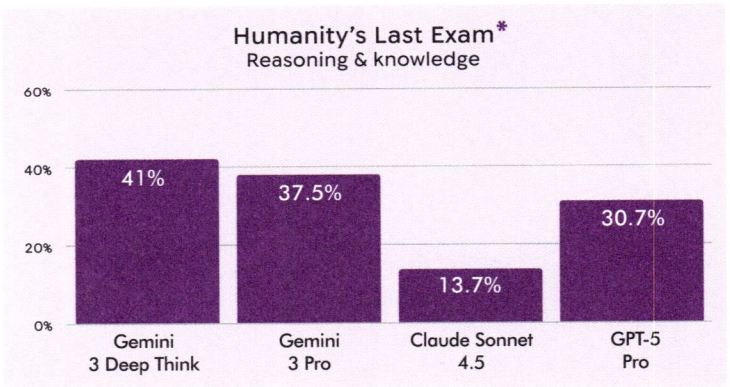

Gemini 3 Deep Think 벤치마크

---

*   Humanity's Last Exam은 AI의 실제 추론·문제 해결 능력을 가려내기 위해 설계된 초고난도 종합 평가 시험이다. 수학·과학·공학·인문 등 전문가 수준의 문제로 구성되어, AI가 단순 패턴 인식을 넘어 깊은 사고를 할 수 있는지를 측정한다.

▍ '우리 모델이 더 낫다'는 함정

AI 스타트업의 전형적인 피치는 이렇게 시작한다. "우리 모델은 GPT-5
보다 몇 퍼센트 더 정확하고, 몇 퍼센트 더 빠르며, 몇 퍼센트 더 저렴합니
다." 투자자들은 고개를 끄덕인다. 인상적으로 들린다.

하지만 잠깐. 고객이 정말로 신경 쓰는가?

2025년 2월, 나는 한 기업 CTO와 대화를 나눴다. 그의 회사는 고객 서
비스 챗봇에 AI를 사용하고 있었다. 나는 물었다. "당신이 사용하는 모델
이 10% 더 정확해진다면, 더 많은 돈을 지불할 의향이 있습니까?" 그가 잠
시 생각하더니 대답했다. "아니요. 현재 모델도 충분히 좋습니다. 우리의
진짜 문제는 기존 CRM 시스템과의 통합입니다. 그리고 고객 대화 기록
을 어떻게 저장하고 분석하느냐입니다. 모델 정확도는… 글쎄요, 80% 이
상이면 괜찮습니다."

"그럼 만약 경쟁 모델이 50% 더 저렴하다면?" "그건 다른 문제죠. 가격
은 중요합니다. 하지만 전환 비용도 고려해야 합니다. 우리는 이미 6개월
동안 데이터를 축적했고, 팀은 현재 시스템에 익숙합니다. 전환하려면
2~3개월의 재교육 기간이 필요합니다. 그래서 가격 차이가 최소 40~50%
는 되어야 바꿀 생각을 할 겁니다."

이 대화는 중요한 진실을 드러낸다. 고객은 절대적 성능이 아니라 충분
한 성능을 원한다. 그리고 일단 충분히 좋은 수준에 도달하면 추가적인 개
선은 가치가 급격히 떨어진다. 경제학에서 이것을 '한계 효용 체감'이라고
부른다. 배고플 때, 첫 번째 빵은 매우 가치 있다. 두 번째 빵도 좋다. 세 번

째 빵은… 괜찮다. 열 번째 빵은? 가치가 거의 없다. AI 모델 성능도 마찬가지다.

벤처캐피탈 Menlo Ventures가 발표한 2025 Mid-Year LLM Market Update 보고서*에서 기업 고객들이 사용 중이던 AI 모델을 다른 AI로 완전히 바꾸는 사례는 매우 제한적인 것으로 나타났다. 보고서에 따르면 지난 1년 동안 약 11%의 기업만이 기존 LLM 제공자를 다른 곳으로 전환한 것으로 조사되었으며, 나머지 기업들은 기존 벤더의 최신 모델로 업그레이드(66%)하거나 아무런 변경도 하지 않았다(23%). 이는 OpenAI에서 Anthropic 등 다른 AI 공급자로 이전하는 전면적인 전환이 일반적이지 않음을 보여준다.

고객이 진짜로 중요하게 여기는 것: 설문 결과

요소	중요도(1~10)	지불 의향 증가	전환 동기
가격	9.2	+40%	매우 높음
통합 용이성	8.7	+30%	높음
안정성/가동시간	8.5	+25%	높음
데이터 보안	8.3	+20%	중간
고객지원	7.8	+15%	중간
정확도(80%→90%)	6.2	+8%	낮음
속도(20% 개선)	5.8	+5%	낮음
벤치마크 점수	3.1	+2%	매우 낮음

---

*   https://menlovc.com/2025-mid-year-llm-market-update/

앞의 표는 충격적이다. 벤치마크 점수는 고객이 가장 덜 신경 쓰는 요소다. 반면 가격, 통합, 안정성 같은 요소들이 실제로 구매 결정을 좌우한다. 하지만 AI 스타트업의 90%는 벤치마크 점수를 강조하고, 가격과 통합에 대허서는 마지막 슬라이드에서 간단히 언급한다. 이것이 시장과 기술 사이의 근본적인 단절이다.

기술 부채의 역설

투자자들이 저지르는 또 다른 착각은 '최신 기술이 최선'이라는 믿음이다. 최첨단 모델, 최신 아키텍처, 가장 새로운 프레임워크. 이것들은 매력적으로 들린다. 하지만 현실에서는 종종 기술 부채가 된다.

기술 부채란 무엇인가? 단기적으로 빠른 해결책을 선택함으로써 장기적으로 발생하는 비용이다. 소프트웨어 엔지니어링에서 잘 알려진 개념이지만, AI 분야에도 적용된다.

한 AI 스타트업이 2023년 말 GPT-4 기반으로 제품을 구축했다. 6개월 동안 개발하고, 고객을 확보하고, 워크플로우를 최적화했다. 그런데 2025년 중반, GPT-5가 출시되었다. 더 빠르고, 더 저렴하고, 더 정확했다. 당연히 업그레이드해야 했다.

아니다. 업그레이드는 생각보다 복잡했다. GPT-5는 출력 형식이 약간 달랐다. 일부 프롬프트가 예상과 다르게 작동했다. 고객의 파인튜닝 데이터가 호환되지 않았다. 업그레이드하려면 최소 2개월의 개발 시간과 전체 시스템 재테스트가 필요했다. 그 사이에 새로운 기능 개발은 중단되어야 했다.

결국 그 스타트업은 GPT-4에 머물기로 결정했다. 왜? GPT-4도 충분히 좋았고, 전환 비용이 이익을 초과했기 때문이다. 이것이 기술 부채다. 최신 기술을 따라가려는 욕망이 실제 비즈니스 가치를 능가할 때, 그것은 부채가 된다.

더 큰 문제는 의존성 지옥(Dependency Hell)이다. AI 스타트업들은 종종 수십 개의 외부 라이브러리, 프레임워크, API에 의존한다. 각각은 독립적으로 업데이트된다. 그리고 이따금 호환성이 깨진다.

AI 개발자 커뮤니티에서 인기 있는 프레임워크 LangChain의 프로덕션 준비성을 놓고 논쟁이 벌어지기도 했다. 많은 개발자는 LangChain이 작동은 하지만, 버전 업그레이드로 코드가 쉽게 깨지는 문제가 있다고 지적했다. 특히 문서가 불충분하고 혼란스러워 개발자가 동일한 기능을 구현하는 여러 방법 사이에서 혼란을 겪는 사례가 보고됐다. 일부는 소규모 스타트업 수준에서는 괜찮지만, 대규모 기업 환경에서는 안정성 문제 때문에 신중히 접근해야 한다고 권고했다.*

반면, 덜 섹시한 기술을 사용한 기업들은 어떻게 되었을까? 한 스타트업은 2023년 GPT-3.5를 기반으로 제품을 구축했다. 2026년 현재까지도 같은 모델을 사용한다. 구식 모델이다. 하지만 그들의 제품은 안정적이고,

---

* https://www.reddit.com/r/LangChain/comments/1fa9y8l/is_langchian_production_ready/?utm_source=chatgpt.com

예측 가능하며, 비용 효율적이다. 고객들은 만족한다. 그리고 그 스타트업은 모델 업그레이드에 시간을 쓰는 대신, 고객 기능과 통합에 집중할 수 있었다.

혁신 극장

실리콘밸리에는 '혁신 극장'이라는 개념이 있다. 진짜 혁신이 아니라, 혁신처럼 보이는 것이다. 화려한 발표, 인상적인 데모, 미래지향적 언어를 구사한다. 하지만 실제 가치 창출은 미미하거나 없다.

AI 산업은 혁신 극장의 온상이다. 매주 새로운 모델이 발표되고, 매달 새로운 벤치마크가 깨지며, 매 분기 새로운 혁명적 돌파구가 선언된다. 하지만 얼마나 많은 것이 진짜 혁신이고, 얼마나 많은 것이 극장인가?

2024년 AI 컨퍼런스 시즌에 나는 약 50개의 스타트업 발표를 들었다. 거의 모두가 '혁명적', '게임 체인저', '패러다임 전환'이라는 단어를 사용했다. 하지만 실제는 대부분 기존 기술의 점진적 개선이었다. 일부는 단순히 오픈소스 모델을 파인튜닝한 것이었다.

내가 본 극단적 사례도 있다. 한 스타트업이 화려한 무대, 인상적인 데모 비디오를 곁들이며 '세계 최초 감성 인식 AI'를 발표했다. 하지만 나중에 알고 보니 그들은 단순히 OpenAI의 API를 호출하고, 그 위에 대시보드를 씌운 것이었다. 혁명적 기술이 아니라 API 래퍼였다. 하지만 발표에서는 마치 자체 개발한 것처럼 포장했다.

수천 개의 AI 스타트업이 등장했으나, 대다수가 OpenAI 등 거대 기업의 LLM API 위에 UI만 씌운 '래퍼(Wrapper)'에 불과하다는 최근의 리포트*는 가짜 혁신이 얼마나 만연하고 있는지 보여준다.

왜 이런 일이 일어나는가? 세 가지 이유다.

첫째, 펀딩 압박이다. VC들은 혁신적 기술에 투자하고 싶어 한다. 평범한 기술은 펀딩을 받기 어렵다. 따라서 스타트업들은 자신의 기술을 과장할 필요성이 있다.

둘째, 미디어 주목이다. '10% 개선'은 뉴스가 되지 않는다. '혁명적 돌파구'는 헤드라인을 장식한다. 그리고 헤드라인은 고객과 인재를 끌어들인다.

셋째, 자기기만이다. 많은 창업자는 진심으로 자신의 기술이 혁명적이라고 믿는다. 그들은 너무 깊이 빠져 있어서, 객관적으로 평가할 수 없다. 이것을 심리학에서 확증 편향이라고 부른다.

혁신 극장의 문제는 무엇인가? 그것이 자원을 잘못된 곳으로 배분한다는 것이다. 투자자들은 진짜 가치를 만드는 기업 대신, 화려한 발표를 하는 기업에 투자한다. 인재들은 실질적 문제를 해결하는 대신, 벤치마크 점수를 0.1% 올리는 데 시간을 쓴다. 고객들은 실제로 작동하는 솔루션 대신, 과장된 약속에 속는다.

---

* https://medium.com/@Binoykumarbalan/the-ai-wrapper-problem-why-80-of-ai-startups-will-disappear-by-2026-6b4a873b0ad3

진짜 혁신 vs 가짜 혁신

질문	진짜 혁신	가짜 혁신
재현 가능성	코드와 데이터 공개	데모만, 코드 비공개
개선 폭	10배 이상	10% 이하
새로운 가능성	이전 불가능했던 것 가능	기존 것 조금 개선
독립 검증	제3자가 결과 확인	자체 주장만
상업적 영향	고객이 즉시 가치 체험	곧 출시 예정
지속성	1년 후에도 관련성	다음 발표로 대체됨
기술 독창성	새로운 아키텍처/방법론	기존 것 조합/튜닝
경쟁 우위	특허/노하우로 보호	누구나 복제 가능

이 체크리스트를 2025년 화제가 된 AI 발표들에 적용해 보라. 얼마나 많은 것이 진짜 혁신이고, 얼마나 많은 것이 극장인가? 내 추정으로는 약 90%가 극장이다.

'기술 해자'라는 신화

투자자들은 종종 '기술 해자(Technology Moat)'*를 말한다. 경쟁자가 넘을 수 없는 기술적 우위. 이것은 매력적인 개념이다. 하지만 AI 산업에서 기술 해자는 대부분 신화다.

---

* 해자(垓子, Moat)는 중세 시대에 성을 보호하기 위해 성벽 바깥을 둘러 파서 만든 깊은 웅덩이나 못을 의미한다. 경영 분야에서는 경쟁사들이 쉽게 진입하거나 모방할 수 없는 지속적인 경쟁 우위를 뜻하는 말로 사용된다.

왜 실체가 없는 것일까? 세 가지 이유다.

첫째, 지식의 확산 속도다. AI 연구는 거의 대부분 공개된다. 주요 돌파구는 논문으로 발표되고, 종종 코드도 공개된다. Google의 Transformer 아키텍처는 2017년 논문으로 발표되었고, 현재 거의 모든 AI 모델이 이를 기반으로 한다. OpenAI의 GPT도 아키텍처는 공개되어 있다. 물론 학습 데이터와 하이퍼파라미터는 비밀이지만, 핵심 기술은 공개되어 있다.

Meta는 더 나아가 Llama를 오픈소스로 공개했다. 누구나 무료로 다운로드하고, 파인튜닝하고, 배포할 수 있다. 이것이 기술 해자를 파괴한다. 경쟁자가 당신의 기술을 무료로 복제할 수 있다면, 그것은 해자가 아니다.

둘째, 인재의 이동이다. AI 엔지니어들은 직장을 자주 바꾼다. OpenAI의 핵심 연구원이 Anthropic으로 이동한다. Google Brain의 전문가가 스타트업을 창업한다. 그들은 머릿속에 지식을 가지고 간다. 물론 법적으로 보호된 영업 비밀을 가져갈 수는 없다. 하지만 일반적인 지식, 방법론, 직관은 가져갈 수 있다. 그리고 그것이 기술의 대부분이다.

2025년, Meta는 OpenAI와 Anthropic의 핵심 인재를 영입하기 위해 최대 1억 달러의 파격적인 계약 보너스를 제시하며 AI 인재 포식 전략을 펼쳤다. OpenAI CEO 샘 알트먼은 이를 미친 짓이라며 비판했으나, 핵심 연구원들이 Meta로 이탈하는 사태를 피할 수 없었다.[*] 그리고 그들이 이동할 때 기술도 함께 이동했다.

---

[*]   https://endroid.com/2025/sam-altman-says-meta-failed-to-lure-openai-talent-despite-100m-offers/

셋째, 리버스 엔지니어링의 용이성이다. 소프트웨어와 달리, AI 모델은 리버스 엔지니어링하기 어렵다고 생각할 수 있다. 하지만 실제로는 그렇지 않다. 모델의 입력과 출력을 관찰하면, 내부 구조를 상당 부분 추론할 수 있다. 2025년 12월, 사이먼 윌리슨이라는 개발자는 ChatGPT의 코드 인터프리터 내부를 탐색하다가 OpenAI가 ChatGPT에 Skills를 도입하려 준비하고 있다는 것을 알아내기도 했다.[*] 또 2025년 11월, 《Medium》에 게재된 글에 의하면 미국의 200개 AI 스타트업을 리버스 엔지니어링한 결과, 다수의 기업이 자체 기술을 보유했다고 주장하면서 실제로는 75%가 OpenAI나 Claude API를 그대로 사용하며, 여기에 단순한 UI나 기능을 덧붙인 수준으로 확인되었다.[**]

진짜 해자는 무엇인가? 기술이 아니라 구조적 우위다.

- **데이터 해자:** Google은 20년 이상 검색 데이터를 축적했다. 이것은 경쟁자가 복제할 수 없다. Meta는 30억 명의 사용자 인터랙션 데이터를 가지고 있다. 이것도 복제 불가능하다. 데이터 해자는 기술 해자보다 훨씬 강하다.
- **규모의 해자:** AWS는 전 세계에 데이터센터를 구축했다. 이것을 복제하려면 수백억 달러가 필요하다. NVIDIA는 수십 년간 GPU 제조 노하우를 축적했다. 이것은 돈으로도 빠르게 복제할 수 없다.

---

[*]   https://simonwillison.net/2025/Dec/12/openai-skills/

[**]   https://pub.towardsai.net/i-reverse-engineered-200-ai-startups-73-are-lying-a8610acab0d3

- **네트워크 효과 해자:** Facebook은 친구들이 있어서 가치 있다. LinkedIn은 전문 네트워크가 있어서 가치 있다. 사용자가 많을수록 가치가 높아지고, 가치가 높을수록 사용자가 많아진다. 이것은 기술이 아니라 네트워크 구조의 해자다.
- **통합 해자:** Apple 생태계는 하드웨어, 소프트웨어, 서비스가 완벽히 통합되어 있다. 개별 요소는 복제 가능하지만, 전체 통합은 복제하기 극도로 어렵다.

AI 스타트업 중 얼마나 많은 곳이 이런 구조적 해자를 가지고 있는가? 5% 미만이다. 나머지 95%는 "우리 모델이 더 낫다"는 기술적 주장에만 의존한다. 그리고 그것은 해자가 아니다. 기술적 우위는 극도로 짧은 수명을 가진다. 반면 구조적 우위는 수년간 지속된다.

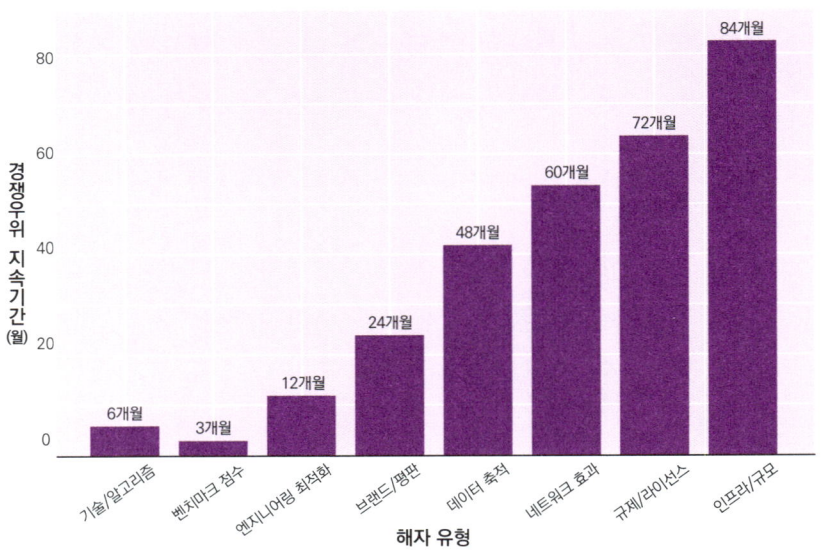

ROI의 환상: 기술 투자 vs 수익 실현

투자의 궁극적 질문은 하나다. 투자 대비 수익(ROI)이 얼마인가?

AI 기업들은 기술 개발에 막대하게 투자한다. 하지만 그 투자가 수익으로 전환되는가? 놀랍게도, 대부분은 아니다.

MIT NANDA 프로젝트*는 300개 AI 프로젝트를 분석해 30~40억 달러 GenAI 투자에도 95% 조직이 매출 또는 성과 향상을 보지 못했다고 밝혔다. 내부 R&D 중심 개발 시 성공률이 33%에 그쳤으며, 외부 파트너십 대비 실패가 높아 스타트업의 R&D 투자가 매출 향상에 큰 영향을 주지 못했다.

S&P Global 설문에서도 기술적·인적 요인으로 R&D 투자가 매출 효과를 내지 못했다. Goldman Sachs 분석가들은 AI 효율 향상이 경쟁자 확산으로 가격 프리미엄이나 마진 증가를 내지 못한다고 지적하면서, AI 스타트업의 고R&D가 단기 매출에 무의미하다고 평가했다.**

한 사례를 보자. 한 AI 스타트업은 2023년 연구 팀을 두 배로 늘렸다. R&D 지출이 연간 1,200만 달러에서 2,400만 달러로 증가했다. 그들의 목표는 모델 정확도를 85%에서 92%로 올리는 것이었다. 1년 후, 그들은 목표를 달성했다. 92.3%를 기록했다.

그런데 매출은 2023년 480만 달러에서 2024년 520만 달러로 증가했다. 8.3% 성장이다. 한편 경쟁사는 R&D에 꼭 필요한 비용만 투자하고 대

---

* https://www.federalreserve.gov/econres/notes/feds-notes/the-state-of-ai-competition-in-advanced-economies-20251006.html

** https://www.nytimes.com/2025/08/13/business/ai-business-payoff-lags.html

신 영업 팀을 확대하고 고객 통합을 개선했다. 그들의 모델 정확도는 83%에 머물렀다. 하지만 매출은 420만 달러에서 780만 달러로 증가했다. 85.7% 성장이다.

R&D 집약 스타트업은 정확도 경쟁에서 이겼지만 비즈니스 경쟁에서 졌다. 2024년 말, 그들은 자금이 고갈되어 인수되었다. 경쟁사는 시리즈 B로 2,000만 달러를 조달했다.

기술 투자 영역별 비즈니스 성과

투자 영역	성과/영향력	출처
R&D(모델 개선)	장기적 제품 경쟁력 강화 → 점진적 매출 성장 기여	Bessemer 2025, ScienceDirect 논문
영업/마케팅	단기 매출/시장 점유율 확대 기여	BCG 2025
제품·서비스화 추진	신제품/서비스 출시 → 직접적 매출 증가	《Reuters》 2025
인프라(서버, 클라우드, GPU)	간접적 장기 수익성/서비스 안정성 개선	UK gov AI report 2024
조직·인재 확보	생산성·조직 효율성 개선 → 간접적 매출 성장에 간접 기여	BCG 2025

R&D(모델 개선)는 투자 효율성이 가장 낮다. 반면 영업/마케팅과 제품·서비스화 추진은 투자 효율성이 가장 높다. 하지만 대부분의 AI 스타트업은 여전히 R&D에 가장 많이 투자한다.

왜 이런 비효율이 지속되는가? 기술자 편향(Technologist Bias) 때문이다. AI 스타트업의 창업자 대부분은 엔지니어나 연구자 출신이다. 그들은 기술을 사랑한다. 기술 문제를 해결하는 것이 즐겁다. 반면 영업, 고객 지원, 비즈니스 개발은 덜 섹시하다. 하지만 비즈니스는 기술 경연대회가 아니다. 그것은 가치 창출과 포획의 게임이다. 그리고 그 게임에서, 기술적 완벽함을 추구하는 것은 종종 장애물이 된다.

기술과 타이밍의 역설

마지막으로, 가장 반직관적인 역설을 다루자. 최고의 기술을 너무 일찍 가지는 것은 너무 늦게 가지는 것만큼 나쁘다.

역사는 이것을 반복적으로 증명한다. Newton(PDA, 1993)은 아이폰보다 14년 앞섰다. 기술적으로 인상적이었지만, 시장은 준비되지 않았다. 실패했다. Google Glass(2013)는 AR 헤드셋의 미래를 보여줬다. 하지만 너무 일렀다. 프라이버시 우려, 배터리 문제, 사회적 수용성 문제로 중단되었다가 2025년에 들어와서야 AI를 접목한 Google Glass를 다시 선보일 수 있었다.

AI도 마찬가지다. 2026년 현재, 일부 스타트업들은 인간처럼 추론하고, 계획하며, 학습하는 AI, 즉 AGI 수준 기술을 개발하고 있다고 주장한다. 만약 그들이 성공한다면 그들은 승리할까?

아마 아니다. 왜냐하면 세상이 준비되지 않았기 때문이다.

첫째, 인프라가 따라잡지 못한다. AGI 수준 모델을 실행하려면 엄청난 컴퓨팅 파워가 필요하다. 현재 GPU 가격과 가용성으로는 비용이 너무 높아 상업적으로 불가능하다. 2027~2028년쯤 되어야 인프라가 충분히 발전할 것이다.

둘째, 규제가 준비되지 않았다. 진짜 AGI가 나오면 엄청난 규제 논쟁이 일어날 것이다. 안전성, 윤리, 책임, 일자리가 그것이다. 각국 정부는 즉각적인 규제를 시도할 것이다. 그리고 그 규제 과정은 최소 3~5년이 걸린다. 그동안 기업은 불확실성 속에서 허덕인다.

셋째, 시장이 소화하지 못한다. 대부분의 기업은 아직 기본적인 AI조차 제대로 활용하지 못한다. 'GPT로 이메일을 분류하고 응대하는 것'도 많은 기업에게는 큰 도약이다. AGI는 너무 앞선 미래다. 그들은 준비되지 않았고, 그것을 통합할 능력도 없다.

반대로, 적절한 타이밍에 '충분히 좋은' 기술을 가진 기업은 승리한다.

Salesforce는 2000년 출시되었다. CRM 소프트웨어 자체는 새로운 것이 아니었다. Siebel, Oracle(오라클) 같은 기업들이 이미 수년간 CRM을 판매하고 있었다. Salesforce의 기술이 더 우수했을까? 아니다. 하지만 그들은 SaaS 모델(클라우드 기반 구독)을 도입했다. 타이밍이 완벽했다. 닷컴 버블이 터진 후, 기업들은 거대한 소프트웨어 라이선스 비용을 지불하고 싶어 하지 않았다. Salesforce의 '소프트웨어 없음(No Software)' 슬로건이 시장과 공명했다.

Zoom은 2013년 출시되었다. 화상회의 자체는 새로운 것이 아니었다. Skype, WebEx, GoToMeeting이 이미 있었다. Zoom의 기술이 혁명적이었을까? 아니다. 하지만 그것은 더 간단하고, 더 안정적이며, 더 사용하기 쉬웠다. 그리고 2020년 팬데믹이 왔을 때, 타이밍이 완벽했다. Zoom은 폭발적으로 성장했다.

AI 스타트업에게 교훈은 무엇인가? 시장이 당신의 기술을 받아들일 준비가 되었는지 확인하라. 가장 앞선 기술이 아니라, 시장이 지금 당장 활용할 수 있는 기술에 집중하라.

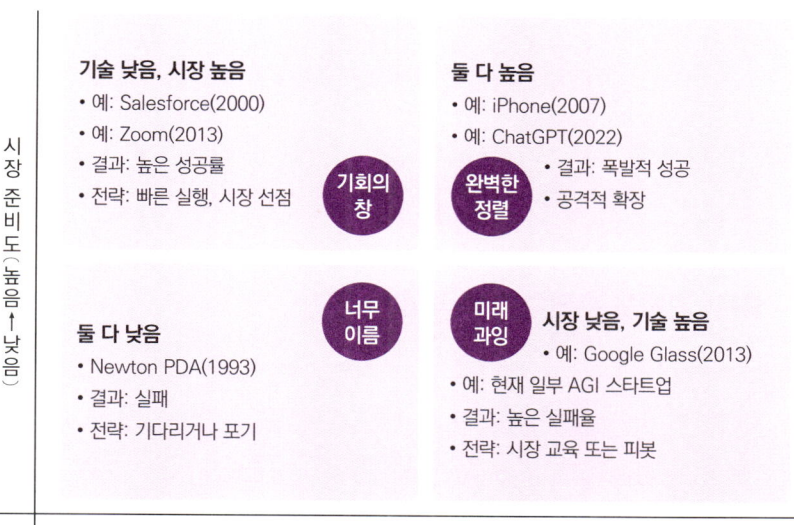

기술 준비도 vs 시장 준비도 매트릭스

2025년 AI 스타트업들의 위치

- 60% = 우하(기술만 앞섬, 시장 미준비)
- 25% = 좌하(둘 다 미성숙)
- 12% = 좌상(시장 있지만 기술 부족)
- 3% = 우상(완벽한 타이밍)

투자 전략
좌상과 우상에 집중
우하는 2~3년 후 재평가
좌하는 회피

이 매트릭스는 중요한 통찰을 제공한다. 2025년 AI 스타트업의 대다수는 미래 과잉 사분면에 있다. 그들은 인상적인 기술을 가지고 있지만, 시장은 아직 그것을 필요로 하지 않거나 활용할 준비가 되어 있지 않다. 이것은 위험한 위치다.

반대로, 기회의 창 사분면은 상대적으로 덜 섹시하다. 기술이 최첨단이 아니기 때문이다. 하지만 비즈니스 관점에서는 이것이 가장 매력적인 위치다. 시장이 준비되어 있고, 충분히 좋은 기술을 가지고 있다면 승리할 확률이 높다.

결론: 기술은 수단이지 목적이 아니다

지금까지 우리는 투자자들이 저지르는 근본적인 착각, '기술이 곧 가치라는 믿음'을 해부했다. 이 믿음은 직관적으로 설득력 있어 보이지만 경험적으로는 대부분 틀린다.

역사는 반복적으로 증명한다. 최고의 기술이 승리하는 것이 아니다. 최고의 비즈니스 모델, 최고의 타이밍, 최고의 실행력을 가진 기업이 승리한다. Betamax는 VHS에 졌다. Mac OS는 Windows에 졌다. Google Glass는 실패했다. 모두 기술적으로 우수했지만 다른 요소들이 부족했다.

2025년 AI 산업도 같은 패턴을 따르고 있다. 투자자들은 벤치마크 점수, 파라미터 개수, 추론 속도에 집착한다. 하지만 이것들은 고객이 정말로 신경 쓰는 것이 아니다. 고객은 신뢰성, 통합 용이성, 가격, 그리고 무엇보다 실제 문제 해결을 원한다.

기술 우월주의의 함정을 피하려면 다섯 가지를 기억하라.

첫째, 충분히 좋은 것이 최고보다 낫다. 고객에게 80%의 정확도로 충분하다면 95%를 달성하는 데 2년을 더 쓰지 마라. 시장에 출시하고, 피드백을 받고, 실제 문제를 해결하라.

둘째, 기술 부채를 경계하라. 최신 기술을 쫓아다니는 것은 막대한 숨겨진 비용을 발생시킨다. 안정성과 혁신 사이의 균형을 찾아라.

셋째, 벤치마크는 현실을 반영하지 않는다. 실제 고객 사용 사례로 평가하라. A/B 테스트하라. 이탈률을 추적하라. 벤치마크 점수는 마케팅 자료로만 사용하라.

넷째, 구조적 해자를 구축하라. 기술적 우위는 6개월이면 사라진다. 데이터, 네트워크 효과, 규모, 통합 같은 구조적 우위에 집중하라.

다섯째, 시장 타이밍을 존중하라. 너무 앞선 기술은 너무 늦은 기술만큼 쓸모없다. 시장이 준비되었을 때, 충분히 좋은 기술로 진입하라.

투자자로서, 이 다섯 가지 원칙은 당신의 실사(Due Diligence) 체크리스트가 되어야 한다. 스타트업이 "우리 모델이 GPT-5보다 3% 더 정확합니다"라고 말할 때, 다음을 물어라.

- "고객은 그 3%에 얼마를 더 지불할 의향이 있습니까?"
- "당신의 전환 비용은 무엇입니까?"
- "12개월 후에도 이 우위가 유지될까요?"
- "이 기술이 아니면 해결할 수 없는 고객 문제가 무엇입니까?"

이 질문들에 만족스러운 답을 얻지 못한다면 아무리 기술이 인상적이어도 투자하지 마라. 기술은 수단이지 목적이 아니다. 목적은 항상 가치 창출과 포획이다.

다음 장에서는 버블이 어떻게 형성되고, 왜 똑똑한 사람들이 집단적으로 비이성적 행동을 하며, 어떤 메커니즘이 거품을 팽창시키는지 분석할 것이다. 기술적 착각을 넘어, 인간 심리와 자본 역학의 상호작용을 해부할 것이다.

하지만 지금 기억해야 할 것은 하나다. 월스트리트의 오래된 격언을 AI 시대에 맞춰 수정하면 "Don't confuse genius technology with a bull market(천재적 기술과 버블 시장을 혼동하지 마라)"이다. 지금 모든 AI 기업이 펀딩을 받고, 모든 AI 제품이 주목받는 이유는 기술이 좋아서가 아니라, 시장에 돈이 넘치기 때문이다.

그리고 돈이 넘치는 시장은 영원하지 않다.

Chapter 3

거품의 메커니즘 ─ 자본 유입의 3단계

2021년 1월, 제로 금리 시대의 정점

연방준비위원회 본부 마리너 에클스 빌딩. 제롬 파월 의장이 기자회견 장에 들어섰다. 화면에는 한 줄의 문장이 떴다. "연방기금금리 목표 범위를 0%에서 0.25%로 유지한다." 이것은 2020년 3월 이후 줄곧 유지되어 온 정책이었다. 팬데믹 대응을 위한 긴급 조치였지만, 이제는 '새로운 표준'이 된 것처럼 보였다.

기자 한 명이 손을 들었다. "의장님, 제로 금리가 자산 가격 거품을 만들고 있다는 우려가 있습니다. 특히 기술 주식과 벤처 투자에서요." 파월이 신중하게 답했다. "우리는 자산 가격을 면밀히 모니터링하고 있습니다. 하지만 우리의 주된 임무는 고용과 물가 안정입니다. 현재 인플레이션은 목표치 이하이고, 고용 시장은 여전히 회복 중입니다."

그 순간, 워싱턴 D.C.에서 2,400마일 떨어진 샌프란시스코에서, 한 벤처캐피탈 파트너가 파월의 발언을 실시간으로 보고 있었다. 그는 동료에게 메시지를 보냈다. "금리 동결 확정. 우리가 논의하던 그 AI 딜, 밸류에이션 2억 달러로 올려도 될 것 같다. 어차피 돈은 갈 곳이 없다."

같은 날, 뉴욕의 한 패밀리 오피스 회의실에서 한 자산운용사가 프레젠테이션을 하고 있었다. "현재 10년 만기 국채 수익률은 1.09%입니다. 인플레이션을 감안하면 실질 수익률은 사실상 마이너스입니다. 현금으로 보유하면 매년 가치가 감소합니다. 우리는 대안 자산에 배분을 늘릴 것을 권장합니다. 특히 벤처캐피탈과 성장주에 투자해야 합니다." 회의실의 억만장자가 고개를 끄덕였다. "얼마나?" "현재 포트폴리오의 15%에서 30%로 두 배로 늘리는 것을 제안합니다."

2021년 한 해 동안, 이런 대화가 전 세계에서 수천 번 반복되었다. 그 결과 글로벌 벤처캐피탈 투자액이 역대 최고치인 671억 달러를 기록했다. 이는 2020년(347억 달러)의 거의 두 배였다. 그리고 그 돈의 상당 부분이 AI로 흘러들었다. 자본 유입. 이것이 거품의 첫 번째 단계다.

거품의 3단계 메커니즘

거품은 무작위로 생기지 않는다. 그것은 예측 가능한 메커니즘을 따른다. 나는 지난 25년간 네 번의 주요 거품(닷컴, 부동산, 암호화폐, 그리고 현재의

AI)을 관찰하며, 세 단계 메커니즘을 발견했다.

1단계: 유동성 홍수 (Liquidity Flood)

중앙은행이 돈을 푼다. 금리를 낮추고, 채권을 매입하며, 통화 공급을 늘린다. 돈은 어디론가 가야 한다. 하지만 전통적 투자처(채권, 저축)의 수익률은 극도로 낮다. 투자자들은 대안을 찾는다. 그리고 그 대안은 위험 자산이다.

2단계: 서사 폭발 (Narrative Explosion)

단순히 돈이 많다고 거품이 생기지는 않는다. 돈이 흘러갈 이야기가 필요하다. 그 이야기는 보통 새로운 기술이나 패러다임이다. "이것은 모든 것을 바꿀 것이다." "이번엔 다르다." "지금이 역사적 기회다." 미디어가 이 서사를 증폭시킨다. 성공 사례가 부각된다. FOMO가 확산된다.

3단계: 자기 강화 순환 (Self-Reinforcing Loop)

가격 상승이 더 많은 투자를 끌어들이고, 더 많은 투자가 가격을 더 올린다. 이것은 피드백 루프다. 합리적 평가는 무너진다. '이성적 버블'이라는 모순적 개념이 등장한다. "모두가 과대평가라는 것을 안다. 하지만 누군가는 더 높은 가격에 살 것이다." 이것이 지속되는 동안, 모두가 승자처럼 보인다.

그리고 어느 순간, 순환이 역전된다. 하지만 그것은 이 장의 범위를 넘어선다. 지금은 거품이 어떻게 팽창하는지에 집중하자.

1단계: 유동성 홍수 — 돈의 홍수가 시작되다

모든 거품은 돈에서 시작된다. 더 정확히는, 너무 많은 돈에서 시작된다. 그리고 그 돈은 중앙은행에서 나온다.

2008년 금융위기 이후, 세계는 새로운 통화 정책 시대에 진입했다. 양적완화(Quantitative Easing, QE)라는 개념이 주류가 되었다. 중앙은행이 직접 채권을 매입하여, 금융 시스템에 유동성을 주입하는 것이다. 연준만이 아니었다. 유럽중앙은행, 일본은행, 영국은행 모두 같은 정책을 택했다.

그 결과 전 세계 중앙은행의 대차대조표가 극적으로 팽창했다. 2008년 연준의 자산은 약 9,000억 달러였다. 2014년에는 4조 5,000억 달러로 5배 증가했다. 그리고 2020년 팬데믹 이후 9조 달러로 다시 두 배가 되었다. 10년 만에 10배 증가한 것이다.

이 돈은 어디로 갔을까? 이론적으로는, 실물 경제로 흘러들어 투자, 고용, 생산을 증가시켜야 했다. 하지만 실제로는 상당 부분이 주식, 채권, 부동산, 벤처 투자같은 금융 자산으로 흘러들었다.

왜 실물 경제가 아닌 금융 자산으로 갔을까? 전달 메커니즘(Transmission Mechanism)의 문제 때문이다. 중앙은행은 은행들에게 돈을 준다(채권을 매입하며). 은행들은 그 돈을 기업과 소비자에게 대출해야 한다. 하지만 2008년 위기 이후, 은행들은 보수적이 되었다. 대출 기준을 강화했다. 동시에, 많은 기업과 소비자는 이미 부채가 많아서 더 빌리고 싶어 하지 않았다.

그 결과, 돈은 은행 시스템에 갇혔다. 은행들은 그 돈으로 무엇을 했을까? 금융 자산에 투자했다. 주식을 사고 채권을 샀다. 그리고 일부는 벤처 펀드에 투자했다.

벤처캐피탈 산업을 보자. 2010년 미국 VC 투자액은 약 235억 달러였다. 2021년에는 3,400억 달러로 14배 증가했다. 이것은 우연이 아니다. 저금리와 양적완화의 직접적 결과다.

투자자들의 논리는 간단했다. "10년 만기 국채가 1%를 준다. 인플레이션이 2%라면, 실질적으로 매년 1%씩 잃는다. S&P 500은 역사적으로 연 평균 10%를 준다. 하지만 지금은 너무 비싸 보인다. 밸류에이션이 높다. 벤처 투자는 리스크가 높지만 잠재적으로 50% 이상의 수익이 가능하다. 포트폴리오의 일부를 거기에 배분하자."

이런 계산이 수백만 명의 투자자, 수천 개의 펀드에서 동시에 일어났다. 그 결과 벤처캐피탈로의 자본 홍수가 일어났다.

AI로의 자본 집중: 왜 AI인가?

유동성이 넘쳐나는 것은 이해했다. 하지만 다른 섹터가 아니라 왜 그 돈이 AI로 집중되었을까?

답은 수익률 기대와 서사의 교차점에 있다.

2020년 이전, VC 투자의 주요 섹터는 SaaS, 핀테크, 이커머스였다. 하지만 2020년쯤, 이 섹터들은 성숙해 보이기 시작했다. Salesforce, Stripe, Shopify 같은 거대 기업들이 이미 존재했다. 경쟁이 치열했다. 밸류에이션은 높았지만, 성장 여지는 제한적으로 보였다.

투자자들은 '다음 큰 것(Next Big Thing)'을 찾고 있었다. 그때 ChatGPT 가 등장했다. 2022년 11월 30일, OpenAI가 ChatGPT를 공개했다. 5일 만에 100만 사용자를 확보했다. 2개월 만에 1억 사용자를 달성했다. 이것은 역사상 가장 빠른 소비자 제품 채택이었다. Instagram은 1억 사용자 달성에 2.5년이 걸렸다. TikTok은 9개월이 걸렸다. ChatGPT는 2개월이었다.

이 폭발적 성장은 투자자들에게 강력한 신호였다. "이것이 다음 혁명이다." 갑자기 모든 VC 파트너가 AI 전문가를 자처했다. 모든 LP(Limited Partner, 펀드에 돈을 댄 연기금, 대기업, 초고액 자산가)가 AI 노출을 요구했다. AI 에 투자하지 않는 펀드는 뒤처진 것처럼 보였다.

숫자가 이것을 증명한다. 2020년 AI 스타트업에 대한 VC 투자는 약 236억 달러였다. 2021년에는 529억 달러로 두 배 이상 증가했다. 2022년 (ChatGPT 출시)에는 잠시 주춤해 474억 달러. 2023년 672억 달러, 2024년 1,091억 달러였다. 2025년은 1,590억 달러로 추정된다. 6년 만에 6.7배 증가했다.

다음 그래프에서 가장 놀라운 점은 2023년 1분기부터 2024년 사이의 생성형 AI 스타트업 투자액의 수직 상승이다. ChatGPT 출시 후 불과 6개월 만에 생성형 AI 투자가 3배 이상 증가했다. 이것은 자본이 얼마나 빠르게 움직일 수 있는지 보여준다.

하지만 이것은 또한 위험 신호다. 이렇게 빠른 자본 유입은 역사적으로 거품의 전형적인 패턴이다. 닷컴 버블 때도, 1998~1999년 사이 비슷한 수직 상승이 있었다.

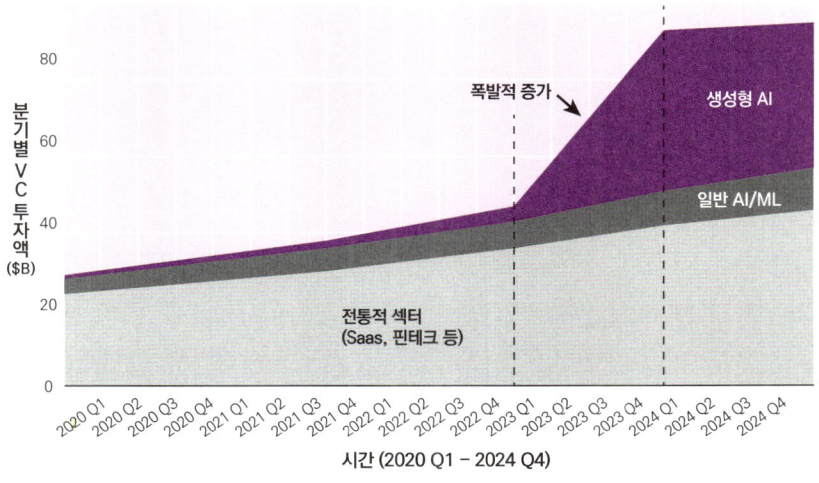

AI 섹터로의 자본 흐름 가속화(2020~2024)

주요 이벤트

• 2022 Nov: ChatGPT 출시	**총 누적 투자**
• 2023 Q2: AI 투자 폭발	전통 섹터: $590B
• 2024 Q1: 금리 인상 시작	일반 AI: $220B
• 2024 Q3: 투자 정체 신호	생성형 AI: $480B

2단계: 서사 폭발 — AI가 모든 것을 바꾼다

유동성만으로는 거품이 만들어지지 않는다. 돈이 흘러갈 이야기가 필요하다. 그리고 AI는 완벽한 이야기였다.

ChatGPT가 출시된 2022년 11월부터, 미디어는 AI로 포화 상태가 되었다. 《뉴욕타임스》는 2023년 한 해 동안 AI 관련 기사를 1,247개 게재했다. 이는 2022년(312개)의 4배였다. 《월스트리트저널》은 943개, 《블룸버그》는 2,156개의 AI 기사를 냈다.

하지만 단순히 기사 수의 문제가 아니었다. 서사의 톤과 내용이 중요했다. 그리고 그 서사는 극도로 긍정적이었다. 2023년 1월, 《포춘》지는 "ChatGPT shows that the A.I. revolution has arrived. We're not ready"라는 기사를 통해 샘알트먼 인터뷰를 중심으로 OpenAI 내부 이야기, ChatGPT 개발 과정, Microsoft 100억 달러 투자와 Google 경쟁을 보도하면서 AI가 자본주의를 재편할 잠재력을 강조했다. 2023년 2월, 《타임》지는 "The AI Arms Race Is Changing Everything"라는 커버스토리를 통해 AI가 예술, 코딩, 의료 등 창의 영역을 변화시킬 것이라며 기술 회사들의 경쟁을 분석하였다. 4월, 이코노미스트지는 AI 특집호를 통해 브라우저처럼 AI 인터페이스가 플랫폼화될 것으로 전망하며, OpenAI의 ChatGPT가 닷컴 붐을 능가하는 창업 열풍을 촉발했다고 분석했다.

서사는 세 가지 핵심 요소를 포함했다.

- **요소 1: 범용성** — "AI는 모든 산업을 변화시킬 것이다." 의료, 교육, 법률, 금융, 제조, 농업. 어떤 산업도 예외가 없다는 주장이었다. 맥킨지는 2023년 6월 보고서에서 "생성형 AI는 연간 2조 6천억 달러에서 4조 4천억 달러의 경제적 가치를 창출할 것"이라고 예측했다. 이것은 전 세계 GDP의 약 3%에 해당하는 숫자였다.
- **요소 2: 긴급성** — "지금 투자하지 않으면 영원히 뒤처진다." 선점 효과, 네트워크 효과, 데이터 플라이휠. 이런 개념들이 강조되었다. NVIDIA

CEO 젠슨 황은 2023년 3월 GTC 컨퍼런스에서 이렇게 말했다. "우리는 AI의 아이폰적인 순간을 목격하고 있습니다. 10년 후 돌아보면, 2023년이 분기점이었다고 말할 것입니다."

- **요소 3: 필연성** ― "AI는 멈출 수 없는 흐름이다." 이것은 단순한 트렌드가 아니라, 피할 수 없는 미래라는 주장이었다. 빌 게이츠는 2023년 3월 블로그에서 "AI는 내 평생 본 것 중 가장 혁명적인 기술"이라고 썼다. 그는 AI를 인터넷 발명보다 더 중요한 사건으로 평가했다.

서사는 구체적인 사례들로 뒷받침되었다. Microsoft가 OpenAI에 100억 달러를 투자했다. Google이 Anthropic에 30억 달러를 투자했다. Meta가 AI 연구에 연간 200억 달러 이상을 지출한다고 발표했다. 이런 거대 기술 기업들의 움직임은 서사를 검증하는 것처럼 보였다. "빅테크가 이렇게 큰 베팅을 한다면, AI는 진짜여야 한다."

AI 서사의 미디어 확산(2022 vs 2023)

매체 유형	2022년 AI 관련 콘텐츠	2023년 AI 관련 콘텐츠	증가율
주요 일간지 기사	~3,000	~15,000	5배 ↑
비즈니스 매거진 특집	~10	~30+	3배 ↑
컨퍼런스 키노트	~50	~200+	4배 ↑
팟캐스트 에피소드	~500	~3,000+	6배 ↑
유튜브 영상(100만 뷰+)	~200	~1,500+	7.5배 ↑
LinkecIn AI 언급 게시물	~10만	~100만+	10배 ↑
트위터 AI 관련 트윗	~500만	~5,000만+	10배 ↑

이 폭발적인 미디어 확산은 서사를 자기실현적 예언으로 만들었다. 사람들이 AI에 대해 더 많이 들을수록, 더 많이 관심을 가졌다. 더 많은 관심은 더 많은 콘텐츠를 만들어냈다. 그리고 더 많은 콘텐츠는 더 많은 투자를 끌어들였다.

2018년 1월부터 2023년 11월까지 24,827건의 글로벌 뉴스 기사를 대상으로 생성형 AI 관련 기사의 감성 분석을 살펴본 결과 전반적으로 긍정적(28%)이거나 중립적(66%)인 톤이 우세했고, 규제나 보안 이슈 관련 보도는 보다 중립/부정적 성향이 강하게 나타났다.[*] 과거에 주요 매체들이 2017년 블록체인 기사를 분석했을 때도 비슷한 긍정 패턴이 나타났었다. 그리고 블록체인은 2018년 거품이 터졌다.

FOMO의 심리학: 왜 똑똑한 사람들도 뛰어드는가

서사가 강력할 때, 두려움이 작동한다. 특히 기회를 놓칠 것에 대한 두려움(Fear of Missing Out, FOMO)이다.

FOMO는 단순한 심리적 현상이 아니다. 그것은 행동경제학적으로 설명 가능한 인지 편향이다. 노벨상 수상자 대니얼 카너먼은 이것을 손실 회피(Loss Aversion)의 변형으로 설명했다. 인간은 같은 크기의 이득보다 손실

---

[*]   Xian, L., Li, L., Xu, Y., Zhang, B. Z., & Hemphill, L. (2024). Landscape of generative AI in global news: Topics, sentiments, and spatiotemporal analysis (arXiv Preprint No. 2401.08899). arXiv. https://arxiv.org/abs/2401.08899

FOMO, 기회를 놓칠 것에 대한 두려움

을 약 2배 더 강하게 느낀다. 그리고 기회를 놓치는 것은 심리적으로 손실처럼 느껴진다.

벤처캐피탈 세계에서 FOMO는 특히 강력하다. 성과의 극단적 비대칭성 때문이다. VC 포트폴리오에서 수익의 대부분은 소수의 '홈런'에서 나온다. 전형적인 VC 펀드에서 약 50~60%의 투자는 실패하거나 원금을 간신히 회수한다. 30~40%는 2배에서 5배의 수익을 낸다. 그리고 단 5~10%가 10배 이상, 때로는 100배 이상의 수익을 낸다. 그리고 바로 그 5~10%가 펀드 전체 수익의 80~90%를 만든다.

이것이 의미하는 것은 하나의 대박을 놓치는 것이 수십 개의 소액 손실보다 더 치명적이다는 것이다. 만약 당신이 2004년 Facebook 시드 라운드를 패스했다면 당신은 결코 그것을 잊지 못할 것이다. 설사 당신이 다른 50개 투자에서 성공했더라도 말이다. Facebook 하나가 나머지 50개를 합친 것보다 더 큰 수익을 냈을 것이기 때문이다.

2023년 AI 열풍에서 모든 VC는 '다음 OpenAI'를 놓치는 것을 두려워했다. OpenAI의 밸류에이션은 2021년 140억 달러에서 2023년 900억 달러로 6배 이상 증가했다. 초기 투자자들은 수십 배 평가 수익을 올렸다. 이 것은 전설이 되었다. 그리고 전설은 FOMO를 만든다.

한 VC 파트너가 내게 이렇게 말했다. "솔직히, 우리가 투자한 AI 스타트업 중 일부는 비즈니스 모델이 불명확합니다. 단위경제학도 작동하지 않습니다. 하지만 우리는 투자했습니다. 왜? 만약 그들 중 하나가 다음 OpenAI가 된다면 우리가 패스했다는 것을 LP들(펀드에 돈을 댄 투자자)에게 어떻게 설명하겠습니까? '기술이 인상적이지 않아서'라고? '비즈니스 모델이 명확하지 않아서'라고? 그들은 이해하지 못할 것입니다. 그들은 단지 '당신은 기회를 놓쳤다'고 생각할 것입니다."

이것이 FOMO의 역설이다. 합리적 투자 기준(비즈니스 모델, 현금 흐름, 시장 견인력)이 투자하지 않는 이유가 아니라 투자해야 하는 이유로 전환된다. "아직 완벽하지 않다는 것은, 아직 초기라는 뜻이다. 초기일수록 업사이드*가 크다."

3단계: 자기 강화 순환 — 가격이 가격을 만든다

유동성과 서사가 결합되면 세 번째 단계가 시작된다. 자기 강화 순환이다. 이것은 거품의 가장 위험하고, 가장 매혹적인 단계다.

---

*   투자 대상이 향후 성장하면서 현재보다 가치가 크게 상승할 수 있는 잠재적 이익 가능성

메커니즘은 간단하다. 가격이 오르면 → 더 많은 투자자가 관심을 가진다 → 더 많은 자본이 유입된다 → 가격이 더 오른다 → 더 많은 투자자가⋯ 이것은 피드백 루프다. 그리고 피드백 루프는 기하급수적으로 작동한다.

구체적으로 어떻게 작동하는지 보자.

2023년 초, 한 AI 스타트업이 시리즈 A를 1억 달러 프리머니 밸류에이션으로 마감했다. 당시에는 높은 밸류에이션이었다. 하지만 6개월 후, 유사한 단계의 다른 AI 스타트업이 시리즈 A를 3억 달러 밸류에이션으로 마감했다. 3배였다. 첫 번째 스타트업의 초기 투자자들은 기뻤다. 그들의 투자 가치가 종이상으로 3배가 되었다. 그들은 LP들에게 "보세요, 우리 AI 투자가 이미 3배 마크업되었습니다"라고 보고했다.

LP들은 깊은 인상을 받았다. "AI 펀드가 성과가 좋구나. 다음 펀드에 더 많이 투자하자." 더 많은 LP 자금이 유입되면 VC들은 더 많은 딜을 할 수 있다. 그리고 더 많은 딜이 경쟁을 만든다. "저 AI 스타트업에 우리도 투자하고 싶다." "우리도." "우리도." 경쟁이 심해지면 밸류에이션이 오른다. 6개월 후, 비슷한 스타트업이 시리즈 A를 6억 달러에 마감한다. 이제 두 배씩 뛴다.

이것은 합리적 평가와 무관하게 작동한다. 어떤 스타트업의 적정 가치를 계산하는 전통적 방법들(DCF, 비교 가능 기업 분석, 시장 배수)은 더 이상 사용되지 않는다. 대신, 마지막 라운드 가격이 유일한 기준이 된다. "지난 분기에 비슷한 회사가 5억 달러를 받았으니, 우리는 최소 5억 달러를 받아야 한다. 아니, 우리가 더 나으니 7억 달러를 요구하자."

창업자들도 이것을 알고 있다. 그들은 전략적으로 행동한다. "지금 편딩을 받으면 우리는 낮은 밸류를 받을 것이다. 6개월 기다리자. 시장이 더 뜨거워질 것이다." 그리고 6개월 후, 정말로 시장은 더 뜨거워진다. 그들은 예상보다 높은 밸류를 받는다. 이 성공 사례는 다른 창업자들에게 신호가 된다. "기다리면 더 좋은 조건을 받을 수 있다."

하지만 이것은 양날의 검이다. 모두가 기다리면 실제 비즈니스 구축은 지연된다. 펀딩 라운드가 제품 개발보다 우선순위가 된다. '다음 라운드 밸류를 높이기 위해 무엇을 해야 하는가?'가 '고객에게 어떤 가치를 제공해야 하는가?'보다 중요해진다.

자기 강화 순환의 단계별 진행

시기	이벤트	투자자 반응	결과
2022년 말	ChatGPT 출시	"흥미롭다. 관망하자"	소수 투자
2023년 1~2분기	초기 성공 사례	"놓치면 안 된다"	투자 급증
2023년 3~4분기	경쟁 심화	"가격이 비싸도 들어가야"	밸류 상승
2024년 1~2분기	FOMO 시작	"늦으면 안 된다"	밸류 급등
2024년 3~4분기	FOMO 피크	"어떤 가격이든 상관없다"	비이성적 가격
2025년 1~2분기	첫 의심	"좀 비싼 것 같지만…"	가격 하락
2025년 3~4분기	조정 신호	"AI 버블이 의심된다"	선별 투자
2026년	현실 직면	"수익성을 봐야 한다"	투자 감소
2027년	새로운 균형	"기본으로 돌아가자"	정상화 시도

이 표는 자기 강화 순환의 전형적인 생애주기를 보여준다. 초기 관망(2022 말) → 빠른 가속(2023) → 비이성적 정점(2024) → 의심과 조정(2025) → 새로운 균형 모색(2026~2027). 각 단계는 몇 개월밖에 걸리지 않는다. 이것

이 현대 버블의 특징이다. 닷컴 버블은 5년이 걸렸다. AI 버블은 FOMO 단계까지 2년 만에 도달했다.

▌ '이성적 버블'이라는 모순

자기 강화 순환이 한창일 때, 흥미로운 현상이 나타난다. 투자자들이 과대평가를 인식하면서도 계속 투자하는 것이다. 이것을 경제학자들은 '이성적 버블(Rational Bubble)'이라고 부른다.

개념은 이렇다. "나는 이 자산이 과대평가되었다는 것을 안다. 하지만 다른 사람들도 그것을 알면서 계속 살 것이다. 가격은 계속 오를 것이다. 내가 정점 직전에 팔 수 있다면, 나는 이익을 볼 것이다. 따라서 비록 버블이지만 참여하는 것이 합리적이다."

이것은 게임 이론의 한 형태다. "음악이 멈추기 전에 의자를 찾는 게임." 모두가 음악이 곧 멈출 것이라는 것을 안다. 하지만 각자는 자신이 의자를 찾을 것이라고 믿는다.

미국의 예를 살펴보자. 2023년은 전체 스타트업 투자 감소 국면에서도 AI 분야만 예외적으로 성장하며 AI 스타트업 투자액이 약 672억 달러 수준으로 추정된다. 특히 생성형 AI 분야는 2022년 대비 8배가 증가한 252억 달러가 집중되어 폭발적인 성장을 기록했다. 2024년은 AI 스타트업 투자액이 약 1,091억 달러로 전년 대비 두 배 가깝게 증가했다. 2025년은 상반기에 이미 2024년 연간 수준에 도달했고, 연말에는 1,590억 달러에 이

2020~2025 미국의 AI 스타트업 투자액 변화[*]

시기	AI 스타트업 투자액(추정)	전체 VC 중 AI 비중	글로벌 대비 미국 점유율	주요 테마
2020	$236억	14%	59%	MLOps, 헬스케어 AI
2021	$529억	16%	56.6%	AI 래퍼, 범용 기술
2022	$474억	14%	51.6%	생성형 AI 태동, 시장 조정
2023	$672억	26%	70%	LLM 전쟁, 파운데이션 모델
2024	$1,091억	45%	72.3%	인프라 구축, 하드웨어
2025	약 $1,590억	63.3%	79%	메가 라운드, 에이전트 AI, 통합

르는 것으로 추정되어 투자 집중이 심화되고 있다.

2023년 중반, 한 저명한 VC가 컨퍼런스에서 이렇게 말했다. "AI 밸류에이션이 지속 불가능하다는 것은 누구나 압니다. 많은 회사가 과대평가되었습니다. 하지만 우리 일은 수익을 만드는 것입니다. 만약 시장이 지금 높은 가격을 지불한다면 우리는 그 시장에 참여해야 합니다. 우리 펀드 투자자들은 우리가 'AI 노출'을 가지기를 기대합니다." 청중에서 아무도 반박하지 않았다. 왜냐하면 그들 대부분이 같은 생각이었기 때문이다.

이것은 합리화(Rationalization)의 한 형태다. 사람들은 자신의 행동을 정

---

[*]   https://hai.stanford.edu/ai-index/2025-ai-index-report/economy

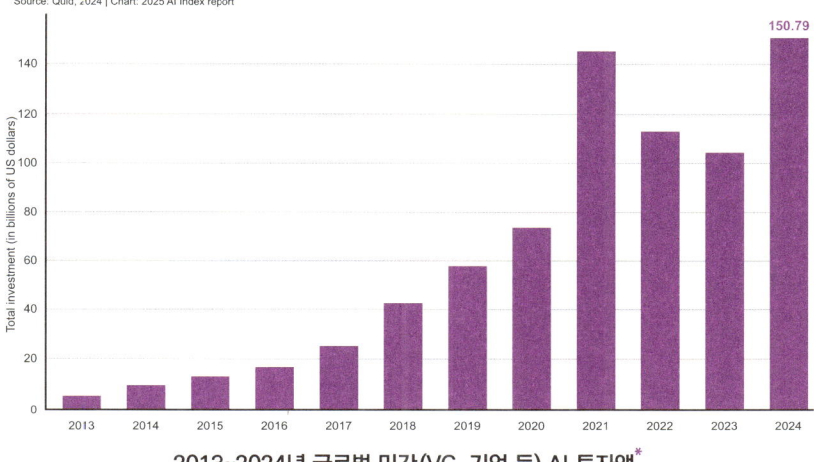

Global private investment in AI, 2013–24
Source: Quid, 2024 | Chart: 2025 AI Index report

2013~2024년 글로벌 민간(VC, 기업 등) AI 투자액*

당화할 이유를 찾는다. 그리고 '다른 사람들도 하고 있다'는 것은 강력한 정당화다.

심리학자들은 이것을 집단 사고(Groupthink)라고 부른다. 집단 내에서 합의에 도달하려는 욕구가 너무 강해서 대안적 관점이 억압되는 현상이다. AI 투자 커뮤니티에서 회의론은 환영받지 못했다. "당신은 기술을 이해하지 못한다." "당신은 비전이 없다." "당신은 변화에 저항한다." 이런 비난이 회의론자들을 침묵시켰다.

한 VC 파트너가 내게 사적으로 말했다. "파트너 회의에서, 나는 우리가 AI에 과도하게 노출되어 있다고 말하려 했습니다. 하지만 다른 모든 파트너가 더 많은 AI 투자를 원했습니다. 나는 입을 다물었습니다. 만약 내

---

*   https://hai.stanford.edu/assets/files/hai_ai-index-report-2025_chapter4_final.pdf

가 반대하고, 나중에 AI가 계속 성장한다면 나는 '기회를 막은 사람'으로 기억될 것입니다. 반대로, 만약 내가 찬성하고, AI가 망한다면 적어도 '모두가 그렇게 생각했다'고 말할 수 있습니다."

이것이 이성적 버블의 역설이다. 개인적으로는 비이성적인 행동이지만, 집단 역학 속에서는 합리적으로 보인다. 그리고 이것이 버블을 더욱 크게 만든다.

거품의 연료: 저렴한 자본의 중독

이 모든 메커니즘은 하나의 근본적인 조건에 의존한다. 저렴한 자본이다. 만약 돈을 빌리는 비용이 높다면 투자자들은 더 신중해진다. 하지만 돈이 공짜에 가깝다면 리스크가 과소평가된다.

2020년부터 2021년까지, 자본은 역사상 가장 저렴했다. 연방기금금리는 0.25%였다. 10년 만기 국채 수익률은 1% 이하였다. 실질적으로, 정부가 돈을 빌려주고 있었다고 해도 과언이 아니다.

이것이 의미하는 것은 기회 비용이 거의 없다는 것이다. 만약 당신이 돈을 AI 스타트업에 투자하지 않는다면 대안은 무엇인가? 국채에 넣어서 1%를 받는다? 사실상 인플레이션으로 인해 실질 가치가 감소한다. 은행에 예금? 이자율은 0.5% 미만이다. 따라서 AI 스타트업에 투자하는 것이 아무리 위험해도, 상대적으로 매력적으로 보인다.

경제학자들은 이것을 검색 수익(Search for Yield)이라고 부른다. 투자자들이 스익을 찾아 점점 더 위험한 자산으로 이동하는 현상이다. 그리고 이 것은 자산 가격을 부풀린다.

하지만 2022년부터 상황이 바뀌기 시작했다. 인플레이션이 급등했다. 2022년 6월, 미국 소비자물가지수는 전년 대비 9.1% 상승했다. 40년 만의 최고치였다. 연준은 대응해야 했다. 금리를 올리기 시작했다.

2021년 미국 연방기금금리는 0.25%였다. 2022년 3월, 첫 금리 인상 0.25%포인트. 그 후 5월에 0.5%포인트, 6월에 0.75%포인트 등 매 회의 마다 계속 인상되어 2023년 8월, 5.25%~5.50%에 도달했다. 불과 18개월 만에 5%포인트 상승한 것이다. 이것은 역사상 가장 빠른 금리 인상 사이 클이었다.

그런데 흥미로운 일이 일어났다. AI 버블은 터지지 않았다. 아니, 오히 려 2023년 상반기에 가장 뜨거웠다. 시차 때문이다. 금리 인상의 효과가 실물 경제와 벤처 투자에 도달하기까지 시간이 걸린다. 그리고 그 사이, 이 미 조성된 벤처 펀드들은 여전히 투자할 돈을 가지고 있었다.

2021~2022년 전 세계 벤처 투자 총액은 높은 수준이었으며, 특히 2021 년은 6,810억 달러로 추정되어 최고 기록으로 평가된다. 이 당시 미래 투자 를 위해 조성된 벤처 펀드가 4,000억 규모인데, 이 펀드들은 3~5년에 걸쳐 투자한다. 따라서 2023~2024년에도 여전히 막대한 드라이 파우더(Dry Powder, 미투자 자본)가 있었다. 실제로 2023년 말 기준, 벤처 펀드들의 미투자 자본은 약 2,900억 달러로 추정되었다. 역대 두 번째로 높은 수준이었다.

하지만 2024년 들어 균열이 나타나기 시작했다. 새로운 펀드 조성이 급감했다. 2024년 미국의 벤처 펀드 조성액은 약 761억 달러로, 2019년 이후 최저 수준을 기록했다. LP(펀드 투자자)들이 신규 커밋먼트*를 줄였기 때문이다. 높은 금리는 채권을 다시 매력적인 투자처로 만들었다. 5% 무위험 수익률은 위험한 벤처 투자와 경쟁할 수 있었다.

하지만 이것은 또한 경고 신호다. 저렴한 자본이라는 연료가 고갈되고 있다. 기존 펀드의 미투자 자본도 점점 줄어들고 있다.

결론: 거품의 필연성과 취약성

이 장에서 우리는 거품이 어떻게 형성되는지 해부했다. 세 단계 메커니즘을 통해서다.

첫째, 유동성 홍수다. 중앙은행이 돈을 풀고, 금리를 낮추며, 투자자들은 수익을 찾아 위험 자산으로 이동한다. 이것이 연료다. 둘째, 서사 폭발이다. 새로운 기술이나 패러다임에 대한 강력한 이야기가 확산된다. "이것은 모든 것을 바꿀 것이다." "지금이 역사적 기회다." 미디어가 증폭시키고, FOMO가 작동한다. 이것이 점화다. 셋째, 자기 강화 순환이다. 가격 상승이 더 많은 투자를 끌어들이고, 더 많은 투자가 가격을 더 올린다. 합리성이 무너지고, 이성적 버블이라는 모순이 등장한다. 이것이 폭발이다.

AI 버블은 이 세 단계를 정확히 따랐다. 2020~2021년의 제로 금리와

---

* 앞으로 이 펀드에 얼마까지 넣겠다고 약속한 금액. LP들이 커밋먼트를 줄이면 신규 펀드 결성이 막히고, 그 결과 시장 전체의 투자 속도와 밸류에이션이 동시에 위축된다.

양적완화가 연료를 제공했다. 2022년 말 ChatGPT가 서사를 점화했다. 2023년 상반기 자기 강화 순환이 정점에 도달했다. 하지만 거품은 영원하지 않다. 모든 거품은 취약점을 가지고 있다. AI 버블의 취약점은 다음 세 가지다.

첫 번째 취약점은 금리 인상의 지연된 효과다. 금리는 5.25%에서 정점을 찍고 2025년 말 3.75%까지 내려왔지만 저렴한 자본의 시대는 끝났다. 하지만 효과는 서서히 나타난다. 2026년 우리는 초기 증상을 보고 있다. 2026년 후반기에는 더 명확해질 것이다.

두 번째 취약점은 현실과 기대의 괴리이다. 서사는 AI가 '모든 것을 바꿀 것'이라고 했다. 하지만 2026년 현재, 대부분의 AI 기업은 여전히 적자다. 약속된 혁명은 더디게 실현되고 있다. 인내심에는 한계가 있다.

세 번째 취약점은 집단 사고의 역전이다. 모두가 같은 방향으로 움직일 때, 방향이 바뀌면 혼란이 극심하다. 첫 번째 대형 AI 기업 파산이 발생하면, '모두가 한다'는 정당화는 '모두가 틀렸다'는 공포로 바뀔 수 있다.

역사는 모든 거품이 터진다는 것을 가르친다. 튤립, 철도, 닷컴, 부동산, 암호화폐. 예외가 없다. AI도 예외가 될 이유가 없다. 문제는 '터질 것인가 안 터질 것인가'가 아니라 '언제 터질 것인가'다.

AI 버블의 숨겨진 위험
장부에 없는 170조 원 부채

2025년 12월, 《파이낸셜타임스》는 충격적인 분석 결과를 공개했다[*]. Oracle, Meta, xAI, 코어위브 등 빅테크 4개사가 특수목적법인(SPV)을 통해 재무제표에서 제거한 AI 투자 부채가 1,186억 달러, 약 170조 원에 달한다는 것이다. 이는 AI 버블이 2008년 금융위기와 유사한 구조적 위험을 내포하고 있음을 보여준다.

보이지 않는 부채의 메커니즘

빅테크 기업들은 SPV를 설립하고 핌코, 블랙록, JP모건 등으로부터 자금을 조달했다. 이렇게 조달된 자금은 모회사 재무제표에 부채로 잡히지 않는다. Oracle은 96조 원, Meta는 44조 원, xAI는 29조 원을 이 방식으로 조달했다. Oracle의 경우 데이터센터의 법적 소유주는 SPV이고 Oracle은 단지 임차인일 뿐이다. 채무불이행 시 투자자들은 실물 자산에만 청구권을 행사할 수 있고, 본체 기업에는 책임을 물을 수 없다.

이 구조는 심각한 문제를 안고 있다. 투자자들이 실제 부채 규모를 파악할 수 없고, 위험이 사모대출 시장에 집중되어 있으며, 복수의 AI 기업이 동일한 방식을 사용해 시스템적 위험이 증폭된다는 점이다. 이들에게 자금을 댄 사모대출 시장은 이미 환금성 부족, 차입자 집중 등 구조적 취약성을 드러내고 있다.

2008년의 재현 가능성

2008년 금융위기 당시 부실한 부동산 담보대출이 서브프라임 모기지라는 구조화된 상품을 통해 금융 시스템 전반에 침투했듯, 현재 AI 인프라 구축을 위해 발생하는 막대한 처무는 구조적 취약성을 가진 사모대출 펀드가 금융권으로 깊숙이 스며들게 하고 있다. 빅테크 기업들이 블랙스톤과 같은 사모펀드와 손잡고 170조 원 규모의 데이터 센터 자금을 재무제표 밖으로 돌리는 장부 외 금융 전략은 과거의 복잡한 금융 상품 설계와 궤를 같이한다.

이러한 구조는 표면적으로 기업의 재무 건전성을 유지하는 방패막이가 되어주지만, 실질적으로는 불투명한 사모 신용 시장에 거대한 자본 리스크를 전이시키는 결과를 초래한다. 결국 AI 산업의 수익성이 담보되지 않을 경우, 민간 자본과 복잡하게 얽힌 이 숨겨진 채무들은 과거 모기지 사태와 마찬가지로 금융 시스템 전체의 안전성을 뒤흔드는 새로운 뇌관으로 작용할 위험을 내포하고 있다.

개인 투자자를 위한 경고

이 사태가 개인 투자자에게 주는 교훈이 있다. 첫째, 재무제표만으로는 기업의 실제 위험을 파악할 수 없다는 것이다. Oracle의 대차대조표는 건전해 보이지만 96조 원의 숨겨진 부채가 있다. 둘째, AI 투자 붐의 지속 가능성에 대한 근본적인 의문을 제기해야 한다. 이 막대한 투자가 실제 수익으로 전환될 수 있을까? 셋째, 금융 시스템의 연결고리를 이해해야 한다. AI 기업 하나의 부실이 사모대출 펀드를 거쳐 연기금, 보험사, 은행으로 확산될 수 있다.

Google, Microsoft, Amazon은 내부 현금을 쓰거나 직접 차입하는 방식을 택하고 있다. 이는 이들이 자신들의 AI 투자에 대해 책임을 지겠다는 의미다. 반면 SPV를 활용하는 기업들은 위험을 외부로 전가하고 있다. 투자자라면 어느 쪽이 더 건전한 경영 방식인지 분명히 알 수 있을 것이다.

170조 원의 장부 외 부채는 빙산의 일각일 수 있다.《파이낸셜타임스》가 분석한 4개사 오에도 유사한 방식을 사용하는 기업이 있을 수 있으며, 전체 규모는 훨씬 클 가능성이 있다. 2008년 금융위기는 서브프라임 모기지라는 '작은' 시장에서 시작되어 전 세계 금융 시스템을 마비시켰다. AI 투자 부채가 제2의 서브프라임이 되지 않으리란 보장은 없다. 개인 투자자들은 지금 이 순간, 자신의 포트폴리오에서 AI 관련 자산의 비중을 냉정하게 재평가해야 할 때다.

---

*   https://www.ft.com/content/0ae9d6cd-6b94-4e22-a559-f047734bef83

PART 2

돈이
모이는 곳

"AI 시장의 밸류체인은 기술이
아니라 현금의 방향으로 재편된다."

Chapter 4

돈이 모이는 곳 vs 기술이 모이는 곳

▎ 2025년 10월, 팔로알토의 두 회의실

이날 오후, 나는 샌드힐 로드에서 두 개의 투자 미팅에 연달아 참석했다. 첫 번째 회의실에는 스탠퍼드 AI 연구소 출신 세 명의 박사가 앉아 있었다. 그들은 노트북 화면에 복잡한 신경망 아키텍처 다이어그램을 띄우며 설명했다. "우리의 멀티모달 트랜스포머는 기존 모델 대비 파라미터 효율성이 40% 높습니다. 같은 성능을 더 적은 컴퓨팅으로 달성할 수 있죠. 벤치마크 결과를 보시면…" 그들의 눈은 열정으로 빛났다. 기술은 정말 인상적이었다. 나는 물었다. "대단합니다. 그런데 이 기술에 누가 돈을 지불할까요?"

세 사람은 잠시 침묵했다. 그리고 한 명이 대답했다. "음, API로 제공할 계획입니다. OpenAI보다 30% 저렴하게요." "현재 관심 있는 고객은?" "아직 공식 고객은 없지만, 몇몇 스타트업이 관심을 보이고 있습니다." "그 스타트업들은 지금 무엇을 사용하고 있나요?" "대부분 GPT-4나 Claude입니다." "그들이 왜 바꿔야 할까요?" "우리가 더 효율적이니까요." "하지만 그들의 입장에서는 이미 작동하는 시스템을 바꾸는 것이 리스크 아닐까요?" 또 침묵이 흘렀다.

한 시간 후, 나는 두 번째 회의실에 있었다. 이번에는 중년의 창업자 한 명과 CFO 출신 공동창업자가 앉아 있었다. 그들은 화려한 기술 용어 없이 간단한 엑셀 시트를 보여줬다. "우리는 제조업체들을 위한 품질 관리 AI 시스템을 만듭니다. 현재 고객사는 23개이고, 월 반복 매출은 89만 달러입니다. 평균 계약 규모는 연간 48만 달러이고, 고객 이탈률은 지난 12개월간 4%였습니다." 나는 물었다. "어떤 기술을 사용하나요?" "OpenAI GPT-4와 자체 컴퓨터 비전 모델의 조합입니다. 솔직히 말하면 기술 자체는 특별할 게 없습니다. 하지만 우리는 제조업 현장의 문제를 정확히 이해하고 있고, 고객의 기존 시스템과 완벽하게 통합됩니다."

"고객들이 계속 쓰는 이유는?" "두 가지입니다. 첫째, 우리 시스템이 불량률을 평균 23% 감소시킵니다. 이건 연간 수백만 달러의 절감 효과입니다. 둘째, 그들의 데이터가 우리 시스템에 축적되어 있습니다. 6개월치 데이터가 쌓이면 정확도가 극적으로 올라가는데, 다른 시스템으로 옮기면 처음부터 다시 시작해야 합니다." "수익성은?" "작년 4분기에 EBITDA[*]

---

[*]   이자·법인세·감가상각비를 제외한 영업이익

흑자를 달성했습니다. 올해는 약 30%의 EBITDA 마진을 예상합니다."

나는 사무실로 돌아오며 생각했다. 첫 번째 팀은 기술이 모이는 곳에 있었다. 두 번째 팀은 돈이 모이는 곳에 있었다. 그리고 투자자로서 나의 선택은 명확했다.

밸류체인의 착시: 혁신 vs 필수

AI 산업을 볼 때 가장 큰 착시는 '가장 혁신적인 것이 가장 가치 있다'는 믿음이다. 이것은 직관적으로는 맞는 것처럼 보이지만 경제적 현실에서는 거의 항상 틀린다. 실제로 가장 가치 있는 것은 가장 필수적인 것이다. 가장 혁신적인 것이 아니라, 없으면 아무것도 작동하지 않는 것이다.

닷컴 시대를 돌이켜 보자. 1999년 가장 혁신적인 기업은 무엇이었을까? 아마도 넷스케이프였을 것이다. 최초의 대중적 웹 브라우저를 만들었고, IPO는 전설이 되었다. 하지만 넷스케이프는 2003년 AOL에 흡수되며 사실상 소멸했다.

닷컴 버블 이후의 승자는 혁신적이지 않았지만 필수적인 것을 만든 기업들이었다. Amazon은 온라인 서점으로 시작했지만 진짜 돈은 AWS에서 나왔다. AWS는 혁신적인 기술이 아니었다. 단지 서버와 저장공간을 빌려주는 것이었다. 하지만 그것은 모든 인터넷 기업에게 필수적이었다. Google도 검색 기술 자체보다는, 애드워즈라는 광고 인프라로 돈을 벌었다. 광고 플랫폼은 혁신적이지 않았다. 하지만 온라인 비즈니스를 하는 모든 사람에게 필수적이었다.

2025년 AI 산업도 똑같은 패턴을 따르고 있다. 가장 혁신적인 기업은 OpenAI, Anthropic, Google 딥마인드 같은 모델 개발사들이다. 그들은 GPT-5, Claude 4, Gemini 3 같은 놀라운 모델을 만든다. 하지만 가장 돈을 버는 기업은 NVIDIA다. NVIDIA의 기술은 상대적으로 덜 혁신적이다. GPU 아키텍처는 10년 전부터 점진적으로 개선되어 온 것이다. 하지만 그것은 절대적으로 필수적이다. NVIDIA GPU 없이는 AI 모델의 학습이 불가능할 정도이다.

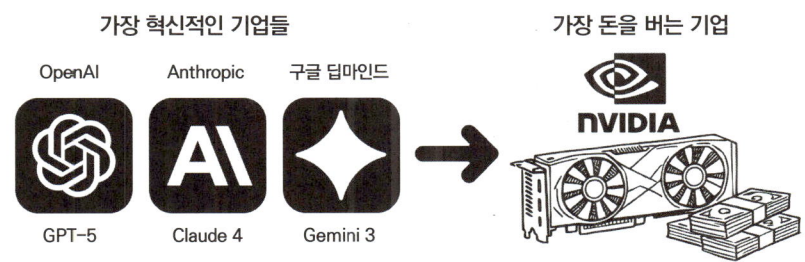

권력의 원천: 세 가지 레버

그렇다면 무엇이 필수성을 만드는가? 밸류체인에서 권력의 원천은 무엇인가? 나는 지난 25년간의 투자 경험을 통해 세 가지 레버를 발견했다. 독점, 전환 비용, 그리고 네트워크 효과다.

첫 번째 레버는 **독점**이다. 가장 단순하고 가장 강력한 권력의 원천이다. 당신이 유일한 공급자라면 가격 결정권을 가진다. 닷컴 시대 Intel이 그랬다. x86 아키텍처를 독점했고, 모든 PC와 서버는 인텔 칩을 사용해야 했다. Cisco도 그랬다. 엔터프라이즈 네트워크 장비 시장의 70%를 장악했다. 2025년 NVIDIA가 바로 그 위치에 있다. AI 학습용 GPU 시장의 약 85%를 점유하고 있다. AMD가 추격하고 있지만 CUDA* 생태계와 소프트웨어 통합 덕분에 NVIDIA의 해자는 여전히 깊다.

독점이 지속되는 이유는 간단하다. 첫째, 기술적 리드가 있다. NVIDIA는 10년 이상 GPU 컴퓨팅에 투자해 왔고, 그 경험이 축적되어 있다. 둘째, 생태계 락인이 있다. 수천 개의 AI 라이브러리와 프레임워크가 CUDA에 최적화되어 있다. 셋째, 공급망 우위가 있다. TSMC의 최첨단 공정을 우선적으로 사용할 수 있다. 이 세 가지가 결합되면, 독점은 쉽게 깨지지 않는다.

두 번째 레버는 **전환 비용**이다. 고객이 당신의 제품에서 경쟁자의 제품으로 바꾸는 데 드는 비용이 높을수록 당신의 권력은 강해진다. 전환 비용에는 여러 종류가 있다. 금전적 비용, 시간 비용, 학습 비용, 그리고 리스크 비용이다. 닷컴 시대 Oracle이 강력했던 이유는 전환 비용 때문이었다. 기업이 Oracle 데이터베이스를 PostgreSQL로 바꾸려면 수개월의 마이그레이션 프로젝트와 수백만 달러의 비용이 필요했다. 그래서 대부분은 바꾸지 않았다.

2025년 AI 산업에서 전환 비용이 가장 높은 영역은 데이터 레이어다.

---

*   NVIDIA가 만든 GPU 병렬 연산용 소프트웨어 플랫폼이자 프로그래밍 모델이다. 개발자가 C/C++, Python 등으로 GPU를 CPU처럼 직접 제어해 대규모 연산을 빠르게 처리할 수 있게 해주는 기술이다.

기업이 특정 AI 플랫폼에 6개월 이상 데이터를 축적하면 그 데이터는 그 플랫폼에 최적화된다. 다른 플랫폼으로 옮기면 정확도가 떨어지고, 처음부터 다시 학습해야 한다. 이것이 Snowflake나 Databricks 같은 데이터 플랫폼이 강력한 이유다. 고객의 데이터가 그곳에 있으면 고객은 떠나기 어렵다.

모델 레이어는 어떨까? 아이러니하게도, 모델 레이어의 전환 비용은 매우 낮다. 개발자가 OpenAI API에서 Anthropic API로 바꾸는 데 걸리는 시간은 대부분의 경우 몇 시간이다. API 엔드포인트 URL을 바꾸고, 약간의 프롬프트 조정을 하면 끝이다. 이것이 모델 기업들이 가격 경쟁에 빠지는 이유다. 전환 비용이 낮으면 권력도 약하다.

세 번째 레버는 **네트워크 효과**다. 가장 강력하지만 가장 구축하기 어려운 권력의 원천이다. 네트워크 효과란 사용자가 많을수록 제품의 가치가 높아지는 현상이다. Facebook이 그랬다. 친구들이 Facebook을 쓰니까 당신도 Facebook을 써야 했다. eBay도 그랬다. 판매자가 많으니 구매자가 오고, 구매자가 많으니 판매자가 왔다.

AI 산업에서 네트워크 효과를 가진 기업은 놀랍도록 적다. 대부분의 AI 제품은 단독으로 작동한다. 당신이 ChatGPT를 쓴다고 해서 내 ChatGPT 경험이 나아지지 않는다. 하지만 예외가 있다. Hugging Face는 네트워크 효과를 가지고 있다. 더 많은 개발자가 모델을 업로드할수록, 플랫폼의 가치가 올라간다. 그리고 플랫폼의 가치가 올라갈수록, 더 많은 개발자가 온다. Midjourney의 디스코드 커뮤니티도 약한 형태의 네트워크 효과를 가진다. 사용자들이 서로의 작품에서 영감을 받고, 프롬프트를 공유한다.

밸류체인 레이어별 권력 레버

레이어	독점 수준	전환 비용	대표 기업
AI 앱	매우 낮음	매우 낮음	대부분 스타트업
AI 모델	중간	낮음	OpenAI, Anthropic
데이터 플랫폼	중간	매우 높음	Snowflake, Databricks
클라우드 인프라	높음(과점)	매우 높음	AWS, Azure, GCP
GPU/하드웨어	매우 높음(85%)	높음(생태계)	NVIDIA

권력은 상단에서 하단으로 흐르지 않는다. 오히려 하단(인프라)이 상단 (앱)을 지배한다. 가장 '혁신적'인 레이어(모델, 앱)는 권력이 약하고, 가장 '지루한' 레이어(GPU, 클라우드)는 권력이 강하다.

닷컴의 교훈: 인프라가 항상 승리한다

1999년부터 2002년까지의 현금 흐름을 재구성해 보자. 당시 소비자들 과 기업들은 인터넷 서비스에 연간 약 500억 달러를 지출했다(현재 가치로 환산하면 약 900억 달러). 이 돈은 어디로 갔을까? 닷컴 사이트들은 약 150억 달러의 매출을 올렸다. 하지만 그들의 운영 비용은 230억 달러였다. 80억 달러의 손실이었다. 그 비용의 대부분은 어디로 갔을까? 인프라였다.

닷컴 사이트들은 서버를 사야 했다. 대부분 인텔 칩을 사용한 서버였 다. 네트워크 장비를 사야 했다. 대부분 Cisco 제품이었다. 레벨3, AT&T 같은 통신사로부터 대역폭을 사야 했다. 초기 클라우드 제공업체들로부터 호스팅 서비스를 사야 했다. 그리고 야후, AOL, Google(2000년 이후) 같은 포털에 광고비를 지불하며 마케팅을 해야 했다.

결과적으로, 닷컴 사이트에서 창출된 가치의 대부분은 인프라 기업으로 흘러갔다. Cisco의 1999년 매출은 122억 달러였고, 2000년에는 189억 달러로 급증했다. 순이익은 26억 달러에서 27억 달러로 안정적이었다. Intel의 1999년 매출은 293억 달러, 순이익은 74억 달러였다. 2000년에는 매출 338억 달러, 순이익 106억 달러를 기록했다.

반면 닷컴 사이트들은 어땠나? Pets.com은 1999년 매출 580만 달러에 순손실 6,200만 달러를 기록했다. 2000년에 파산했다. Webvan은 1999년 매출 3억 9,500만 달러에 순손실 4억 5,300만 달러였다. 2001년 파산했다. eTcys는 1999년 매출 3,000만 달러에 순손실 2억 8,800만 달러였다. 2001년 청산되었다.

닷컴 버블 vs AI 버블: 현금 흐름 구조 비교

구분	닷컴(1999~2000)	AI(2024~2025)	패턴
고객 지출	$50B	$350B	7배 증가
앱 레이어	매출 $15B, 손실 −$8B	매출 $20B, 손실 −$3B	구조 동일
미들웨어	포털 $8B 수익	모델 $60B 매출, −$22B 손실	수익 → 손실로 변화
인프라	Cisco $12B 매출, $2.6B 이익 Intel $29B 매출, $7.4B 이익	NVIDIA $129B 매출, $60B 이익 클라우드 $110B 매출, $33B 이익	독점 강화
이익 집중도	인프라가 전체 이익의 85%	인프라가 전체 이익의 79%	거의 동일
최종 생존율	앱 5%, 인프라 95%	예상: 앱 15%, 인프라 95%	개선되지 않음

앞의 표가 보여주는 것은 역사의 반복이다. 기술은 25년간 극적으로 발전했다. 하지만 경제 구조는 전혀 변하지 않았다. 가치는 상단(앱)에서 창출되고, 이익은 하단(인프라)에서 포획된다. 혁신은 위에서 일어나고, 돈은 아래로 흐른다.

왜 이런 일이 반복되는가? 근본적으로, 인프라는 희소하고 앱은 풍부하기 때문이다. 1999년에도 수천 개의 닷컴 사이트가 있었지만 라우터를 만들 수 있는 기업은 몇 개 없었다. 2025년에도 수천 개의 AI 앱이 있지만 최첨단 GPU를 만들 수 있는 기업은 사실상 하나다. 희소한 것이 권력을 가지고, 권력이 있는 것이 돈을 번다.

예외의 법칙: 인프라가 되거나, 인프라를 소유하거나

하지만 모든 앱이 실패하는 것은 아니다. 닷컴 시대에도 생존자가 있었다. Amazon, eBay, Paypal, Netflix가 그들이다. 그들은 어떻게 살아남았을까? 두 가지 전략 중 하나를 택했기 때문이다. 인프라가 되거나, 인프라를 소유하거나.

Amazon은 둘 다 했다. 초기에는 온라인 서점이라는 앱이었다. 하지만 베조스는 빠르게 물류 인프라를 구축했다. 경쟁자들이 제3자 물류를 사용할 때, Amazon은 자체 창고와 배송 네트워크를 만들었다. 이것이 첫 번째 전략이다. 인프라를 소유하라. 그리고 2006년, Amazon은 AWS를 출시하며 인프라 자체가 되었다. 이것이 두 번째 전략이다. 인프라가 되어라.

Amazon의 전체 영업이익 중 약 65%가 AWS에서 나온다. 이커머스는 여전히 규모는 크지만 이익률은 낮다.

eBay는 마켓플레이스 인프라가 되었다. 그들은 상품을 직접 팔지 않았다. 대신 수백만 명의 판매자가 거래할 수 있는 플랫폼을 제공했다. 이것은 일종의 인프라다. 그리고 네트워크 효과 덕분에 다른 마켓플레이스로 대체되기 어려웠다. Paypal도 비슷했다. 결제 인프라가 되었다. eBay 생태계의 필수 요소가 되면서 권력을 확보했다.

Netflix는 독특한 경로를 택했다. 초기에는 DVD 대여라는 앱이었다. 하지만 2007년 스트리밍으로 전환하면서 콘텐츠 인프라에 막대하게 투자했다. 2013년부터는 자체 콘텐츠 제작을 시작했다. 이것은 일종의 수직 통합이다. 콘텐츠를 라이선스하는 대신 직접 소유함으로써 비용 구조를 개선하고 차별화를 만들었다. 현재, Netflix의 콘텐츠 라이브러리는 그 자체로 경쟁자가 복제할 수 없는 인프라다.

2026년 AI 시대에도 똑같은 패턴이 나타나고 있다. 생존 가능성이 높은 AI 기업들을 보면 모두 인프라를 향해 움직이고 있다.

OpenAI는 표면적으로는 모델 기업이지만, 실제로는 AI 인프라가 되려고 한다. GPT 스토어는 그 전략의 일부다. 수천 명의 개발자가 GPT를 기반으로 앱을 만들면 OpenAI는 플랫폼이 된다. 그리고 플랫폼은 일종의 인프라다. Microsoft와의 파트너십도 같은 맥락이다. Azure AI의 핵심 인프라로 포지셔닝하는 것이다.

Hugging Face는 이미 인프라다. 그들은 모델을 직접 만들지 않는다. 대신 모델 개발자들이 협업하고 공유할 수 있는 플랫폼을 제공한다. GitHub

가 코드 인프라인 것처럼 Hugging Face는 AI 모델 인프라다. 2026년 현재, 200만 개 이상의 모델이 Hugging Face에 호스팅되어 있다. 이것은 강력한 네트워크 효과다.

Midjourney는 앱처럼 보이지만, 실제로는 크리에이터 인프라로 포지셔닝하고 있다. 그들의 디스코드 커뮤니티는 단순한 사용자 그룹이 아니라 크리에이터들이 서로 배우고 협업하는 생태계다. 그리고 그 생태계가 락인을 만든다. Midjourney를 떠나면 커뮤니티도 잃는다.

Runway(런웨이)는 비디오 생성 모델을 만들지만, 진짜 전략은 크리에이터 워크플로우 인프라가 되는 것이다. 그들은 단순히 '텍스트를 비디오로'가 아니라, 편집, 합성, 특수효과까지 포함하는 통합 플랫폼을 구축하고 있다. 크리에이터가 Runway에서 프로젝트 전체를 완성할 수 있다면 전환 비용이 극적으로 올라간다.

투자자의 체크리스트: 어디에 돈을 걸 것인가

그렇다면 투자자는 무엇을 해야 하는가? 나는 지난 25년의 경험을 바탕으로 다섯 가지 질문으로 이루어진 체크리스트를 만들었다. AI 기업에 투자하기 전에, 이 다섯 가지 질문에 답할 수 있어야 한다.

첫 번째 질문. 이 기업은 밸류체인의 어디에 있는가? 인프라에 가까울수록 안전하다. 앱에 가까울수록 위험하다. 이것은 단순한 규칙이지만 역사적으로 거의 예외가 없다. 만약 당신이 GPU 제조사에 투자한다면 90%

이상의 확률로 수익을 낼 것이다. 클라우드 인프라에 투자한다면 70~80%의 확률로 수익을 낼 것이다. AI 모델 기업에 투자하면 아마 50% 이하이고, AI 앱에 투자한다면 10% 이하다.

두 번째 질문. 이 기업은 독점, 전환 비용, 네트워크 효과라는 세 가지 권력 레버 중 최소 하나를 가지고 있는가? 이 중 하나도 없다면 투자하지 마라. 아무리 기술이 뛰어나도, 팀이 훌륭해도, 비전이 설득력 있어도, 권력 레버가 없으면 장기적으로 수익을 낼 수 없다. 권력이 없으면 가격 결정권이 없고, 가격 결정권이 없으면 이익이 없다.

세 번째 질문. 이 기업은 인프라가 되려는 명확한 전략이 있는가? 만약 AI 앱 기업이라면, 그들이 어떻게 인프라로 이동할 계획인지 물어라. 수직 통합을 통해서인가? 플랫폼 전략을 통해서인가? 명확한 답이 없다면 장기 생존 가능성은 낮다. "우리가 최고의 제품을 만들면 고객이 알아서 올 것"이라는 대답은 위험 신호다. 그것은 권력 레버가 없다는 뜻이다.

네 번째 질문. 이 기업의 단위경제학은 규모가 커질수록 개선되는가, 악화되는가? 놀랍게도, 많은 AI 기업의 단위경제학은 규모가 커질수록 악화된다. 왜냐하면 초기 고객은 얼리어답터로 높은 가격을 기꺼이 지불하지만, 대중 시장으로 확장하면 가격 압박이 심해지기 때문이다. 동시에 더 복잡한 케이스가 늘어나면서 서비스 비용은 올라간다. 이것은 죽음의 나선이다. 진짜 좋은 비즈니스는 규모가 커질수록 단위 비용이 떨어지고, 단위 수익은 올라간다.

다섯 번째 질문. 이 기업이 파산한다면 누가 가장 고통받는가? 만약 답이 '아무도'라면, 그 기업은 필수적이지 않다. 필수적이지 않으면 권력이 없다. 반대로, 만약 그 기업이 사라지면 수백 개의 다른 기업이 즉시 영향을 받는다면 그것은 인프라다. 예를 들어, NVIDIA가 내일 사라진다면 AI 산업 전체가 멈춘다. 그런데, OpenAI가 사라진다면 대부분의 기업은 일주일 내로 Anthropic이나 Google로 전환할 것이다.

투자 의사결정 체크리스트

질문	높은 점수 답변	낮은 점수 답변	배점
1. 밸류체인 위치	인프라/플랫폼	앱/래퍼	30점
2. 권력 레버	2개 이상 보유	없음	25점
3. 인프라 전략	명확한 로드맵	모호하거나 없음	20점
4. 단위경제학	규모↑에서 이익↑	규모↑에서 손실↑	15점
5. 필수성	없으면 다수 마비	쉽게 대체 가능	10점
합계			**100점**

점수 해석

- 80점 이상　강력 매수(인프라 레이어, 예: NVIDIA, AWS)
- 60~79점　조건부 매수(플랫폼/데이터 레이어, 예: Hugging Face, Databricks)
- 40~59점　고위험 베팅(일부 모델 기업, 특화 앱)
- 40점 미만　회피(대부분의 AI 앱 스타트업)

이 체크리스트를 2025년 10월 기준으로 실제 기업에 적용해 보자.

NVIDIA: 밸류체인 위치 30점(인프라), 권력 레버 25점(독점+전환 비용), 인프라 전략 20점(이미 인프라), 단위경제학 15점(완벽), 필수성 10점(절대적). 총 100점. 완벽한 투자 대상이다.

OpenAI: 밸류체인 위치 10점(모델), 권력 레버 10점(브랜드만), 인프라 전략 15점(GPT Store 등), 단위경제학 5점(적자), 필수성 5점(대체 가능). 총 45점. 고위험 베팅 대상이다. Microsoft의 지원이 없었다면 투자 불가 대상이다.

Midjourney: 밸류체인 위치 15점(앱이나 특화), 권력 레버 15점(약한 네트워크 효과), 인프라 전략 10점(커뮤니티 중심), 단위경제학 15점(수익성 달성), 필수성 3점(대체재 많음). 총 58점. 예외적인 앱 기업으로 수익성이 핵심이다.

일반 AI 앱 스타트업: 밸류체인 위치 5점(앱), 권력 레버 0점(없음), 인프라 전략 5점(모호), 단위경제학 5점(악화), 필수성 0점(즉시 대체). 총 15점. 투자 회피 대상이다.

▌ 시간의 차원: 단기 vs 장기 권력 구조

지금까지 우리는 현재의 스냅샷을 봤다. 하지만 밸류체인의 권력 구조는 시간에 따라 변한다. 2025년의 구조가 2030년에도 같을까? 역사는 그렇지 않다고 말한다.

닷컴 시대를 다시 보자. 1999년 권력 구조는 명확했다. 인프라(Cisco, Intel)가 지배했다. 하지만 2005년쯤, 권력 구조가 바뀌기 시작했다. AWS가 등장하며 새로운 종류의 인프라가 출현했다. 그리고 2010년쯤, 권력은 다시 이동했다. Facebook, Google, Amazon 같은 플랫폼 기업들이 진짜 권력자가 되었다.

왜 이런 변화가 일어났을까? 기술이 성숙하면서 희소성의 위치가 이동했기 때문이다. 1999년에는 하드웨어가 희소했다. 고성능 서버와 네트워크 장비를 만들 수 있는 기업이 적었다. 2005년쯤, 하드웨어는 상품화되었다. 대신 클라우드 인프라가 희소해졌다. 그리고 2010년쯤, 클라우드도 여러 선택지가 생겼다. 대신 데이터와 네트워크 효과가 희소해졌다.

AI 산업도 비슷한 진화를 겪을 것이다. 2026년 현재, GPU가 가장 희소하다. 그래서 NVIDIA가 지배한다. 하지만 2027년쯤, GPU 공급이 늘어나고 경쟁이 심화되면서 GPU의 희소성은 감소할 것이다. AMD, Intel, 그리고 Google의 TPU, Amazon의 Trainium 같은 전용 칩이 시장 점유율을 높일 것이다. NVIDIA는 여전히 강할 것이지만 독점은 약해질 것이다.

2027~2030년 사이 권력은 어디로 이동할까? 내 예측은 데이터 레이어다. 고품질 학습 데이터가 희소해질 것이다. 인터넷의 공개 데이터는 이미 거의 다 사용되었다. 차세대 모델을 학습하려면 독점적 데이터가 필요하다. 그리고 독점적 데이터를 가진 기업은 누구인가? Google(검색 데이터, 유튜브), Meta(소셜 데이터), Amazon(커머스 데이터, AWS 사용 데이터), Microsoft(오피스, 링크드인), 그리고 특화된 데이터 플랫폼들이다.

독립 AI 모델 기업들은 데이터 문제에 직면할 것이다. OpenAI는 이미 웹 크롤링만으로는 한계에 부딪혔다. 그래서 뉴스 기관, 출판사들과 라이선스 계약을 맺고 있다. 하지만 이것은 비용 구조를 악화시킨다. Anthropic도 같은 문제에 직면해 있다. 반면 Google과 Meta는 자체 데이터를 가지고 있다. 이것은 엄청난 구조적 우위다.

그리고 2030년 이후 권력은 또다시 이동할 것이다. 아마도 애플리케이션 레이어로. 하지만 이때의 애플리케이션은 2025년의 단순한 API 래퍼가 아니다. 깊은 수직 통합, 독점적 데이터, 그리고 닷컴 시대의 Google과 Facebook처럼 강력한 네트워크 효과를 가진 플랫폼일 것이다.

AI 밸류체인 권력 구조의 시간적 진화 예측

시기	지배 레이어	권력 기업	전환 시점 촉매
2023~2026 현재	GPU/하드웨어	NVIDIA(85%), AMD(10%), 기타(5%)	GPU 공급 부족 CUDA 생태계 AI 폭발적 수요
2027~2028 근미래	데이터 플랫폼	Google, Meta, Amazon, Microsoft, 특화 데이터 기업	GPU 공급 증가 공개 데이터 고갈 데이터 규제 강화
2029~2030 중기	수직 통합 플랫폼	AI 시대의 FAANG[*] (아직 미출현)	모델 성능 차별화로 락인 효과 극대화
2030 이후 장기	새로운 패러다임	❓	AGI 도래 완전히 새로운 아키텍처

위의 표가 보여주는 것은, 지금 지배적인 기업이 영원하지 않다는 점이다. Cisco는 1999년 세계에서 가장 가치 있는 기업이었다. 2025년에는 Top 10에도 들지 못했다. 여전히 좋은 기업이지만 권력의 중심이 이동했기 때문이다. NVIDIA도 2030년쯤에는 비슷한 운명을 맞을 수 있다. 여전히 중요하지만 더 이상 절대적 지배자는 아닐 것이다.

---

[*] FAANG은 미국을 대표하는 5대 빅테크 기업을 묶어 부르는 약칭이다. F(Facebook, 현재는 Meta), A(Apple), A(Amazon), N(Netflix), G(Google, Alphabet)이다. 2010년대 중반 주가 상승률·성장 스토리가 가장 강력했던 기술주를 묶어 부르면서 사용되었다.

투자자에게 이것은 무엇을 의미하는가? 타이밍이 중요하다는 것이다. NVIDIA는 2020년부터 2026년까지는 완벽한 투자다. 하지만 2028년에도 여전히 최고의 투자일까? 아마 아닐 것이다. 그때쯤이면, 데이터 플랫폼 기업들이나 수직 통합된 AI 플랫폼에 투자하는 것이 더 나을 것이다.

창업자에게 이것은 무엇을 의미하는가? 다음 권력 중심을 예측하고, 거기에 포지셔닝하라는 것이다. 2026년에 GPU 제조로 창업하기에는 너무 늦었다. NVIDIA가 이미 지배하고 있다. 하지만 2027~2029년의 권력 중심인 데이터 플랫폼이나 수직 통합 솔루션은 아직 승자가 결정되지 않았다. 그곳이 기회다.

▌결론: 기술을 쫓지 말고, 권력을 쫓아라

이 장을 시작하며 나는 두 개의 피치 미팅 이야기를 했다. 한 팀은 파라미터 효율성을 이야기했고, 다른 팀은 고객 이탈률을 이야기했다. 한 팀은 기술이 모이는 곳에 있었고, 다른 팀은 돈이 모이는 곳에 있었다.

이 장 전체를 관통하는 메시지는 간단하다. 기술을 쫓지 말고 권력을 쫓아라. 혁신을 쫓지 말고 필수성을 쫓아라. 주목을 쫓지 말고 현금을 쫓아라.

AI 산업은 기술 산업처럼 보이지만, 실제로는 권력 게임이다. 누가 가격을 결정하는가? 누가 떠날 수 없는 구조를 만드는가? 누가 대체 불가능한가? 이런 질문에 답할 수 있는 기업이 승자다.

2026년 권력은 인프라에 있다. NVIDIA, AWS, Azure, Google Cloud

Platform이 진짜 돈을 번다. 모델 기업들은 주목받지만 적자다. 앱 기업들은 더욱 힘들다. 하지만 이것은 영원하지 않다. 권력은 이동한다. 그리고 현명한 투자자와 창업자는 권력이 향하는 방향을 예측하고, 그곳에 포지셔닝한다.

닷컴 시대의 교훈을 기억하라. 가장 혁신적인 기업(넷스케이프)은 사라졌고, 가장 필수적인 기업(Cisco)은 살아남았다. 하지만 진짜 장기 승자는 인프라를 소유하거나 인프라가 된 기업(Amazon, Google)이었다. AI 시대도 같은 패턴을 따를 것이다.

다음 장에서는 이 권력 구조를 더 세밀하게 분석할 것이다. AI 밸류체인의 4단계, 즉 애플리케이션, 모델, 데이터, 인프라를 하나씩 해부할 것이다. 각 레이어에서 누가 승리하고, 왜 승리하며, 어떻게 투자해야 하는지 밝힐 것이다.

하지만 지금 기억해야 할 한 가지가 있다. 돈은 항상 권력을 따라간다. 그리고 권력은 희소성에서 나온다. **2025~2026년의 희소성은 GPU다. 2026~2027년의 희소성은 데이터*일 것이다.** 2030년의 희소성은 무엇일까? 양자컴퓨팅일까? 그것을 먼저 알아내는 사람이 다음 10년의 승자가 될 것이다.

---

*   피지컬(Physical) AI는 실제 환경에서의 행동·실패·상호작용 데이터가 없으면 학습을 수행할 수 없다. 이 데이터는 비용·안전·속도 제약 때문에 대량 확보가 어려워, 데이터 자체가 진입장벽이자 경쟁 우위가 된다. 피지컬 AI의 승패는 모델 성능보다 현실 데이터를 얼마나 지속적으로 생성·축적할 수 있는가에 달려 있다.

Chapter 5

AI 밸류체인의 4단계 ― 전체를 한눈에

밸류체인이라는 렌즈

경제학자 마이클 포터는 1985년 '밸류체인'이라는 개념을 제시했다. 제품이 원재료에서 최종 소비자에게 도달하기까지의 모든 단계를 분석하는 프레임워크다. 각 단계는 가치를 더하고, 그 가치의 일부를 포획한다(돈을 번다). 포터가 발견한 놀라운 사실은 가치 창출과 가치 포획이 일치하지 않는다는 점이었다.

어떤 단계는 엄청난 가치를 창출하지만 거의 포획하지 못한다. 다른 단계는 적은 가치를 창출하지만 대부분을 포획한다. 스마트폰 산업을 보자. 폭스콘은 아이폰을 조립한다. 엄청난 노동과 정밀함이 필요하다. 하지만 아이폰 가격의 약 5%만 가져간다. 반면 Apple은 디자인과 브랜드를 제공한다. 물리적 노동은 거의 없다. 하지만 가격의 약 40%를 가져간다. 권력이 어디 있느냐의 차이다.

AI 산업도 마찬가지다. 2026년 현재, AI 밸류체인은 네 개의 주요 레이어로 나뉜다. 하단부터 상단까지, 인프라, 데이터, 모델, 애플리케이션이다. 각 레이어는 특정 기능을 수행하고, 특정 가치를 창출한다. 하지만 가치 포획은 극도로 불균등하다.

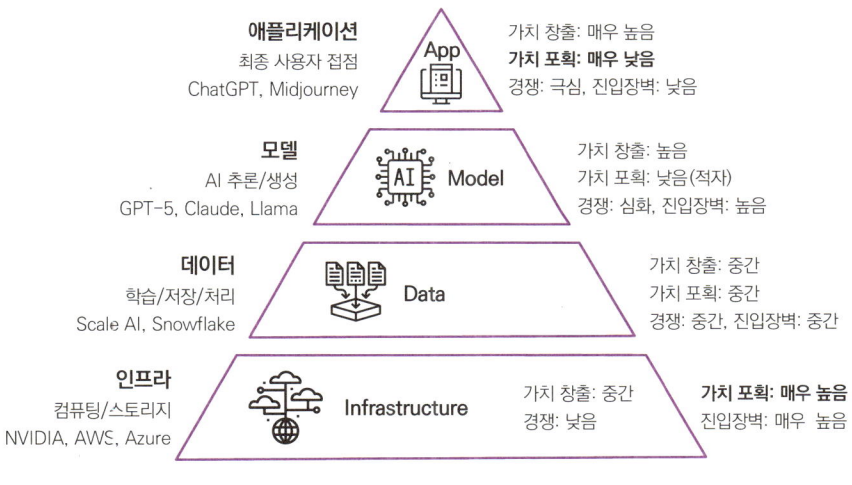

AI 밸류체인의 4단계 구조

가장 위(애플리케이션)는 고객과 직접 접촉하고, 가장 많은 가치를 창출하지만, 실제로는 돈을 벌지 못한다. 가장 아래(인프라)는 고객과 멀리 떨어져 있고, 덜 혁신적으로 보이지만, 가장 많은 돈을 번다. 이것이 AI 경제의 구조적 모순이다.

레이어 간 의존성과 권력 관계

네 개의 레이어는 독립적으로 존재하지 않는다. 서로 의존하며, 그 의존성의 방향이 권력 관계를 결정한다. 일반적으로, A가 B에 의존하면, B가 A보다 권력이 강하다.

애플리케이션은 모델에 절대적으로 의존한다. ChatGPT 래퍼 앱은 OpenAI API 없이 작동할 수 없다. 이미지 생성 앱은 Stable Diffusion이나 Midjourney 없이 존재할 수 없다. 이 의존성은 일방적이다. 애플리케이션이 사라져도 모델은 영향을 거의 받지 않는다. 다른 애플리케이션이 즉시 그 자리를 메운다. 따라서 모델이 애플리케이션보다 권력이 강하다. 하지만 이 권력도 제한적이다. 애플리케이션은 쉽게 다른 모델로 전환할 수 있기 때문이다.

모델은 인프라에 절대적으로 의존한다. OpenAI는 Microsoft Azure 없이 GPT-5를 학습할 수 없다. Anthropic은 Google 클라우드와 AWS 없이 Claude를 운영할 수 없다. 이 의존성도 일방적이다. 특정 모델 기업이 사라져도, 클라우드 제공업체는 다른 고객을 찾는다. 따라서 인프라가 모델보다 훨씬 권력이 강하다.

모델과 데이터의 관계는 복잡하다. 모델은 학습 데이터에 의존한다. 고품질 데이터 없이는 고품질 모델을 만들 수 없다. 하지만 데이터도 모델에 의존한다. 데이터는 모델에 의해 가공되고 활용될 때만 가치가 있다. 이것은 상호 의존성이다. 따라서 이 두 레이어의 권력은 비슷하다. 하지만 2025년 이후, 공개 데이터가 고갈되면서 데이터의 권력이 상대적으로 강해질 것으로 예상된다.

인프라와 데이터의 관계도 의존적이다. 데이터는 저장되고 처리되어야 한다. 클라우드 인프라 없이는 불가능하다. 반대로 클라우드도 데이터에 어느 정도 의존한다. 데이터가 많을수록 스토리지와 컴퓨팅 수요가 늘어난다. 하지만 이 의존성은 비대칭적이다. 데이터 기업이 클라우드를 바꾸는 것은 매우 어렵지만(전환 비용 높음), 클라우드는 데이터 고객을 쉽게 교체할 수 있다(대체재 많음). 따라서 인프라가 더 강하다.

레이어 간 의존성

의존 관계	의존 정도	대체 가능성	결과
앱 → 모델	높음	중간	앱은 가격 수용자
모델 → 인프라	매우 높음	낮음	모델은 마진 압박
모델 ↔ 데이터	높음(양방향)	중간	협상 가능
데이터 → 인프라	높음	낮음	인프라 우위
인프라 → 앱	낮음	매우 높음	직접 거래 없음

인프라는 모델에 절대적 권력을 행사한다. 어떤 모델이든 학습과 추론을 위해 GPU와 클라우드 컴퓨팅에 의존할 수밖에 없기 때문이다. 또한 데이터에 상당한 권력을 행사하며, 애플리케이션은 신경 쓰지 않는다. 이것이 왜 NVIDIA와 AWS가 AI 붐의 진짜 수혜자인지 설명해 준다. 이들은 AI 골드러시에서 값비싼 곡괭이와 삽을 파는 위치에 있으며, 누가 금을 캐든 상관없이 이익을 거둔다.

각 레이어의 경제학: 누가 돈을 버는가

이제 각 레이어를 경제적 관점에서 분석해 보자. 매출 구조, 비용 구조, 수익성, 그리고 장기 전망을 살펴보자.

인프라 레이어

2025년 인프라 레이어의 총 매출은 약 3,500억 달러로 추정된다. 이 중 GPU와 하드웨어가 2,300억 달러, 클라우드 컴퓨팅이 1,200억 달러를 차지한다. 비용 구조는 레이어 내에서도 극적으로 다르다.

GPU 제조는 마진이 매우 높다. NVIDIA의 2025 회계연도* 매출총이익률은 약 75%다. 왜 이렇게 높은가? 독점과 희소성 때문이다. H100 GPU 하나의 제조 원가는 약 3,500달러로 추정되지만, 판매 가격은 25,000달러에서 30,000달러다. 거의 8배의 마크업이다. 일반 제조업에서는 상상할 수 없는 수준이다. 영업이익률은 약 62%에 달한다. 연구개발비, 마케팅비를 제외하고도 순이익률이 55% 이상이다.

클라우드 컴퓨팅은 GPU만큼은 아니지만, 여전히 매력적이다. AWS의 2025년 추정 영업이익률은 약 35%다. Azure는 약 40%, Google Cloud Platform은 약 22%다. 클라우드의 비용 구조는 주로 자본 지출이다. 데이터센터, 서버, 네트워크 장비에 막대한 초기 투자가 필요하다. 하지만 일단 구축되면 운영 비용은 상대적으로 낮다. 그리고 규모의 경제가 작동한다.

---

*   NVIDIA의 FY2025라는 표기는 2024년 초~2025년 1월 말까지 약 1년간의 실적을 의미한다.

클라우드가 클수록 단위 비용은 낮아진다.

인프라 레이어의 장기 전망은? 2025년부터 2027년까지는 여전히 황금기일 것이다. AI 수요가 계속 폭발하고, GPU 공급은 여전히 부족할 것이기 때문이다. 하지만 2028년쯤부터, 경쟁이 심화되고 공급이 증가하면서 마진이 점진적으로 하락할 것이다. NVIDIA의 독점도 약해질 것이다. 하지만 절대적 규모는 계속 성장할 것이다. 인프라는 앞으로도 최소 5년간은 AI 산업에서 가장 수익성 높은 레이어로 남을 것이다.

데이터 레이어

데이터 레이어는 세 가지 주요 기능을 수행한다. 데이터 라벨링(Scale AI), 데이터 저장 및 처리(Snowflake, Databricks), 그리고 데이터 큐레이션(Common Crawl, specialized datasets)이다. 2025년 총 매출은 약 500억~600억 달러로 추정된다.

데이터 라벨링은 노동집약적이다. Scale AI는 전 세계에 수십만 명의 라벨러를 고용한다. 그들은 이미지를 태그하고, 텍스트를 분류하고, 모델 출력을 평가한다. 이것은 본질적으로 아웃소싱 비즈니스다. Scale AI는 라벨러에게 시간당 약 10~20달러를 지불하고, 고객(AI 기업)에게 시간당 60~100달러를 청구한다. 매출총이익률은 약 60%이지만 운영 비용(플랫폼 유지, 품질 관리, 영업)을 빼면 영업이익률은 약 15%다. 좋은 비즈니스지만 혁명적이지는 않다.

데이터 저장 및 처리는 더 매력적이다. Snowflake의 FY2025 매출총이익률은 약67%다. 왜냐하면 그들은 실제로 데이터센터를 소유하지 않기 때문이다. AWS, Azure, GCP 위에서 작동한다. 이것은 자산 경량 모델이다. 하지만 영업이익률은 -40%로 아직 적자다. Snowflake는 여전히 성장에 투자하고 있다.

데이터 레이어의 장기 전망은 밝다. 2027년 이후, 고품질 학습 데이터가 희소해지면서 데이터의 가치가 급등할 것이다. 독점적 데이터셋을 가진 기업들은 가격 결정권을 확보할 것이다. 하지만 이 레이어는 여전히 인프라만큼 수익성이 높지는 않을 것이다. 왜냐하면 데이터 자체는 클라우드 인프라에 의존하기 때문이다.

모델 레이어

모델 레이어는 AI 산업에서 가장 주목받지만, 역설적으로 가장 수익성이 낮다. 2025년 총 매출은 약 600억 달러로 추정된다.* OpenAI가 약 130억 달러(200억 달러까지 예상), Anthropic이 약 40~50억 달러, Google DeepMind가 20~30억 달러, 나머지는 Meta(Llama)와 수많은 작은 모델 기업들이 나눠 갖는다.

문제는 비용 구조다. OpenAI의 2025년 운영 비용은 약 215억 달러로 추정된다.** 이 중 약 80억 달러가 GPU와 클라우드 비용이며, 약 130억 달러가 연구개발비다. 나머지는 마케팅, 법률 비용, 데이터 라이선스 비용이다. 예상 매출 130억 달러에서 운영 비용 215억 달러를 빼면 85억 달러 손

---

*   https://powerdrill.ai/blog/llm-market-landscape

**   https://www.reuters.com/technology/openais-first-half-revenue-rises-16-about-43-billion-information-reports-2025-09-30/

실이다.

Anthropic은 2024년, 10억 달러 매출에 56억 달러의 현금을 소진해 막대한 손실을 냈다. 2025년 목표 매출액은 90억 달러이며, 운영 비용 약 30억 달러로 추산되어 현금소진 단계에서 벗어날 것으로 보인다. 2024년의 막대한 손실에도 Anthropic이 무너지지 않은 것은 Google과 Amazon의 전략적 투자 덕분이다. Google은 Anthropic에 총 30억 달러를 투자했고, Amazon은 80억 달러를 투자했다. 이 거래들은 지분 취득과 클라우드 서비스 이용 대가로 이뤄진 전략적 투자이다.

왜 모델 기업들은 돈을 잃는가? 두 가지 이유다. 첫째, 학습 및 추론 비용이 너무 높다. GPT-5를 학습하는 데 약 5억 달러가 들었다고 추정된다. 그리고 추론 비용은 더 문제다. 사용자가 증가할수록 추론 비용도 선형적으로 증가한다. 둘째, 가격 경쟁이 치열하다. OpenAI가 가격을 내리면 Anthropic이 더 낮은 가격을 제시한다. Anthropic이 가격을 올리면 Meta의 무료 Llama로 고객이 이동한다.

모델 레이어의 장기 전망은 밝지 않다. 2027년까지는 계속 적자일 것이다. 하지만 2028년쯤, 시장이 통합되면서 일부 생존자는 수익성을 달성할 것이다. 아마도 OpenAI와 Anthropic, 그리고 Google의 Gemini, Microsoft의 Copilot, xAI의 Grok 정도가 살아남을 것이다(Meta의 Llama, 유럽 중심의 Mistral과 같은 오픈소스 LLM 제외). 나머지는 인수되거나 영향력이 미미할 것이다. 그리고 생존자들은 높은 수익성을 달성할 것이다. 하지만 그때까지 버티는 것이 문제다.

애플리케이션 레이어

애플리케이션 레이어는 가장 취약하다. 2025년 총 매출은 약 200억 달러로 추정된다. 이 중 Palantir가 약 44억 달러, Cohere가 약 20억 달러, Cursor가 약 10억 달러, Midjourney가 약 5억 달러, 나머지는 수천 개의 작은 스타트업이 나눠 갖는다.

기업용 AI 플랫폼을 제외한 대부분의 AI 앱은 모델의 API에 의존한다. OpenAI나 Anthropic의 API를 호출하고, 간단한 UI를 제공한다. 이들은 AI의 실핏줄이긴 하지만 차별화가 거의 없고 전환 비용도 거의 없다. 고객이 다른 앱으로 쉽게 옮길 수 있다.

비용 구조는 어떤가? 전형적인 AI 앱의 비용은 약 60%가 API 비용이다. 약 20%가 인건비다. 약 10%가 마케팅비다. 나머지 10%는 인프라, 고객 지원, 기타 운영 비용이다. 문제는 이 구조가 규모가 커져도 개선되지 않는다는 점이다. 오히려 악화된다. 왜냐하면 더 복잡한 사용 사례가 들어오면서, API 호출 횟수가 늘어나기 때문이다.

예외는 있다. Midjourney는 성공했다. 세 가지 이유 때문이다. 첫째, 그들은 자체 모델을 구축했다. API 비용을 내지 않는다. 둘째, 디스코드 커뮤니티라는 네트워크 효과를 만들었다. 셋째, 크리에이터들의 워크플로우에 깊이 통합되었다. 이 세 가지가 결합되어 전환 비용을 만들었다.

애플리케이션 레이어의 장기 전망은 어둡다. 2028년까지 많은 AI 앱 스타트업이 문을 닫을 것으로 예상된다. 하지만 생존자는 매우 강할 것이다. 수직 통합, 네트워크 효과, 또는 깊은 도메인 전문성을 가진 기업들이다. 그들은 단순한 앱이 아니라 플랫폼이 될 것이다.

레이어별 경제성 비교(2025년 기준)

지표	총매출	매출총이익률	영업이익률	R&D 비중	대표 기업 순이익
애플리케이션	$20B	35%	−15%	25%	대부분 적자
모델	$60B	40%	−35%	60%	OpenAI −$1.4B
데이터	$40B	65%	−5%	20%	Snoflake −$500M
인프라	$230B	70%	45%	15%	NVIDIA $60B

하단으로 갈수록 수익성이 높고, 안정적이며, 집중도가 높다. 상단으로 갈수록 수익성이 낮고, 불안정하며, 파편화되어 있다. 이것이 왜 투자자들이 인프라에 몰리는지, 그리고 왜 앱 스타트업들이 펀딩에 어려움을 겪는지 설명해 준다.

밸류체인의 병목: 어디가 막히는가

모든 시스템에는 병목이 있다. 병목은 전체 시스템의 속도를 결정한다. AI 밸류체인의 병목은 어디인가? 그리고 그 병목은 시간에 따라 어떻게 이동하는가?

2023년부터 2025년까지, 병목은 명백히 GPU였다. H100 GPU를 확보하는 것이 모든 AI 기업의 최우선 과제였다. OpenAI는 수만 개의 GPU를 확보하기 위해 Microsfot와 독점 계약을 맺었다. Meta는 2024년에만 약 200억 달러를 GPU 구매에 지출했다. 스타트업들은 GPU 대기 명단에 올라가기 위해 줄을 섰다.

이 병목은 NVIDIA에게 엄청난 권력을 주었다. 그들은 가격을 결정할 수 있었고, 고객을 선택할 수 있었다. H100의 가격은 약 25,000달러였지만, 암시장에서는 40,000달러 이상에 거래되었다. 이것은 공급 부족의 명백한 신호다.

하지만 2026년부터 병목이 이동할 것이다. GPU 공급이 증가하기 시작한다. TSMC가 생산 능력을 확대하고, AMD와 Intel이 경쟁력 있는 칩을 출시하며, Google과 Amazon이 자체 칩 생산을 늘린다. 2026년 말쯤, GPU 병목은 크게 완화될 것이다.

그럼 다음 병목은 어디일까? 데이터가 될 것이다. 더 정확히는, 고품질 학습 데이터. 인터넷의 공개 데이터는 거의 다 사용되었다. Wikipedia, Reddit, GitHub, 뉴스 기사, 블로그 포스트, 모두 이미 여러 번 크롤링되고 학습되었다. 차세대 모델을 학습하려면 새로운 종류의 데이터가 필요하다.

세 가지 데이터 소스가 경쟁할 것이다. 첫째, 독점적 데이터다. Google의 검색 로그, Meta의 소셜 인터랙션, Amazon의 구매 기록. 이것은 외부에서 접근할 수 없다. 따라서 빅테크가 구조적 우위를 가진다. 둘째, 합성 데이터다. AI가 생성한 데이터로 AI를 학습시킨다. 이것은 논란의 여지가 있지만 점점 더 보편화되고 있다. 셋째, 라이선스 데이터이다. 출판사, 뉴스 기관, 전문 데이터 제공업체로부터 구매한 데이터이다. OpenAI는 이미 《뉴욕타임스》, 《월스트리트저널》, AP통신과 계약을 맺었다.

데이터 병목은 2026년부터 2028년까지 지속될 것이다. 이 기간 동안 데이터를 가진 기업이 권력을 가질 것이다. 그리고 2028년 이후 병목은 또

다시 이동할 것이다. 아마도 에너지가 될 것이다. AI 데이터센터는 엄청난 전력을 소비한다. 대규모 GPU 클러스터는 작은 도시만큼의 전력을 사용한다. 재생 에너지 공급이 따라잡지 못하면 전력이 다음 병목이 될 것이다.

병목이 있는 곳에 권력이 있고, 권력이 있는 곳에 돈이 있다. 2023~2025년에는 NVIDIA에 투자하는 것이 최선이었다. **2026~2028년에는 데이터 플랫폼 기업에 투자하는 것이 최선**일 것이다. 2028~2030년에는 에너지 인프라 기업이 유망할 것이다.

수직 통합 vs 수평 분업: 어떤 전략이 승리하는가

밸류체인을 이해하면 다음 질문이 생긴다. 기업은 하나의 레이어에 집중해야 하는가(수평 전략), 아니면 여러 레이어를 통합해야 하는가(수직 전략)?

역사적으로 기술 산업은 수평 분업 시대와 수직 통합 시대를 번갈아 겪었다. PC 시대(1980~2000)는 수평 분업이었다. Intel은 칩을 만들고, Microsoft는 OS를 만들고, 델은 조립을 하고, 소프트웨어 기업들은 애플리케이션을 만들었다. 각자 자기 레이어에 집중했다. 이것은 효율적이었다. 하지만 Apple은 다른 전략을 택했다. 하드웨어, 소프트웨어, 서비스를 모두 통합했다. 그리고 2010년대에 Apple이 승리했다.

스마트폰 시대(2007~현재)는 수직 통합이 지배했다. Apple은 칩(A 시리즈), OS(iOS), 앱 스토어, 하드웨어(iPhone), 서비스(iCloud)를 모두 소유한다. 삼성도 비슷하다. 반도체, 디스플레이, 조립, OS(안드로이드 위에 One UI)

를 통합했다. 수직 통합 기업들이 수평 전문 기업들을 압도했다.

AI 시대는 어떨까? 2026년 현재, 산업은 수평 분업 구조다. NVIDIA는 GPU만, OpenAI는 모델만, Snowflake는 데이터 플랫폼만, 수많은 스타트업은 앱만 만든다. 하지만 이 구조는 불안정하다. 여러 신호가 수직 통합으로의 전환을 가리킨다.

첫 번째 신호는 빅테크의 움직임이다. Google은 모든 레이어를 통합하고 있다. TPU(인프라), Gemini(모델), Google Workspace에 통합된 AI(애플리케이션), 그리고 방대한 독점 데이터. 이것은 완벽한 수직 통합이다. Meta도 비슷하다. 자체 GPU 클러스터, Llama 모델, Facebook·Instagram·WhatsApp에 통합된 AI를 추구한다. Amazon은 Trainium 칩, Bedrock 모델 플랫폼, AWS 인프라, 그리고 Alexa를 통합하고 있다.

두 번째 신호는 독립 기업들의 전략 변화다. OpenAI는 단순한 모델 제공자가 아니라 플랫폼이 되려 한다. GPT 스토어는 애플리케이션 레이어로의 진출이다. 그들은 또한 자체 칩을 개발하려는 시도도 하고 있다. 이것은 인프라 레이어로의 욕망이다. Anthropic도 Claude에 기반한 워크스페이스 개념을 실험하고 있다.

세 번째 신호는 성공한 앱 기업들의 패턴이다. 앞서 말했듯, Midjourney는 자체 모델을 구축했다. Runway도 자체 모델을 개발한다. Character AI도 초기에는 외부 모델을 사용했지만 이제는 자체 모델로 전환했다. 비용 절감뿐 아니라 차별화와 통제 때문이다. 외부 API에 의존하면 경쟁자도 같은 API를 쓴다. 차별화가 불가능하다.

수직 통합 vs 수평 전문화 비교

차원	수평 전문화	수직 통합	2026년 현재	2030년 예상
비용 효율	높음	중간	수평 우위	균형
차별화	낮음	높음	수평 열세	수직 우위
혁신 속도	빠름	느림	수평 우위	균형
마진	중간	높음	혼재	수직 우위
진입장벽	낮음	매우 높음	수평 열세	수직 우위
시장 지배	어려움	가능	수평 열세	수직 우위
리스크	낮음	높음	수평 우위	감내 가능
예시 기업	NVIDIA, OpenAI	Google, Meta	여전히 다수	통합 가속

이 표는 수직 통합이 장기적으로 유리하다는 것을 보여준다. 초기에는 수평 전문화가 효율적이다. 각자 잘하는 것에 집중하고, 빠르게 혁신한다. 하지만 산업이 성숙하면, 차별화가 중요해진다. 그리고 차별화는 통합에서 나온다.

수직 통합에는 조건이 있다. 막대한 자본이 필요하다. Google이 TPU를 개발하는 데 수십억 달러를 투자했다. Meta가 Llama를 학습하는 데 수억 달러를 썼다. 스타트업은 이런 투자를 할 수 없다. 따라서 수직 통합은 주로 빅테크의 전략이 될 것이다.

스타트업의 전략은 부분적 수직 통합이다. 밸류체인 전체를 통합할 수는 없지만, 인접한 두 레이어를 통합할 수는 있다. 예를 들어, AI 앱이 자체 파인튜닝 모델을 만든다. 또는 모델 기업이 특화된 데이터 수집 파이프라인을 구축한다. 이것만으로도 상당한 차별화를 만들 수 있다.

▌지역적 차원: 미국 vs 중국 vs 유럽

지금까지 우리는 글로벌 AI 밸류체인을 하나의 시스템으로 봤다. 하지만 실제로는 지역별로 구조가 다르다. 미국, 중국, 유럽의 AI 밸류체인은 서로 다른 강점과 약점을 가진다.

미국은 전 레이어에서 강하다. 인프라(NVIDIA, AMD, AWS, Azure, GCP), 모델(OpenAI, Anthropic, Google, Meta), 데이터(Scale AI, Snowflake), 애플리케이션(수천 개 스타트업). 특히 인프라와 모델 레이어에서 압도적이다. 약점은 비용이 너무 높다는 것이다. 실리콘밸리 엔지니어의 연봉은 중국이나 인도의 5배 이상이다.

중국은 애플리케이션 레이어에서 매우 강하다. ByteDance(TikTok), Tencent, Alibaba, Baidu 모두 AI를 적극적으로 활용한다. 모델 레이어에서도 빠르게 추격하고 있다. Baidu의 Ernie, Alibaba의 Tongyi, DeepSeek 등이 있다. 하지만 인프라 레이어에서 약하다. 미국의 수출 규제로 최첨단 GPU를 구할 수 없다. NVIDIA H100은 중국에 수출 금지다. 중국은 자체 칩(Huawei Ascend)을 개발하고 있지만, 아직 성능 격차가 크다.

유럽은 규제와 연구에서 강하다. GDPR로 데이터 보호 표준을 세웠고, AI Act로 AI 윤리 논의를 주도한다. 연구 기관(Max Planck Institute, INRIA)도 우수하다. 하지만 상업화에서 약하다. 유럽의 AI 유니콘은 손에 꼽힌다. Mistral(프랑스), Aleph Alpha(독일) 정도이다. 자본이 부족하고, 규제가 과도하며, 시장이 파편화되어 있기 때문이다.

지역별 AI 밸류체인 강점 비교

구 분	미국	중국	유럽	인도, 일본 등
인프라	■■■	👤(규제)	■	■(TSMC)
모델	■■■	■■	■	△(규제)
데이터	■■■	■■■	■■(규제 엄격)	■■
애플리케이션	■■■	■■■	■	■■
VC 활동	매우 활발	활발	보통	활발(인도)
규제 환경	자유	통제적	엄격	혼재
인재 풀	최고	매크 크고 저렴	우수하나 유출	성장 중

이 표가 보여주는 것은, 미국이 여전히 지배적이지만 중국이 빠르게 추격하고 있다는 점이다. 유럽은 뒤처지고 있다. 그리고 인도, 일본, 한국, 이스라엘 같은 국가들은 특정 틈새에서 강점을 보인다.

지역적 차이가 투자자에게 주는 시사점은 분산 투자를 하라는 것이다. 미국에만 투자하면 중국 시장 성장의 혜택을 놓친다. 중국에만 투자하면 규제 리스크에 노출된다. 유럽에도 일부 투자하면 규제 준수 솔루션에서 기회를 찾을 수 있다.

결론: 밸류체인을 지배하는 자가 산업을 지배한다

지금까지 우리는 인프라, 데이터, 모델, 애플리케이션이라는 AI 밸류체인의 4단계를 해부했다. 각 레이어의 경제학, 권력 관계, 그리고 미래 전망을 분석했다.

핵심 발견은 세 가지다.

첫째, 가치 창출과 가치 포획은 반대 방향으로 움직인다. 애플리케이션이 가장 많은 가치를 창출하지만 가장 적게 포획한다. 인프라가 상대적으로 적은 가치를 창출하지만 가장 많이 포획한다. 둘째, 병목이 권력을 결정한다. 2025년 병목은 GPU다. 따라서 NVIDIA가 지배한다. **2027년 병목은 데이터가 될 것이다. 따라서 데이터를 가진 기업이 주목받을 것이다.** 셋째, 장기적으로 수직 통합이 승리한다. 초기에는 수평 전문화가 효율적이지만, 산업이 성숙하면 통합된 기업이 차별화와 마진을 확보한다.

투자자에게 이것은 명확한 전략을 제시한다. 단기(2025~2026)에는 인프라에 투자하라. 중기(2027~2028)에는 데이터 플랫폼에 투자하라. 장기(2029 이후)에는 수직 통합된 AI 플랫폼에 투자하라.

다음 장부터는 각 레이어를 더 깊이 파고들 것이다. 모델 레이어의 경제학, 인프라 레이어의 독점 구조, 그리고 애플리케이션 레이어의 생존 전략을 파헤친다.

밸류체인은 단순한 분석 도구가 아니다. 그것은 권력의 지도다. 그리고 권력의 지도를 읽을 수 있는 자가 AI 시대의 승자가 될 것이다.

✔ Note

AI 투자의 양극화
통계의 이면

　2025년 미국 AI 스타트업에 쏟아진 투자금이 1,590억 달러를 넘어섰다.[*] 이 수치만 보면 AI 산업 전체가 황금기를 맞은 것처럼 보인다. 그러나 숫자 이면을 들여다보면 전혀 다른 풍경이 펼쳐진다.

Big 3 파운데이션 모델로 투자 집중

　Google을 제외하고 OpenAI, Anthropic, xAI로 대표되는 Big 3 파운데이션 모델 기업과 Scale AI가 전체 AI 투자금의 50%에 해당하는 800억 달러를 흡수했다. 특히 OpenAI와 Anthropic 두 회사만으로 전 세계 벤처캐피탈 투자의 14%를 차지한다.

　OpenAI는 소프트뱅크 주도로 400억 달러를 유치하며 기업가치 5,000억 달러에 달하는 역대 최고 가치의 비상장 기업이 됐고, Anthropic은 130억 달러 Series F 라운드로 1,830억 달러 기업가치를 인정받았다. xAI 역시 100억 달러 이상을 조달하며 2,000억 달러 밸류에이션을 기록했다.

메가 라운드 이면의 그늘

　문제는 이들을 제외한 나머지다. 5억 달러 이상 메가라운드가 AI 펀딩의 60%를 차지(기업 수는 약 50여 개)하는 구조에서, 중소형 AI 스타트업들은 오히려 자금 조달에 어려움을 겪고 있다. 이는 '광범위한 펀딩 붐이 아닌 극단적 집중'이다. 파운데이션 모델은 수십억 달러 규모의 훈련 비용이 필요해 자본력 있는 선두 기업만이 경쟁할 수 있고, 이는 더 많은 투자를 유치하는 자기강화 순환을 만들어낸다.

　결국 AI 투자 호황이라는 헤드라인은 Big 3와 Scale AI가 만들어낸 통계적 착시에 가깝다. 수많은 AI 스타트업에게 2025년은 역설적으로 더 혹독한 겨울일 수 있다.

---

[*]　https://news.crunchbase.com/ai/big-funding-trends-charts-eoy-2025/

Chapter 6

모델의 경제학

2024년 3월, OpenAI 본사

샌프란시스코 미션 디스트릭트의 OpenAI 본사. 한 투자자 그룹이 CFO와 미팅을 하고 있었다. 나도 그 자리에 있었다. 우리는 OpenAI의 후속 투자 라운드를 논의하고 있었다. CFO가 프레젠테이션을 시작했다.

"2024년 1분기, 우리 연간 환산 매출은 약 20억 달러입니다. 작년 같은 기간 대비 340% 성장입니다." 인상적인 숫자였다. 하지만 나는 손을 들었다. "운영 비용은?" CFO가 잠시 멈췄다. "약… 연간 35억 달러로 추정됩니다." "그럼 연간 15억 달러 손실이네요?" "네, 하지만 우리는 성장 단계에 있습니다. 규모가 커지면…"

나는 끼어들었다. "규모가 커질수록 손실도 커지지 않나요? 추론 비용은 사용자 수에 비례해서 증가하는데, 가격은 경쟁 때문에 오히려 떨어지고 있습니다. 어떻게 수익성을 달성하실 계획입니까?" 침묵이 흘렀다. CFO가 답했다. "우리는 모델 효율성을 계속 개선하고 있습니다. GPT-5는 GPT-4보다 추론 비용이 40% 낮을 것입니다."

"하지만 그 효율성 개선은 경쟁사들도 동시에 달성하고 있지 않습니까? Anthropic, Google, Meta 모두 비슷한 속도로 발전하고 있습니다. 결국 가격 경쟁 아닙니까?" CFO는 확신에 찬 목소리로 답했다. "우리는 선점자 우위가 있습니다. ChatGPT 브랜드는 이미 '생성형 AI'와 동의어입니다. 그리고 우리는 기업 고객들과 장기 계약을 체결하고 있습니다."

미팅 후, 나는 동료 투자자와 복도를 걸으며 말했다. "OpenAI는 기술적으로는 놀랍다. 하지만 경제적으로는… 걱정이다." 동료가 물었다. "그래도 투자할 건가?" 나는 한숨을 쉬었다. "아마도. 우리 LP들이 원한다. 그리고 만약 우리가 패스하면, 경쟁사가 투자할 것이다. 하지만 이것은 기술 투자가 아니라 브랜드와 생태계에 대한 베팅이다."

모델 레이어의 구조적 문제

AI 모델 기업들은 AI 산업에서 가장 주목받는다. OpenAI, Anthropic, Google DeepMind, Grok, Meta AI. 그들은 최첨단 기술을 개발하고, 놀라운 데모를 선보이며, 수십억 달러의 밸류에이션을 받는다. 하지만 역설적으로, 그들은 경제적으로 가장 취약한 레이어다.

왜 그럴까? 세 가지 구조적 문제 때문이다.

문제 1: 엄청난 고정 비용과 변동 비용의 동시 존재

전통적으로 소프트웨어 비즈니스는 높은 고정 비용과 낮은 변동 비용을 가진다. Microsoft Word를 개발하는 데 수억 달러가 들지만, 한 번 개발되면 추가 사용자를 서비스하는 비용은 거의 0이다. 이것이 소프트웨어의 아름다운 경제학이다. 규모의 경제가 작동한다.

하지만 AI 모델은 다르다. 모델을 개발하는 데 막대한 비용이 든다. GPT-4 학습에 약 1억 달러가 들었다고 추정된다. GPT-5는 5억~10억 달러로 추정된다. 이것은 전통 소프트웨어보다 훨씬 높은 고정 비용이다.

그런데 여기서 끝이 아니다. 사용자가 증가하면 추론 비용도 함께 증가한다. 사용자가 ChatGPT에 질문할 때마다 OpenAI는 GPU를 사용한다. 그리고 그 비용을 지불한다. 사용자 A에게 서비스하는 비용과 사용자 B에게 서비스하는 비용이 거의 같다. 규모의 경제가 작동하지 않는다.

비즈니스 모델별 비용 구조 비교

비즈니스 유형	고정 비용	변동 비용	규모의 경제	예시
전통 소프트웨어	높음	거의 0	강함	Microsoft Word
SaaS	중간	낮음	중간	Salesforce
전자상거래	낮음	높음	약함	Amazon 초기
AI 모델	**매우 높음**	**높음**	**매우 약함**	**OpenAI, Anthropic**
제조업	매우 높음	중간	중간	Tesla

AI 모델은 매우 높은 고정 비용과 높은 변동 비용이라는 최악의 조합이다. 이것은 규모의 불경제를 만든다. 클수록 오히려 더 어려워진다.

문제 2: 가격 경쟁의 레이스 투 더 바텀(Race to the Bottom)

2023년 초, GPT-4 API의 입력 토큰 가격은 100만 개당 30달러였다. 2025년 말에는 1.25달러다(GPT-5). 3년 만에 60% 하락했다. 경쟁 때문이다.

Anthropic이 Claude 3을 출시하며 OpenAI보다 20% 저렴한 가격을 제시했다. Google이 Gemini를 무료로 제공했다. Meta는 Llama를 오픈소스로 공개했다(완전 무료). OpenAI는 대응해야 했다. 가격을 낮췄다. 그러자 Anthropic도 낮췄다. 가격 경쟁이 시작되었다.

문제는, 비용이 같은 속도로 떨어지지 않는다는 것이다. GPU 가격은 여전히 높다. 전력 비용이 증가한다. 인재 경쟁으로 인해 엔지니어 급여도 높다. 가격은 80% 하락했지만, 비용은 50%도 하락하지 않았다. 마진이 압박받는다.

그들은 왜 손해를 보면서도 계속 판매하는가? 시장 점유율 때문이다. '먼저 사용자를 확보하고, 나중에 수익화한다'는 전략이다. 하지만 '나중'은 언제인가? 그리고 모든 경쟁사가 유사한 전략을 쓰고 있다. 과연 누가 수익화에 성공할 수 있는가?

문제 3: 낮은 전환 비용과 브랜드 충성도

소비자 입장에서, OpenAI의 ChatGPT에서 Anthropic의 Claude로 전환하는 데 걸리는 시간은 대부분의 경우 몇 시간이다. API 엔드포인트

URL을 바꾸고, 약간의 프롬프트를 조정하면 끝이다. 데이터를 마이그레이션할 필요도 없다. 사용자 대부분이 월간 구독이므로 계약을 해지할 페널티도 없다.

이것은 모델 기업에게 악몽이다. 고객 락인이 거의 없다. 고객이 '경쟁사가 10% 저렴하네'라고 생각하면, 즉시 전환할 수 있다. 이것이 가격 경쟁을 더욱 격화시킨다.

브랜드 충성도는 어떨까? ChatGPT는 확실히 강력한 브랜드다. Google이 검색의 동의어인 것처럼 'ChatGPT'는 '생성형 AI'와 거의 동의어가 되었다. 하지만 여기에는 중요한 차이가 있다. Google 검색에는 대안이 거의 없었다. 하지만 ChatGPT에는 Claude, Gemini, Llama, 그리고 수십 개의 다른 모델들이 있다.

많은 사람들이 ChatGPT를 먼저 사용해 봐서 익숙해졌기 때문에 계속 사용한다. 그러나 '먼저 사용해 봐서'는 약한 이유다. 만약 경쟁사가 더 나은 가격이나 기능을 제공하면 쉽게 전환할 수 있다. 이것은 건강한 락인이 아니다.

OpenAI의 딜레마: 리더의 저주

OpenAI는 생성형 AI 혁명의 리더다. ChatGPT는 역사상 가장 빠르게 성장한 소비자 제품이다. 하지만 리더는 특별한 부담을 진다.

첫 번째 부담은 가장 높은 기대를 받는다는 것이다. OpenAI의 모든 발표는 혁명적이어야 한다. GPT-4가 GPT-3.5보다 훨씬 나아야 했고 GPT-5는 GPT-4보다 훨씬 나아야 한다. 하지만 개선의 속도는 둔화되고 있다. GPT-3에서 GPT-4로의 도약은 극적이었다. GPT-4에서 GPT-5로는 점진적이다. 그런데 학습 비용은 기하급수적으로 증가한다.

- GPT-3 학습 비용: 약 460만 달러(추정)
- GPT-4 학습 비용: 약 1억 달러(추정)
- GPT-5 학습 비용: 약 5억~10억 달러(추정)

비용은 20배 증가했는데, 성능은 어땠을까? MMLU 벤치마크 기준, GPT-3는 43.9%, GPT-4는 86.4%, GPT-5는 아마 91~92% 정도이다. 86%에서 92%로 가는 것이, 44%에서 86%로 가는 것보다 훨씬 더 비싸다. 수확 체감의 법칙이다.

두 번째 부담은 모든 경쟁자의 타겟이라는 것이다. 시장 리더는 모든 경쟁자가 겨냥하는 과녁이다. Anthropic은 "우리는 OpenAI보다 더 안

전하고 투명합니다"라는 전략을 내세우며, Google은 "우리는 OpenAI 보다 더 통합되고 저렴합니다", Meta는 "우리는 OpenAI와 달리 오픈소 스입니다"를 내세운다. 모두가 OpenAI와의 차별화를 강조한다.

이것은 OpenAI를 방어적 위치에 놓는다. 그들은 안전성, 가격, 개방 성, 통합 등 모든 방향에서 공격받는다. 모든 전선을 방어하려면 막대한 자 원이 필요하다.

OpenAI의 재무 구조 추정(2025년 상반기)

구분	금액	주요 내용
수익(매출)	43억 달러(약 6조 원)	전년 대비 증가 추세 2025년 총 매출 130억~200억 달러 추정
순손실	135억 달러 (약 18조 원)	손실 규모가 크지만, 대부분은 회계상 손실이며 전환이자권 재평가에서 발생
현금 소진(실제)	25억 달러	실제 현금 지출을 나타내며, 순손실 135억 달러와 구별됨
보유 현금 및 증권	175억 달러 (7월 말 기준)	최신 펀딩을 포함한 보유 자금으로, 현재 소진 속도라면 약 3.5년 정도 버틸 수 있다는 분석
R&D 비용	67억 달러	전체 비용 중 가장 큰 비중을 차지하며, 인공지능 연구 및 개발에 막대한 투자를 하고 있음을 시사
Microsoft 지불액	매출의 20% (상반기 25억 달러)	Microsoft와의 협력 계약에 따른 컴퓨팅 파워 사용료 등의 수익 분배

세 번째 부담은 기술적 우위의 일시성이다. OpenAI는 한때 기술적으 로 명백히 앞서 있었다. 2022년 GPT-3.5와 경쟁할 수 있는 모델은 거의

없었다. 하지만 2025년에 Anthropic의 Claude 4.5와 Opus 4.5, Google 의 Gemini 3.0은 GPT-5와 비슷하거나 일부 작업에서는 더 나은 성능을 보인다.

기술 격차가 좁혀지고 있다. AI 연구는 대부분 공개되기 때문이다. 주요 돌파구는 논문으로 발표된다. 인재는 기업 간을 이동한다. OpenAI의 직원들이 회사를 떠나 Anthropic, Cohere, 그리고 수많은 스타트업을 창업했다. 지식이 확산되고 있다.

2026년에 이미 기술적 차별화는 거의 사라지고 있다. OpenAI의 경쟁 우위는 무엇인가? 최초 출현했다는 특징이나 브랜드만으로 충분한가?

OpenAI 매출은 인상적이다(상반기 43억 달러). 하지만 현금 소진이 더 인상적이다(상반기 25억 달러). 월 4억 1,600만 달러를 소진한다. 추가 펀딩이나 Microsoft의 지원이 없다면 그들은 오래 버티지 못한다.

이것이 '리더의 저주'다. 가장 많은 주목을 받지만 가장 많은 압박도 받는다. 가장 높은 기대를 받지만 가장 많은 경쟁에 직면한다. 그리고 그 모든 것을 막대한 자본으로 버텨야 한다.

Anthropic의 전략: 안전한 2등

Anthropic은 흥미로운 위치에 있다. OpenAI의 전 연구원들이 창업했고, OpenAI와 거의 비슷한 기술을 가지고 있다. 하지만 전략은 다르다.

전략 1: Anthropic의 주요 메시지는 "우리는 AI 안전을 최우선으로 합니다(Constitution AI, Constitutional AI)"이다. 그들은 기술 논문만큼이나 안전 논문을 많이 발표한다.

이것은 영리한 포지셔닝이다. 첫째, OpenAI를 간접적으로 비판한다. "우리가 안전을 강조한다는 것은, 다른 누군가는 그렇지 않다는 뜻이다." 둘째, 기업 고객에게 어필한다. 기업들은 규제 리스크를 걱정한다. 안전한 AI가 매력적이다. 셋째, 규제 당국에게 긍정적 인상을 준다.

하지만 이 전략의 한계는 AI의 '안전'을 수치로 측정하기 어렵다는 것이다. 고객이 '이 AI가 저 AI보다 10% 더 안전하다'고 느낄 수 있는가? 아니다. 안전은 추상적이다. 따라서 가격 경쟁에서 차별화 요소가 되기 어렵다.

전략2: 기업 고객 집중. Anthropic은 소비자 제품보다 기업 시장에 집중한다. Claude는 ChatGPT Plus처럼 대중에게 광범위하게 마케팅되지 않는다. 대신, Anthropic은 Goldman Sachs, Bridgewater 같은 대형 기업들과 직접 계약한다.

이것의 장점은 높은 계약 가치, 낮은 이탈률, 예측 가능한 매출이다. 기업 고객은 연간 계약을 하고, 쉽게 전환하지 않는다. 단점은 느린 성장, 높은 영업 비용, 긴 판매 사이클이다.

전략3: 빅테크 파트너에 의존. Anthropic의 주요 투자자는 Google(30억 달러)과 Amazon(80억 달러)이다. 이것은 단순한 투자가 아니다. 전략적 파트너십이다. Google Cloud와 AWS는 Claude를 자신들의 클라우드 플랫폼에 통합한다.

이것의 장점은 막대한 자본, 유통 채널, 인프라 지원을 받는다는 것이다. 단점은 독립성 상실, 파트너 간 이해 충돌 위험이다. 만약 Google과 Amazon이 서로 다른 방향을 원한다면 Anthropic은 누구의 편을 들어야 하는가?

Anthropic의 2025년 목표 매출액은 90억 달러다. 2025년 현금 소진액은 30억 달러로 예상되며, 이는 2024년 56억 달러에서 크게 감소한 수준이다. Anthropic의 안전한 2등 전략은 단기적으로 작동한다. 하지만 장기적으로 차별화를 강화하거나, 더 큰 기업에 인수되거나, 둘 중 하나의 선택에 직면할 것이다.

Meta의 파괴적 전략: 오픈소스 폭탄

Meta(Facebook)의 AI 전략은 근본적으로 다르다. 그들은 Llama 모델을 완전히 무료 오픈소스로 공개했다. 왜 그랬을까?

첫째, Meta는 AI를 판매하지 않는다. OpenAI와 Anthropic의 비즈니스 모델은 AI API를 파는 것이다. 하지만 Meta의 비즈니스 모델은 광고다. AI는 그들에게 비용 센터이지 수익 센터가 아니다.

Meta는 AI를 Facebook, Instagram, WhatsApp의 사용자 경험을 개선하여 더 나은 콘텐츠 추천, 더 정확한 광고 타게팅을 위해 사용한다. 또한 크리에이터 도구를 제공하여 Meta 플랫폼에서 콘텐츠를 만들고, 더 오래 머물며, 더 많은 광고를 보도록 한다. AI 자체를 팔 필요가 없다면 오픈소스로 공개하는 것이 전략적으로 합리적이다.

둘째, 외부 개발자를 활용하는 전략이다. Llama가 오픈소스이므로 전 세계 개발자들이 그것을 개선한다. 버그를 찾고, 새로운 기능을 추가하며, 다양한 사용 사례를 탐색한다. Meta는 그 모든 혁신을 무료로 얻는다. 2025년 말, Llama 3.1은 수천 명의 외부 기여자가 참여하고 있다. Meta가 혼자 했다면 아마 수억 달러의 추가 R&D 비용이 들었을 것이다.

셋째, 유료 모델 시장을 파괴하는 것이다. 이것이 가장 교묘한 전략이다. Llama가 무료고 성능이 GPT-4와 비슷하다면 누가 OpenAI에 돈을 낼까? 물론 일부 기업은 여전히 지불한다(지원, 신뢰성, 규제 준수 때문에). 하지만 중소기업과 개발자들은 Llama로 충분하다.

이것은 OpenAI와 Anthropic에게 악몽이다. 그들은 가격을 낮춰야 한다. 하지만 Meta는 신경 쓰지 않는다. Meta의 전략은 냉혹하지만 효과적이다. 그들은 AI 모델 시장을 일용품화하고 있다.

Google과 Microsoft: 통합의 힘

Google과 Microsoft는 다른 카테고리다. 그들은 순수한 '모델 기업'이 아니다. 그들은 플랫폼 기업이며, AI는 그 플랫폼의 한 구성 요소다.

Google의 전략: 검색과 워크스페이스 통합

Google에게 AI는 두 가지 목적을 가진다. 첫째, 검색을 개선한다. Gemini를 검색 결과에 통합하여 더 나은 답변을 제공한다. 둘째, Google

Workspace(Gmail, Docs, Sheets)를 강화한다.

Gcogle의 비즈니스 모델은 여전히 광고다. AI는 사용자를 Google 생태계에 더 오래 머물게 한다. 더 많은 시간 = 더 많은 광고 노출 = 더 많은 수익이 된다. AI 자체가 돈을 벌 필요는 없다. 하지만 Google은 개발자들에게 Gemini API도 판다. 생태계를 확장하려는 의도이다. 더 많은 앱이 Gemini를 사용하면 Google Cloud 의존도가 높아진다. 그리고 Google Cloud는 돈을 번다.

Gcogle의 2024년 AI 관련 매출은 추정하기 어렵다. 검색 광고 매출 증가분 중 얼마가 AI 덕분인지 분리할 수 없다. Gemini API 직접 매출은 아마 20억~30억 달러 정도일 것이다. 하지만 간접 효과(검색 개선, Workspace 구독 증가)까지 포함하면 훨씬 더 클 것이다.

Microsoft의 전략: OpenAI 임베딩

Microsoft는 OpenAI에 100억 달러 이상을 투자했다. 하지만 이것은 단순한 재무 투자가 아니다. 전략적 파트너십이다. Microsoft는 OpenAI 모델을 자신의 모든 제품에 통합하고 있다.

- Windows Copilot: 윈도우 운영 체제에 AI 어시스턴트
- Microsoft 365 Copilot: Office 앱에 AI 기능
- GitHub Copilot: 코드 작성 지원
- Azure AI: 클라우드 고객에게 OpenAI 모델 제공

Microsoft의 목표는 두 가지다. 첫째, 기존 제품의 가치를 높인다. AI를 통합하여 Microsoft 365 구독료를 월 10달러에서 30달러로 올릴 수 있다면 그것은 막대한 매출 증가다. 둘째, Azure 성장을 가속화한다. 기업들이 AI를 사용하려면 클라우드가 필요하다. 그리고 Microsoft는 "우리는 OpenAI와 가장 통합되어 있습니다"라고 말할 수 있다.

Microsoft의 2024 회계연도 AI 관련 매출은 추정치로 약 100억 달러다. 하지만 이것도 불완전한 숫자다. Microsoft 365 Copilot이 얼마나 많은 구독 증가를 만들었는지 정확히 알 수 없다.

Google과 Microsoft의 공통점이 있다. 그들은 AI 모델을 수익 센터가 아닌 전략적 자산으로 본다. 직접 수익이 중요한 게 아니라, 생태계 강화가 중요하다. 이것은 OpenAI나 Anthropic과 같은 순수 모델 기업과 완전히 다른 경제학이다.

모델 기업의 생존 전략

그렇다면 순수 모델 기업들은 어떻게 생존할 수 있는가? 다섯 가지 전략이 있다.

전략 1: 수직 통합 – 애플리케이션으로 이동

API를 파는 것을 넘어서, 직접 애플리케이션을 만든다. OpenAI의 ChatGPT Enterprise가 이 전략이다. 단순히 API를 제공하는 게 아니라,

팀 협업, 데이터 격리, 관리 콘솔, 보안 기능과 같은 완전한 엔터프라이즈 솔루션을 제공한다.

이것의 장점은 더 높은 가격을 받을 수 있다는 것이다. API는 토큰당 과금이지만, 엔터프라이즈 솔루션은 사용자당 월 60~100달러를 받을 수 있다. 그리고 전환 비용이 높아진다. 기업이 전체 팀을 ChatGPT Enterprise에 온보딩하면 다른 솔루션으로 옮기기 어렵다.

하지만 영업과 지원 비용이 급증하는 단점이 있다. 엔터프라이즈 고객은 까다롭다. 그들은 커스터마이징, 통합, 하루 24시간/주 7일 내내 중단 없이 제공되는 고객 지원 체계를 요구한다. 이것은 마진을 잠식한다.

전략 2: 특화 – 수평이 아닌 수직

범용 모델을 파는 대신, 의료 AI, 법률 AI, 금융 AI와 같은 특정 산업에 특화된 모델을 판다. 각각은 해당 산업의 데이터로 파인튜닝되고, 규제를 준수하며, 도메인 전문성을 가진다.

이것의 장점은 높은 가격, 낮은 경쟁이다. 범용 GPT-4는 1,000 토큰당 0.3달러이지만, 의료 특화 모델은 토큰당 0.5달러를 받을 수 있다. 규제 준수(HIPAA), 의료 전문 지식, 그리고 '안전'에 대한 프리미엄 때문이다.

단점은 시장 규모가 작다. 범용 모델의 총 전체 시장 규모는 수천억 달러다. 하지만 의료 AI 모델은 수십억 달러에 그친다. 특화는 집중을 의미하지만 동시에 제한을 의미한다.

전략 3: 데이터 플라이휠 구축

고객의 사용 데이터를 수집하고, 그것으로 모델을 개선하며, 개선된 모델이 더 많은 고객을 끌어들인다. 이것은 네트워크 효과의 한 형태다.

하지만 여기에는 큰 장애물이 있다. 프라이버시다. 기업 고객은 자신의 데이터가 다른 고객의 모델 개선에 사용되는 것을 원하지 않는다. 특히 경쟁사가 혜택을 받는다면 더욱 그렇다. 따라서 대부분의 엔터프라이즈 계약은 데이터 격리를 요구한다. 고객의 데이터는 그 고객만을 위해 사용된다.

일부 모델 기업들은 이것을 해결하려 한다. "우리는 개별 데이터를 사용하지 않고, 집계된 패턴만 학습합니다." "모든 데이터는 익명화됩니다." 하지만 고객들은 회의적이다. 그리고 규제(GDPR, CCPA)가 점점 더 엄격해진다.

전략 4: 하드웨어로 내려가기

소프트웨어뿐 아니라 하드웨어까지 통합한다. 자체 AI 칩을 개발하거나, GPU 클러스터를 소유한다. 이것은 Apple의 전략이다.

OpenAI는 NVIDIA GPU 의존도를 낮추고 AI 연산 비용을 줄이기 위해 자체 AI 칩(커스텀 가속기) 개발을 추진해 왔다. Broadcom과 협력해 설계를 진행하고, 생산은 TSMC 같은 파운드리에 맡기는 전략이다. 일부 모델 기업은 다른 접근을 시도한다. 칩 개발이 아니라 칩 최적화다. 특정 GPU를 위해 모델을 극도로 최적화하여 추론 비용을 낮춘다. 이것은 더 현실적이다.

전략 5: 빅테크에 인수되기

궁극적으로, 많은 모델 기업의 운명은 인수다. 독립적으로 수익성을 달성하는 것이 너무 어렵다면 더 큰 생태계의 일부가 되어 살아남는 것이다.

Google이 DeepMind를 인수한 것과 Microsoft가 Nuance(의료 AI)를 인수한 것처럼, Amazon이 언젠가 Anthropic을 완전히 인수할 수도 있다. 인수는 실패가 아니다. 많은 경우, 그것이 최선의 결과다. 팀은 안정성을 얻고, 기술은 더 넓은 플랫폼에서 영향력을 발휘하며, 투자자는 엑시트를 얻는다. 하지만 독립 기업으로서의 꿈은 끝난다.

결론: 모델 기업의 역설

이 장에서 우리는 AI 모델 레이어의 경제학을 해부했다. 그리고 놀라운 역설을 발견했다.

- **역설 1**: 모델 레이어는 가장 혁신적이지만, 가장 수익성이 낮다. OpenAI, Anthropic, Google DeepMind는 AI 혁명의 최전선에 있다. 그들의 기술은 놀랍다. 하지만 그들의 재무제표는 빨간색이다.
- **역설 2**: 가장 주목받지만, 가장 권력이 약하다. 모든 미디어가 ChatGPT에 대해 이야기한다. 하지만 진짜 권력은 어디에 있는가? NVIDIA(GPU 공급), Microsoft(자본과 유통), Google(데이터와 생태계)에 있다. 모델 기업들은 이들에게 의존한다.

- **역설 3:** 가장 빠르게 성장하지만, 가장 불안정하다. OpenAI의 매출은 2년 만에 0에서 38억 달러로 성장했다. 하지만 그들의 미래는 아직까지 Microsoft의 지원과 대규모 펀딩에 달려 있다. Microsoft의 지원이 멈추거나 대규모 펀딩을 받지 못하면 10개월밖에 버티지 못한다.

모델 레이어의 근본적인 문제는 가치 포획의 실패다. 그들은 엄청난 가치를 창출한다. ChatGPT는 수억 명의 생산성을 높인다. 하지만 그 가치의 대부분을 포획하지 못한다. 가격 경쟁, 높은 비용, 낮은 전환 비용이 결합되어 마진을 파괴한다.

투자자에게 주는 교훈은 이것이다. 모델 기업에 투자하는 것은 기술에 투자하는 것이 아니라, 생태계 전쟁에 투자하는 것이다. OpenAI에 투자하는 것은 OpenAI의 기술에 투자하는 게 아니라, Microsoft의 전략적 의지에 투자하는 것이다. Anthropic에 투자하는 것은 Google과 Amazon의 협력에 투자하는 것이다.

창업자에게 주는 교훈도 분명하다. 순수한 모델 기업으로 시작하지 마라. 처음부터 수직 통합을 계획하라. 애플리케이션이나 범용 모델 API를 파는 것은 이미 레드 오션이다.

다음 장에서는 데이터 레이어를 다룬다. 모델이 '두뇌'라면, 데이터는 '음식'이다. 그리고 음식을 통제하는 자가 진짜 권력을 가진다. 데이터의 경제학, 데이터 독점의 메커니즘, 그리고 2027년 데이터 전쟁의 승자를 예측한다.

Chapter 7

데이터 권력

2024년 7월, 뉴욕타임스 vs OpenAI

맨해튼 연방법원.《뉴욕타임스》는 OpenAI와 Microsoft를 상대로 저작권 침해 소송을 제기했다. 주장은 간단했다. "OpenAI는 우리의 수백만 개 기사를 무단으로 크롤링하여 GPT 모델을 학습시켰습니다. 이것은 저작권 침해입니다."

OpenAI의 변호인은 반박했다. "우리의 사용은 변형적(transformative) 입니다. 우리는 기사를 복제하지 않습니다. 우리는 언어 패턴을 학습합니다. 이것은 공정 사용(fair use)입니다." 판사는 판결을 보류했다. 이 케이스는 AI 산업의 미래를 결정할 수 있었다.

하지만 법정 밖에서 더 흥미로운 일이 일어나고 있었다. OpenAI는 조용히 다른 뉴스 기관들과 라이선스 계약을 체결하고 있었다. AP통신 및 악셀 스프링거(Axel Springer)와 계약을 맺어 콘텐츠를 AI 학습과 ChatGPT 에 활용기로 했다. 계약금액은 비밀에 부쳐졌다. 뉴욕타임스조차 소송을 제기하면서도 뒤에서는 협상을 진행하고 있었다. 이것은 데이터가 권력이 되고 있다는 것을 의미한다. 공개 웹 데이터는 고갈되었다. 차세대 모델을 학습하려면 독점적이고 고품질의 데이터가 필요하다. 그리고 그 데이터는 더 이상 무료가 아니다.

한 AI 기업 CEO는 이렇게 말했다. "2022년에는 웹을 크롤링하면 충분했습니다. 하지만 이제는 고품질 콘텐츠가 저작권으로 보호되고, 웹사이트는 robots.txt로 크롤링을 차단합니다. 우리는 데이터 라이선스에 연간 수천만 달러를 지출하고 있습니다. 그리고 그 비용은 계속 증가합니다."

데이터는 새로운 석유다. 아니, 더 정확히는 새로운 토지다. 제한적이고, 소유 가능하며, 권력의 기반이다.

데이터의 세 가지 유형과 권력 구조

모든 데이터가 평등하지 않다. AI 산업에서 데이터는 세 가지 유형으로 나뉜다. 그리고 각 유형은 다른 경제학과 권력 구조를 가진다.

유형 1: 공개 데이터 (Public Data)
뉴스 기사, Wikipedia, Reddit, GitHub, 블로그 글과 같이 인터넷에 공

개적으로 접근 가능한 데이터이다. 2015~2022년에는 이것이 AI 모델 학습의 주된 원천이었다. GPT-2, GPT-3, 초기 Stable Diffusion 모델은 모두 공개 웹 데이터로 학습되었다. 하지만 2026년, 공개 데이터의 시대는 끝났다. 세 가지 이유 때문이다.

첫째, 고품질 데이터의 고갈이다. 인터넷의 고품질 텍스트는 유한하다. Epoch AI의 2024년 연구에 따르면 '언어 모델 학습에 적합한 고품질 공개 텍스트는 2026년경 고갈될 것'이라고 예측했다.

둘째, 저작권자의 반발이다. 《뉴욕타임스》, Getty Images, Reddit, Stack Overflow 등이 AI 기업을 상대로 소송을 제기하거나 크롤링을 차단했다. robots.txt 파일로 AI 크롤러를 막는 웹사이트가 급증했다.

셋째, 데이터 오염이다. 역설적으로 AI가 성공하면서 웹이 AI 생성 콘텐츠로 오염되었다. 2025년 추정치로 웹의 약 15~20%가 이미 AI가 생성한 콘텐츠다. AI로 AI를 학습시키면 모델 붕괴(Model Collapse)가 발생한다. 세대를 거듭할수록 품질이 떨어지고, 환각이 증가하며, 다양성이 감소한다.

공개 데이터의 고갈과 품질 변화

연도	고품질 텍스트	AI 생성 콘텐츠 비율	크롤링 가능 사이트	데이터 비용
2020	~45T 토큰	〈1%	대부분 개방	거의 무료
2022	~50T 토큰(피크)	약 3%	대부분 개방	여전히 저렴
2024	~42T 토큰	약 18%	30% 차단	급증(수백만 달러)
2026(예측)	~35T 토큰	약 35%(예상)	50% 차단(예상)	매우 고가
2028(예측)	~25T 토큰	약 50%(예상)	70% 차단(예상)	금지적 수준

유형 2: 라이선스 데이터 (Licensed Data)

전문 콘텐츠 제공자로부터 합법적으로 구매하는 데이터이다. 뉴스 기관, 출판사, 학술 데이터베이스, 전문 포럼이 해당한다. 2024~2025년, 이 것이 주류가 되었다. OpenAI는 2024년에만 데이터 라이선스에 약 1억~2억 달러를 지출한 것으로 추정된다. Anthropic, Google, Microsoft 도 비슷한 금액을 지출했다. 주요 계약은 다음과 같다.

- OpenAI ↔ AP통신: 연간 $2.5M (2년/추정)
- OpenAI ↔ Axel Springer: $50M (5년/추정)
- Google ↔ Reddit: $60M/년
- Apple ↔ News Corp: $50M+/년 (협상 중)

이것은 완전히 새로운 비즈니스다. 뉴스 기관들은 수십 년간 디지털 전환과 함께 광고 매출 감소로 고통받았다. 이제 그들은 예상치 못한 새로운 수익원을 발견했다. 자신들이 축적해 온 방대한 아카이브를 AI 기업에 라이선스하는 것이다.

이것은 AI 기업에게 문제다. 첫째, 비용이 급증한다. 둘째, 데이터 제공자가 협상 지렛대를 얻는다. "우리 콘텐츠 없이는 좋은 모델을 만들 수 없죠? 그럼 가격을 올립니다." 셋째, 독점 계약이 발생할 위험이다. 만약《뉴욕타임스》가 Google에만 독점 라이선스를 준다면 OpenAI는 큰 불이익을 받는다.

유형 3: 독점 데이터(Proprietary Data)

기업이 자체적으로 생성하거나 수집한 데이터이다. Google의 검색 데이터, Meta의 소셜 데이터, Amazon의 쇼핑 데이터, Tesla의 주행 데이터가 해당한다. 이것은 가장 강력한 유형이다. 왜냐하면 구매할 수 없기 때문이다.

Google은 매일 수십억 건의 검색 쿼리를 받는다. 사용자들이 무엇을 원하는지, 어떻게 질문하는지, 어떤 결과를 클릭하는지 알 수 있다. 이 모든 것이 데이터다. 그리고 이것은 Google만의 것이다. OpenAI가 돈을 내도 살 수 없다.

Meta는 누가 누구와 친구인지, 무엇을 좋아하는지, 어떤 콘텐츠를 공유하는지 매일 수십억 명의 상호작용 데이터를 수집한다. 이것으로 Meta는 강력한 추천 알고리즘을 만든다. 그리고 Llama 모델을 학습시킨다. 이데이터는 어떤 경쟁사도 돈으로 살 수 없는 자산이다.

독점 데이터의 권력은 복제 불가능성에 있다. 경쟁사가 따라잡을 수 없다. 이것이 진짜 해자다.

데이터 플라이휠: Google의 20년 해자

Google이 검색에서 지배적인 이유는 무엇인가? 더 나은 알고리즘? 아니다. Bing, DuckDuckGo도 좋은 알고리즘을 가지고 있다. 더 나은 인프라? 부분적으로 맞지만 Microsoft도 훌륭한 인프라를 가지고 있다.

진짜 이유는 데이터 플라이휠*이다. 메커니즘은 이렇다.

1. 더 많은 사용자 → 더 많은 쿼리 데이터
2. 더 많은 쿼리 데이터 → 더 나은 검색 결과
3. 더 나은 검색 결과 → 더 많은 사용자
4. 반복

이것은 자기 강화 순환이다. 그리고 선점자 우위가 압도적이다. Google은 1998년부터 이 플라이휠을 돌려왔다. 26년간의 누적 쿼리 데이터가 있다. 이것은 Bing이 10년을 따라잡아도 도달할 수 없는 규모다.

숫자로 보자. 2024년 자료에 의하면 Google은 하루 85억 건 검색이 이루어지고 Bing은 하루 9억 건의 검색이 이루어진다. Google이 Bing보다 9.4배나 많다. Google은 매일 76억 건의 추가 데이터를 얻는다. 1년이면 2조 7,700억 건. 10년이면 27조 7,000억 건이다. 이 격차는 좁혀지지 않고 오히려 벌어진다.

그리고 이제 Google은 이 플라이휠을 AI에 적용하고 있다. Gemini를 검색에 통합하면 더 많은 사용자가 Google을 사용한다. 더 많은 사용자는 더 많은 AI 상호작용 데이터를 생성한다. 이 데이터로 Gemini를 개선한다. 개선된 Gemini가 더 많은 사용자를 끌어들인다.

---

* 사용자가 늘수록 데이터가 축적되고, 그 데이터로 서비스 품질이 개선되며 다시 더 많은 사용자를 끌어들이는 선순환 구조를 말한다. 이 과정이 반복되면서 경쟁사가 따라오기 어려운 지속적 성장과 진입장벽이 형성된다.

빅테크의 독점 데이터 자산 비교

기업	주요 데이터	일일 데이터 생성	데이터 유형	플라이휠 강도
Google	검색, YouTube, Maps	85억 검색, 200억 시청	텍스트, 오디오, 지도, 행동	매우 강함
Meta	Facebook, Instagram	30억 일일 활성 사용자	상호작용, 소셜, 행동 선호도	매우 강함
Amazon	쇼핑, AWS, Alexa	수억 거래, 수십억 클라우드 이벤트	구매, 리뷰, 클라우드 로그	강함
Microsoft	Windows, Office, LinkedIn	수억 문서 편집, 10억 프로필	생산성, 직업	강함
Apple	IOS, App Store, iMessage	수억 기기, 수조 사용작용	사용자 행동	중간
OpenAI	ChatGPT, API	2억 주간 사용자, 수십억 대화	대화, 쿼리	약함 (격리요구)
Anthropic	Claude, API	수천만 사용자, 수억 대화	대화, 쿼리	약함 (격리요구)

Google과 Meta는 독점 데이터에서 압도적이다. 그들의 플라이휠은 수십 년간 돌아왔고, 매일 더 강해진다. 반면 OpenAI와 Anthropic은 데이터 축적에 구조적 한계가 있다.

OpenAI는 이 플라이휠을 가지고 있지 않다. ChatGPT 사용자는 많다 (약 8억 명 월간 활성 사용자). 하지만 데이터 활용에 제약이 있다. 대부분의 엔터프라이즈 고객은 "내 데이터를 다른 고객의 모델 개선에 사용하지 마라"는 데이터 격리를 요구한다. 따라서 OpenAI는 데이터를 축적하지만 플라이휠을 완전히 돌릴 수 없다.

이것이 OpenAI가 ChatGPT를 검색 엔진으로 확장하려는 이유다.

ChatGPT Search는 단순히 기능 추가가 아니다. 데이터 플라이휠을 만들려는 전략적 시도다. 하지만 Google의 26년 선점 우위를 극복할 수 있을지 의문이다.

합성 데이터: 해결책인가, 환상인가

공개 데이터가 고갈되자 AI 기업들은 새로운 아이디어를 탐색하고 있다. 합성 데이터(Synthetic Data)다. 개념은 이렇다. AI로 학습 데이터를 생성한다. GPT로 수백만 개의 질문-답변 쌍을 만든다. Stable Diffusion으로 수백만 개의 이미지를 생성한다. 그리고 그것으로 다음 세대 모델을 학습시킨다.

이것은 무한한 규모로 원하는 만큼 데이터를 생성할 수 있으며, 모든 것이 AI가 만든 것이므로 저작권 문제가 없다. 또한 특정 도메인이나 작업에 특화된 데이터를 맞춤화하여 생성할 수 있다.

2026년, 많은 AI 기업이 합성 데이터를 실험하고 있다. OpenAI는 GPT-5 훈련에 모델 생성 데이터(synthetic data)를 일부 사용했다고 암시했다. Anthropic도 유사한 접근을 취하고 있다.

하지만 합성 데이터에는 심각한 한계가 있다.

첫째, 모델 붕괴 우려다. 2023년 여러 연구가 이것을 증명했다. AI 생성 데이터로 학습된 모델은 세대를 거듭할수록 품질이 떨어진다. 다양성이 감소하고, 특정 패턴에 과적합되며, 환각이 증가한다.

비유하자면, 이것은 근친교배와 같다. 초기에는 괜찮아 보이지만, 여러 세대를 거치면 유전적 결함이 누적된다. 2024년 한 연구는 "합성 데이터를 많이 섞을수록 성능이 점점 악화되고, 잘못 설계된 워크플로우에서는 분포 왜곡·환각 증가 같은 품질 저하가 누적될 수 있다"라고 경고한다.[*]

둘째, 인간미의 부족이다. GPT-4가 생성한 대화는 진짜 인간 대화가 아니다. 인간이 표현하는 말의 미묘한 차이, 실수, 비논리성, 감정과 같은 것들이 빠져 있다. 그 결과 학습된 모델도 너무 완벽하고, 너무 기계적이다. 이러한 과도한 정제는 오히려 사용자들이 실제 대화에서 기대하는 자연스러움과의 괴리를 만들어낸다.

셋째, 새로운 지식의 부재다. 합성 데이터는 기존 모델이 아는 것만 재생산할 수 있다. 새로운 사실, 새로운 통찰, 새로운 창의성은 나오지 않는다. GPT-4는 2021년 9월 이후의 사건을 모른다. 따라서 GPT-4가 생성한 합성 데이터에는 2021년 9월 이후의 정보가 없다. 이것으로 GPT-5를 학습시키면 GPT-5도 2021년 9월 이후를 모르게 된다.

일부 연구자들은 '혼합 전략'을 제안한다. 80% 실제 데이터와 20% 합성 데이터를 섞는 것이다. 이것은 모델 붕괴를 늦출 수 있다. 하지만 근본적인 문제는 해결하지 못한다. 실제 데이터는 여전히 필요하다. 그리고 그것은 점점 더 비싸지고, 접근하기 어려워진다.

---

[*]   Kazdan, J., Schaeffer, R., Dey, A., Gerstgrasser, M., Rafailov, R., Donoho, D. L., & Koyejo, S. (2024). Collapse or thrive? Perils and promises of synthetic data in a self-generating world (arXiv:2410.16713). arXiv. https://doi.org/10.48550/arXiv.2410.16713

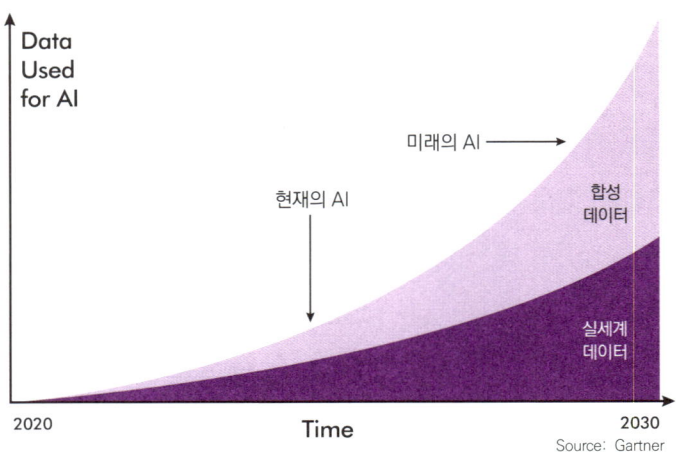

AI 모델 학습에 사용되는 데이터의 패러다임 변화 예측

데이터 독점의 미래: 누가 승리하는가

2026~2027년, AI 산업에서 누가 데이터 우위를 가질 것인가? 내 예측은 세 가지 계층이다.

계층 1: 절대 지배자(Google, Meta)

Google과 Meta는 이미 이겼다. 그들의 독점 데이터는 복제 불가능하다. 수십 년간 축적된 검색, 소셜, 행동 데이터가 있다. 그리고 매일 수십억 건의 새로운 데이터가 추가된다.

그들의 전략은 간단하다. 데이터를 팔지 않는다. 대신, 데이터를 활용하여 자체 AI를 만든다. 그리고 그 AI를 자신들의 플랫폼에 통합한다. 경쟁사는 따라올 수 없다. 2027년까지 예상을 해 보자면 Google과 Meta의 AI 모델은 다른 모든 모델보다 특정 도메인(검색, 소셜)에서 우수할 것이다. 왜냐하면 데이터가 압도적으로 많기 때문이다.

계층 2: 전략적 협력자(Microsoft, Amazon, Apple)

Microsoft, Amazon, Apple은 독점 데이터가 적다. 하지만 그들은 영리한 전략을 택했다. 파트너십과 통합이다.

Microsoft는 OpenAI와 파트너십을 맺고, OpenAI의 데이터에 접근한다(어느 정도). Amazon은 Anthropic에 투자하고, AWS 고객 데이터를 활용한다. Apple은 프라이버시 때문에 데이터를 덜 수집하지만, 기기 내(on-device) AI에 집중한다. 사용자 데이터가 기기를 떠나지 않으므로 프라이버시 문제가 없다.

계층 3: 데이터 빈곤층(OpenAI, Anthropic, 대부분의 AI 스타트업)

순수 모델 기업들은 데이터 접근에서 가장 취약하다. 그들은 세 가지 옵션밖에 없다.

첫째, 비싼 라이선스비를 주고 구매하는 것이다. 하지만 이것은 지속 불가능하다. 데이터 제공자들이 가격을 계속 올린다. 그리고 모든 경쟁사가 같은 데이터를 살 수 있다면 차별화가 없다.

둘째, 자체 데이터 수집 플랫폼을 구축하는 것이다. OpenAI가 ChatGPT Search를 만드는 이유다. 하지만 이것은 시간이 걸린다. 그리고 Google과의 격차는 이미 너무 크다.

셋째, 범용 모델을 포기하고, 의료, 법률, 금융과 같은 특정 도메인에 집중하는 것이다. 해당 도메인의 데이터를 확보하고, 틈새 시장을 지배한다. 이것이 가장 현실적인 전략일 수 있다.

OpenAI와 Anthropic은 여전히 생존하지만, Microsoft와 Google의 영향력 아래에 놓이게 될 것이다. 독립 전략보다 플랫폼에 통합되는 것이 더 합리적이기 때문이다. 대부분의 작은 AI 스타트업은 데이터 접근 부족으로 고전할 것이다.

데이터 전쟁의 승자: 통합과 폐쇄

이 장을 통해 우리는 데이터가 AI 산업에서 가장 중요한 자산이라는 것을 확인했다. 모델은 복제 가능하다. 알고리즘은 공유된다. 인재는 이동한다. 하지만 독점 데이터는 복제 불가능하고, 시간과 함께 축적되며, 진짜 해자를 만든다.

2027년의 AI 산업을 예측하면, 데이터 권력의 통합과 폐쇄가 가속화될 것이다.

- **통합:** 소수의 빅테크(Google, Meta, Microsoft, Amazon)가 데이터를 독점한다. 그들은 수십억 사용자, 수십 년의 축적, 그리고 막대한 자본을 가지고 있다. 나머지 기업들은 그들에게 의존하거나 사라진다.
- **폐쇄:** 데이터 공유가 줄어든다. 과거에는 많은 데이터가 공개되거나 저렴

하게 라이선스되었다. 하지만 이제 데이터 소유자들은 그것의 가치를 안다. 그들은 가격을 올리거나, 아예 판매를 거부한다. "이 데이터는 우리만의 경쟁 우위다. 경쟁사에게 팔지 않겠다."

이것이 투자자에게 주는 교훈은 하나다. 데이터를 가진 기업에 투자하라. 순수 모델 기업(OpenAI, Anthropic)은 기술적으로 인상적이지만, 데이터 접근이 취약하다. 반면 플랫폼 기업(Google, Meta, Microsoft, Amazon)은 데이터 해자를 가지고 있다. 장기적으로 데이터 해자가 기술 우위를 이긴다.

지금 기억해야 할 것은 하나다. AI 산업에서 '데이터는 새로운 석유'라는 말이 있다. 그러나 이것은 불완전한 비유다. 석유는 채굴하면 고갈된다. 하지만 데이터는 사용할수록 더 많아진다(플라이휠). 그리고 더 가치 있어진다. 따라서 데이터는 석유보다 더 강력하다. 데이터는 새로운 토지다. 제한적이고, 소유 가능하며, 권력의 영구적 기반이다.

다음 장에서는 GPU, 클라우드, 네트워킹과 같은 인프라 레이어를 다룬다. 화려하지 않지만, AI 산업의 진짜 돈이 모이는 곳이다. 그리고 NVIDIA 한 기업이 이 레이어를 거의 독점하고 있다. 어떻게 그들이 이렇게 강력해졌는지, 그리고 누가 그들에게 도전할 수 있는지 분석한다.

Chapter 8

인프라의 황금기

2024년 5월, NVIDIA 실적 발표

산타클라라 NVIDIA 본사. 젠슨 황 CEO가 실적 발표 컨퍼런스 콜에 들어섰다. 그의 첫 문장은 간단했다. "2024년 1분기 매출은 260억 달러입니다. 전년 동기 대비 262% 증가했습니다."

월스트리트가 열광했다. 한 분기에 260억 달러라니. 이것은 많은 Fortune 500 기업의 연간 매출보다 많았다. 그리고 262%의 성장률은 더 경이로웠다. 성숙한 반도체 기업이 이런 성장률을 보이는 것은 전례가 없었다. 하지만 더 놀라운 것은 마진이었다. 영업이익률은 62%였다. 이것은 소프트웨어 회사 수준이었다. 하드웨어 회사는 보통 10~20% 마진을 가진다.

NVIDIA CEO 젠슨 황

소스: NVIDIA Press Kit

CFO가 세그먼트별 실적을 발표했다. "데이터센터 부문 매출은 226억 달러입니다. 이는 전체 매출의 87%를 차지합니다. 전년 대비 427% 증가했습니다." 데이터센터. 즉, AI 칩이다. NVIDIA의 H100 GPU. 하나당 가격이 2만~4만 달러다. 그리고 전 세계가 사려고 줄을 서 있다.

애널리스트가 질문했다. "납품 대기 시간은 얼마나 됩니까?" 젠슨이 답했다. "현재 주문을 하면, 납품은 8~12개월 후입니다. 수요가 공급을 크게 초과하고 있습니다." 8~12개월. 이것은 전례가 없는 공급 부족이었다. 그날 NVIDIA 주가는 9.3% 상승했다. 시가총액은 2조 3천억 달러를 넘어섰다. 젠슨 황의 개인 순자산은 약 1천억 달러가 되었다. 그는 세계에서 10번째 부자가 되었다.

나는 그날 저녁 한 AI 기업 CEO와 통화했다. 그가 한숨을 쉬며 말했다.

"우리는 NVIDIA에 올해만 5천만 달러를 지불할 예정입니다. GPU 구매와 클라우드 비용으로 말이죠. 이것은 우리 총 비용의 65%입니다. 우리는 AI 기업이 아니라 NVIDIA의 고객인 것 같습니다." 그것이 진실이었다. 심지어 Microsoft 스타트업 기술사업개발 총괄인 Britton Winterrose는 "내 업무는 GPU를 구걸하는 것과 다름없다"라는 말을 하기도 했다.

AI 붐의 가장 큰 수혜자는 AI 기업이 아니었다. 인프라 제공자였다.

인프라 레이어의 경제학: 왜 돈이 여기에 모이는가

AI 밸류체인에서 GPU, 서버, 네트워킹, 데이터센터와 같은 인프라는 덜 화려한 레이어다. 이것들은 NVIDIA를 제외하고 기술 언론의 헤드라인을 장식하지 않는다.

하지만 돈이 가장 많이 모이는 곳은 인프라다. 세 가지 이유 때문이다.

첫째는 필수성과 비대체성이다. AI 기업은 GPU 없이 작동할 수 없다. 모델을 학습하려면 GPU가 필요하다. 추론을 실행하려면 GPU가 필요하다. 그리고 현재 고성능 AI GPU는 사실상 NVIDIA 독점이다.

"NVIDIA 말고 다른 옵션은?" 이론적으로는 있다. AMD의 Instinct 시리즈, Google의 TPU, AWS의 Trainium. 하지만 실제로는 NVIDIA가 압도적이다. 생태계, 소프트웨어(CUDA), 성능, 신뢰성. 모든 면에서 NVIDIA가 앞선다. 따라서 AI 기업들은 선택권이 없다. NVIDIA GPU를 사야 한다. 가격이 높아도, 납품이 늦어도, NVIDIA의 조건을 받아들여야 한다. 이것은 판매자에게 엄청난 협상력을 준다.

둘째는 선형 확장 경제학이다. 애플리케이션 레이어는 규모의 경제를 추구한다. 사용자가 많아질수록 단위 비용이 낮아진다. 하지만 AI에서는 사용자가 많아질수록 GPU 비용도 비례해서 증가한다.

OpenAI가 사용자를 1억에서 2억으로 늘리면 GPU 비용도 거의 2배가 된다. 규모의 경제가 작동하지 않는다. 따라서 OpenAI가 커질수록, NVIDIA에 지불하는 금액도 커진다. 이것은 인프라 제공자에게 완벽한 구조다. 고객의 성장이 곧 자신의 성장이다. 그리고 고객이 실패해도 다른 고객이 나타난다. OpenAI가 망해도, Anthropic, Google, Meta가 여전히 GPU를 산다.

셋째는 인프라는 자본 집약적 진입 장벽이 형성된다. 새로운 AI 애플리케이션을 만드는 데 얼마나 드는가? 초기 단계에서는 수십만~수백만 달러가 든다. 하지만 새로운 GPU를 설계하고 제조하는 데는 수십억 달러와 5~7년의 시간이 필요하다.

NVIDIA는 30년간 GPU 개발에 투자해 왔다. 그들의 CUDA 소프트웨어 생태계는 수백만 개발자가 사용한다. 이것은 하루아침에 복제할 수 없다. AMD가 20년간 노력했지만 여전히 시장 점유율은 NVIDIA의 10분의 1 미만이다.

높은 진입 장벽은 독점을 보호한다. 그리고 독점은 초과 이익을 보장한다. NVIDIA의 62% 마진이 이것을 증명한다.

다음 표가 보여주는 것은 가치 분배의 불균형이다. 인프라 레이어는 최고 마진, 최저 경쟁, 최고 권력을 가진다. 반면 애플리케이션 레이어는 최저 마진과 최고 경쟁, 최저 권력이라는 삼중고에 놓여 있다. 이것은 우연이 아니다. 구조적이다. 그리고 이 구조는 쉽게 바뀌지 않는다.

AI 밸류체인 레이어별 경제학 비교

레이어	대표 기업	평균 마진	권력 집중도
인프라(CPU/칩)	NVIDIA, AMD	45~62%	매우 높음
클라우드	AWS, Azure, GCP	20~35%	높음
모델	OpenAI, Anthropic	-30~-50%	낮음
애플리케이션	Midjourney 등	-20~30%	매우 낮음

NVIDIA의 독점: 어떻게 여기까지 왔는가

NVIDIA는 어떻게 이렇게 지배적이 되었는가? 운이 좋았나? 부분적으로 맞다. 하지만 대부분은 30년간의 전략적 선택 때문이다.

1단계 (1993~2006): GPU의 발명과 게이밍

NVIDIA는 1993년 젠슨 황, 크리스 말라초스키, 커티스 프림이 창업했다. 초기 목표는 게임용 그래픽 카드였다. 1999년 GeForce 256을 출시하며 'GPU'라는 용어를 만들었다.

이 시기는 생존의 시기였다. 3dfx, ATI, Matrox같은 수십 개의 그래픽 카드 회사가 경쟁했다. 이들은 대부분은 사라졌다. NVIDIA가 살아남은 이유는 더 나은 성능과 더 빠른 혁신 때문이다.

2단계 (2006~2012): CUDA와 범용 컴퓨팅

2006년, NVIDIA는 CUDA(Compute Unified Device Architecture) 게임체인저를 출시했다. 이것은 GPU를 그래픽이 아닌 범용 컴퓨팅에 사용할 수 있게 하는 소프트웨어 플랫폼이었다.

당시 많은 사람이 회의적이었다. "GPU는 게임용이다. 누가 과학 계산에 GPU를 쓸까?" 하지만 젠슨은 비전이 있었다. 그는 연구실과 대학에 GPU를 기증했다. "시도해 보세요. 무료입니다." 연구자들이 시도했다. 그리고 놀랐다. GPU가 CPU보다 10~100배 빠른 특정 작업들이 있었다. 행렬 곱셈, 병렬 계산, 시뮬레이션이다. CUDA 생태계가 형성되기 시작했다.

3단계 (2012~2022): 딥러닝의 부상

2012년, AlexNet이 ImageNet 대회를 우승했다. 처음으로 딥러닝이 전통적 컴퓨터 비전 알고리즘을 이겼다. AlexNet은 NVIDIA GPU로 학습되었다. 이것이 전환점이었다. 딥러닝 연구자들은 대규모 행렬 연산이 필요했다. GPU가 제격이었다. NVIDIA는 이미 CUDA 생태계를 가지고 있었다. 모든 딥러닝 프레임워크(TensorFlow, PyTorch)는 CUDA를 지원했다.

2016년, NVIDIA는 첫 번째 'AI 전용' GPU인 V100을 출시했다. 2020년 A100, 2022년 H100을 출시했다. 각 세대는 이전보다 2~3배 빠르고 2배 비쌌다. 그리고 수요는 공급을 항상 초과했다.

4단계 (2022~현재): AI 골드러시

ChatGPT 출시 후, AI 수요가 폭발했다. 모든 기업이 AI를 원했다. 그리고 모든 AI는 GPU를 필요로 했다. NVIDIA는 준비되어 있었다. H100이 시장에 있었고, 다음 세대(B100, 후에 GB200으로 명명)가 개발 중이었다.

2023~2024년, NVIDIA는 역사상 가장 빠른 매출 성장을 경험했다. 분기 매출이 1년 만에 70억 달러에서 260억 달러로 증가했다. 시가총액은 1조 달러에서 3조 달러를 넘어섰다.

NVIDIA의 성공은 운이 아니다. 30년간의 전략적 베팅의 결과다. 젠슨 황은 2006년 이미 "GPU가 미래의 슈퍼컴퓨터"라고 말했다. 그때는 아무도 믿지 않았다. 하지만 그는 믿었고, 투자했고, 옳았다.

NVIDIA의 해자: 왜 경쟁사가 따라잡지 못하는가

NVIDIA 독점은 언제 끝날까? 이것은 투자자들이 가장 많이 묻는 질문이다. 적어도 5~7년은 지속될 것이다. 왜냐하면 NVIDIA의 해자가 너무 깊기 때문이다.

해자 1: CUDA 생태계

수백만 개발자가 CUDA를 사용한다. 주요 AI 프레임워크가 CUDA를 우선 지원한다. 수십만 개의 라이브러리, 도구, 튜토리얼이 CUDA 기반이다.

경쟁사 AMD는 ROCm이라는 대안을 가지고 있다. 하지만 개발자들이 CUDA에서 ROCm으로 전환하려면 코드 재작성, 재학습, 디버깅 등 막대한 전환 비용이 발생한다. 대부분의 개발자는 "왜 굳이?"라고 반응한다. 이것은 네트워크 효과다. 더 많은 개발자가 CUDA를 사용할수록 CUDA가 더 가치 있어진다. 그리고 더 많은 개발자가 CUDA를 배운다.

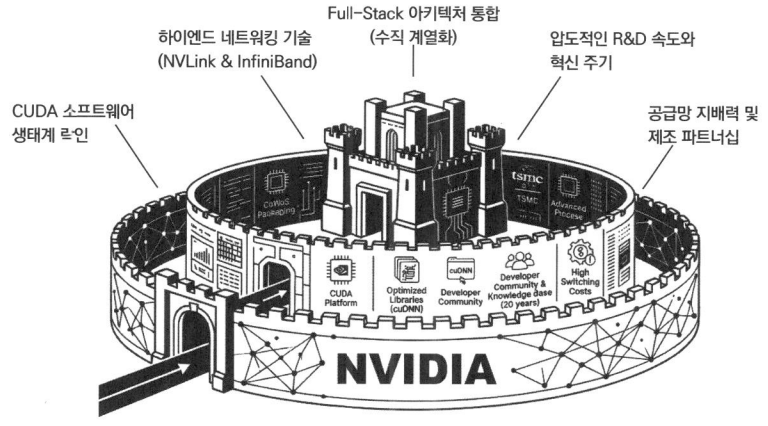

NVIDIA의 주요 해자

해자 2: 통합 하드웨어-소프트웨어 스택

NVIDIA는 단순히 칩을 파는 게 아니다. 전체 스택을 판다. GPU, 소프트웨어, 드라이버, 라이브러리, 네트워킹(NVLink, Infiniband), 시스템(DGX). 모든 것이 최적화되어 함께 작동한다.

경쟁사는 보통 칩만 판다. 나머지는 고객이나 해결해야 한다. 이것은 복잡성과 호환성 문제를 만든다. 통합 스택은 더 비싸지만 더 안정적이다. 기업 고객은 안정성을 위해 프리미엄을 기꺼이 지불한다.

해자 3: 제조 파트너십과 공급망

NVIDIA는 TSMC와 긴밀한 파트너십을 가지고 있다. TSMC의 최첨단 노드(5nm, 3nm)를 우선 접근한다. 그리고 막대한 웨이퍼 할당을 확보한다.

경쟁사가 비슷한 칩을 설계해도 실제로 제조할 수 있는가? TSMC의 생산 능력은 제한적이다. Apple, NVIDIA, AMD, Qualcomm이 모두 경쟁한다. 우선순위는 가장 큰 고객과 가장 수익성 높은 제품이다. NVIDIA의 AI 칩은 둘 다 해당한다.

해자 4: 브랜드와 신뢰

"AI를 한다면, NVIDIA를 써야 한다." 이것은 산업의 통념이 되었다. CTO들은 NVIDIA를 선택하면 비난받지 않는다. "업계 표준을 선택했습니다." 하지만 AMD를 선택하면 "왜 검증되지 않은 옵션을 선택했습니까?"라는 질책을 받을 수도 있다. 이것은 IBM의 옛 격언과 같다. "IBM을 샀다고 해서 해고당한 사람은 없다(No one ever got fired for buying IBM)." 이제는 "No one ever got fired for buying NVIDIA"이다. 브랜드는 비이성적으로 보이지만, 강력한 해자다.

도전자들: 누가 NVIDIA를 위협할 수 있는가

NVIDIA 독점이 영원할 수는 없다. 역사는 모든 독점이 결국 도전받는다고 가르친다. 누가 NVIDIA를 위협할 수 있는가?

도전자 1: AMD – 가격 경쟁자

AMD는 가장 직접적인 경쟁자다. 그들의 MI300 시리즈는 H100과 성능이 비슷하다. 그리고 가격은 약 20~30% 저렴하다. 일부 대기업(Meta, Microsoft)은 AMD 칩을 테스트하고 구매하고 있다.

AMD의 문제는 소프트웨어 생태계다. ROCm은 여전히 CUDA에 크게 뒤처진다. 개발자들은 이렇게 말한다. "AMD 칩은 좋다. 하지만 우리 코드를 포팅하는 데 6개월이 걸린다. 그리고 버그가 많다. 그냥 NVIDIA를 쓰는 게 낫다."

AMD의 2024년 AI 칩 매출은 추정치로 약 40억 달러다. 인상적이지만, NVIDIA의 데이터센터 매출(약 900억 달러)의 4%밖에 안 된다. 격차는 여전히 압도적이다.

> AMD는 점유율을 서서히 높일 것이다. 2027년쯤 10~15%까지 갈 수 있다. 하지만 NVIDIA를 위협하는 수준은 아니다.

도전자 2: Google TPU – 수직 통합

Google의 Tensor Processing Unit(TPU)은 다른 접근이다. 범용 GPU가 아니라, AI 전용 칩이다. Google은 TPU 칩을 외부 고객에게 판매하려는 적극적 움직임을 보이고 있다. Meta와 수십억 달러 규모 딜 논의 중이며, Anthropic과는 100만 개의 TPU 판매 계약을 체결했다. 모건 스탠리는 Google이 2027년 TPU 100만 개 판매로 130억 달러의 추가 매출을 거둘 것으로 전망했다.

TPU의 장점은 Google의 워크로드에 완벽히 최적화되어 있다는 것이다. 특정 작업에서는 H100보다 빠르고 효율적이다. 그리고 Google은 수직 통합을 통해 비용을 절감한다.

> TPU는 Google 내부에서 계속 중요할 것이다. 하지만 더 넓은 시장에는 제한적 영향만 미친다.

도전자 3: AWS Trainium/Inferentia – 클라우드 통합

Amazon도 학습용의 Trainium, 추론용의 Inferentia라는 자체 AI 칩을 개발하고 있다. 전략은 Google과 비슷하다. AWS 고객에게 NVIDIA 대비 저렴한 대안을 제공한다.

AWS의 장점은 고객 기반이 충실하다는 점이다. AWS는 세계 최대 클라우드 제공자다. 만약 AWS가 "Trainium을 쓰면 40% 저렴합니다"라고 제안하면, 일부 고객은 시도할 것이다. 하지만 AWS 칩의 문제도 소프트웨어다. 그리고 성능이 NVIDIA에 아직 미치지 못한다. 2024년 한 벤치마크 연구에서, Trainium은 A100(H100의 이전 세대)과 비슷한 성능을 보였다. 최신 H100보다는 30~40% 느렸다.

> AWS 칩은 비용에 민감한 추론 워크로드에서 점유율을 얻을 것이다. 하지만 최첨단 학습에서는 NVIDIA가 계속 지배할 것이다.

도전자 4: 중국 – 지정학적 대안

중국은 미국의 AI 칩 수출 제재 때문에 NVIDIA 최신 칩을 구매할 수 없다. 따라서 자체 개발에 투자하고 있다. Huawei의 Ascend, Alibaba의 Hanguang, Baidu의 Kunlun가 있다. 중국 칩들은 어떤가? 성능은 NVIDIA의 2~3세대 전 수준이다. 하지만 빠르게 따라잡고 있다.

그런데 중국은 최첨단 반도체 제조 기술이 없다. TSMC의 3nm를 복제하는 데는 3~5년이 걸릴 것이다. 중국은 자체 생태계를 구축할 것이다. 하지만 글로벌 시장에서 NVIDIA를 위협하지는 않는다. 오히려 미국/서방(NVIDIA 지배)과 중국(자체 칩)이라는 두 개의 분리된 시장이 형성될 것이다.

도전자 5: 한국의 퓨리오사AI

한국의 퓨리오사AI는 AI 반도체 설계에 특화된 팹리스(fabless)[*] 기업으로, 데이터센터와 엔터프라이즈 환경에서 AI 추론(inference) 성능과 전력 효율에 집중하고 있다. 퓨리오사AI가 단기간에 NVIDIA를 전면적으로 위협하기는 어렵지만, 특정 영역에서는 충분히 의미 있는 대항마가 될 가능성이 있다.

퓨리오사AI는 데이터센터용 AI 가속기에서 추론에 특화된 설계를 강점으로 하고 있어 범용 GPU를 지향하는 NVIDIA와는 정면 승부라기보

---

[*] 반도체를 직접 생산하지 않고 설계와 아키텍처 개발에만 집중하는 회사이다. 설계된 칩은 삼성과 TSMC 같은 파운드리에 위탁 생산하며, 기술 혁신과 시장 대응 속도가 빠르다는 특징이 있다.

다 틈새를 공략하는 구조이다. 퓨리오사AI는 'NVIDIA를 쓰지 않아도 되는 이유'를 만들어낼 수 있는 회사이므로 AI 시장이 추론 중심으로 이동할수록 퓨리오사AI의 전략적 가치는 커진다.

> AI 칩 스타트업의 90%는 실패하거나 인수될 것이다. 극소수만 틈새 시장에서 생존할 수 있다.

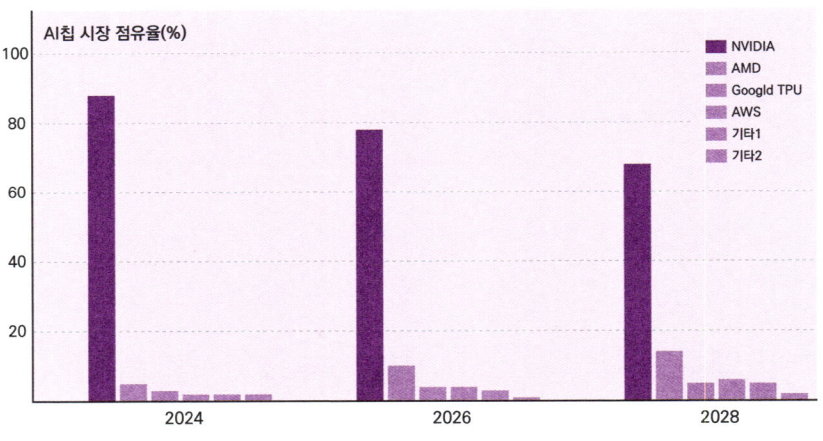

AI칩 시장 점유율(%)

NVIDIA 시장 점유율 변화 예측(2024~2028)

결론

- NVIDIA 독점은 약화되지만 붕괴되지 않음
- 2028년에도 70% 가까운 점유율 유지 예상

NVIDIA의 점유율은 88%에서 68%로 떨어질 것이다. 하지만 68%는 여전히 압도적이다. 그리고 시장 자체가 성장하므로, NVIDIA의 절대 매출은 오히려 증가할 수 있다.

클라우드 제공자: 인프라의 또 다른 승자

GPU 제조사만 돈을 버는 게 아니다. 클라우드 제공자도 AI 붐의 주요 수혜자다. AWS, Microsoft Azure, Google Cloud가 그들이다.

왜 클라우드인가? AI 기업들은 자체 데이터센터를 구축할 자본과 시간이 없다. OpenAI조차 자체 인프라를 구축하지 않았다. 대신 Microsoft Azure를 사용한다. 이것은 모든 AI 스타트업에게 마찬가지다.

클라우드 제공자의 AI 비즈니스는 세 단계로 작동한다.

첫 번째는 GPU 구매이다. AWS는 NVIDIA에서 수십만 개의 H100을 산다. 개당 35,000달러라면 10만 개는 35억 달러다. 막대한 선행 투자다. 두 번째는 마크업이다. AWS는 그 GPU를 고객에게 시간당 과금으로 제공한다. H100 인스턴스는 시간당 30~40달러다. 1년(8,760시간) 가동하면 26만~35만 달러이고, GPU 구매 가격의 7~10배다.

세 번째는 종속성이다. 고객이 AWS에서 AI를 개발하기 시작하면 전환 비용이 발생한다. 데이터, 코드, 워크플로우가 모두 AWS에 있다. Azure나 GCP로 옮기려면 막대한 마이그레이션 비용과 리스크가 따른다. 따라서 고객은 머문다.

클라우드 제공자의 AI 매출 성장은 극적이다.

- AWS: 2024년 AI 관련 매출 약 $250억(전체 매출의 25%)
- Azure: 2024년 AI 관련 매출 약 $150억(전체 매출의 12~16%)
- Google Cloud: 2024년 AI 관련 매출 약 $100억(전체 매출의 20~23%)

그리고 이것은 빠르게 성장하고 있다. AWS의 AI 매출은 전년 대비 약 180% 증가했다. 하지만 클라우드 제공자에게도 문제가 있다. 자본 지출 폭발이다. AI 수요를 충족하려면 막대한 GPU와 데이터센터 투자가 필요하다. 이 투자는 단기적으로 수익성을 압박한다. 하지만 장기적으로 AI가 클라우드의 주요 성장 엔진이 될 것이므로 투자는 정당화된다.

클라우드 제공자의 AI 경제학(2024)

지표	AWS	Microsoft Azure	Google Cloud
AI 관련 매출	$250억	$150억	$100억
AI 매출 비중	25%	12~16%	20~23%
AI 매출 성장률	180%	220%	165%
GPU 관련 자본지출	$700억	$500억	$300억
AI 서비스 영업마진	28%	32%	22%

클라우드 제공자의 AI 비즈니스는 평균 27% 마진으로 수익성이 매우 높다. 이것은 전체 클라우드 비즈니스(평균 15~20% 마진)보다 높다. AI 고객들은 가격에 덜 민감하다. 그들은 성능과 가용성을 최우선으로 한다.

네트워킹: 보이지 않는 병목

GPU와 클라우드가 주목받지만, AI 인프라에는 또 다른 중요한 요소가 있다. 네트워킹이다. 대규모 AI 모델을 학습하려면 수천 개의 GPU가 협력해야 한다. GPT-4는 약 25,000개의 H100으로 학습되었다고 추정된다. 이 GPU들은 끊임없이 데이터를 주고받는다.

문제는 네트워크 대역폭이 병목이 될 수 있다. 만약 GPU들이 서로 데이터를 기다린다면 비싼 GPU가 놀게 된다. 따라서 고속 네트워킹이 필수다. NVIDIA는 이것도 지배하고 있다. 그들의 InfiniBand와 NVLink 기술은 업계 표준이다. 2024년, NVIDIA가 네트워킹 회사인 Mellanox를 인수한 것이 신의 한 수가 되었다. 이제 NVIDIA는 GPU뿐 아니라 네트워크 스위치, 케이블까지 판다.

2024년(FY2025), NVIDIA의 네트워킹 부문 매출은 약 20~25억 달러로 추정된다.* 이것은 전체 매출의 약 15%다. 그리고 마진은 GPU만큼이나 높다. 네트워킹에서 NVIDIA의 주요 경쟁자는 Broadcom과 Cisco다. 하지만 AI 특화 네트워킹에서는 NVIDIA가 압도적이다. 그들의 통합 GPU-네트워크 솔루션은 최적화가 가장 잘 되어 있다.

▎ 데이터센터와 전력: 다음 병목

AI 붐은 데이터센터 부족과 전력 부족이라는 또 다른 문제를 만들고 있다. H100 GPU는 엄청난 전력을 소비한다. 하나당 약 700W이다. 10,000개의 H100 클러스터는 7MW의 전력을 소비한다. 이것은 작은 도시 하나

---

*   https://futurumgroup.com/insights/nvidia-q3-fy-2026-record-data-center-revenue -higher-q4-guide/

를 전력 공급할 양이다.

냉각도 필요하다. 이 GPU들은 엄청난 열을 발생시킨다. 냉각 시스템도 전력을 소비한다. 총 전력 소비는 GPU 자체의 1.5~2배가 된다. 10,000 H100 클러스터의 실제 전력 소비는 약 10~14MW다.

많은 데이터센터가 이런 전력 밀도를 감당할 수 없다. 전통적 데이터센터는 랙당 5~10kW를 설계했다. 하지만 AI 랙은 30~50kW, 때로는 100kW이다. 기존 인프라가 맞지 않는다. 따라서 새로운 AI 전용 데이터센터가 필요하다. 더 높은 전력 밀도, 더 강력한 냉각, 더 빠른 네트워킹. 이것은 막대한 투자를 요구한다.

2025년, 미국에서만 약 50개의 새로운 AI 데이터센터가 계획되거나 건설 중이다. 이 데이터센터들은 약 20GW를 필요로 한다. 이것은 뉴욕시 전체 전력 소비의 약 3배다. 전력망이 이것을 감당할 수 있는가? 일부 지역에서는 의문이다. 버지니아주(미국 데이터센터의 허브)는 이미 전력 부족 경고를 받았다. 아일랜드(유럽 데이터센터 허브)도 마찬가지다.

텍사스 애벌린의 OpenAI 데이터센터

이것은 AI 전용 데이터센터 사업자, 전력 솔루션, 냉각 기술이라는 새로운 비즈니스 기회를 만든다. 2024~2025년에 이미 이 분야에 대규모 투자가 흘러들어 갔으며 이후에도 지속될 것이다.

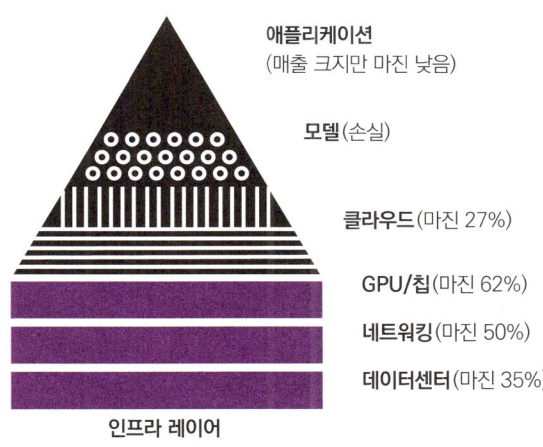

AI 인프라 스택과 수익 분배

결론

- 돈은 인프라에 모인다
- 가치는 위로 흐른다(애플리케이션)
- 하지만 이익은 아래로 향한다(인프라)

이 피라미드가 보여주는 것은 AI 경제의 근본적 불균형이다. 애플리케이션이 사용자에게 직접적인 가치를 제공하지만 이익은 GPU, 네트워킹, 데이터센터와 같은 인프라가 가져간다.

이것은 1850년대 골드러시와 비슷하다. 금을 캐는 사람들(애플리케이션)은 대부분 실패했다. 하지만 삽과 청바지를 파는 사람들(인프라)은 확실한 돈을 벌었다. Levi Strauss(청바지), Samuel Brannan(도구 상점)이 진짜 승자였다. AI 시대도 마찬가지다. NVIDIA(GPU), AWS(클라우드), Equinix(데이터센터)가 진짜 승자다.

결론: 인프라의 황금기는 계속된다

이 장을 통해 우리는 인프라가 AI 산업에서 가장 수익성 높은 레이어라는 것을 확인했다. 세 가지 이유 때문이다.

첫째, 필수성이다. AI는 GPU, 클라우드, 네트워킹 없이 작동할 수 없다. 대체 불가능하다. 둘째, 독점 또는 과점이다. NVIDIA는 GPU에서 거의 독점이다. AWS, Azure, GCP는 클라우드에서 과점이다. 경쟁이 제한적이므로 마진이 높다. 셋째, 자본 집약적 진입 장벽이다. 새로운 GPU를 개발하거나 새로운 클라우드를 구축하는 데는 수십억에서 수백억 달러가 필요하다. 이것은 대부분의 경쟁자를 막는다.

2027년을 전망하면, 인프라의 황금기는 계속될 것이다. NVIDIA의 시장 점유율은 약간 하락할 수 있다. 하지만 시장 자체가 성장하므로, 절대 매출은 증가한다. 2024년 NVIDIA의 데이터센터 매출은 약 1,152억 달러이다. 2027년에는 1,500억~2,000억 달러로 여전히 성장할 것이다.

클라우드 제공자도 계속 성장한다. AI가 클라우드 매출의 점점 더 큰 비중을 차지할 것이다. 2027년쯤, AWS 매출의 40~50%가 AI 관련일 수 있다.

새르운 기회도 나타난다. AI 전용 데이터센터, 전력 솔루션, 냉각 기술, 차세대 네트워킹이다. 이 분야들은 2026~2027년 핫스팟이 될 것이다. 투자자에게 주는 지침은 인프라에 계속 투자하라는 것이다. NVIDIA는 비싸 보이지만 여전히 매력적이다. 클라우드 제공자(AWS, Azure, GCP)도 AI 혜택을 받는다. 그리고 틈새 인프라 기업들(네트워킹, 데이터센터)도 기회가 있다.

지금 기억해야 할 것은 하나다. AI 산업에서 인프라가 왕이다. 애플리케이션이 화려하고, 모델이 혁신적이지만, 돈은 인프라에 모인다. 역사는 반복된다. 그리고 역사는 말해준다. 골드러시에서 삽과 청바지를 파는 사람이 이겼다.

다음 장에서는 애플리케이션 레이어를 다룬다. 가장 혼잡하고, 가장 경쟁적이며, 가장 불확실한 레이어이다. 하지만 동시에, 사용자에게 가장 가까운 레이어이다. 여기서 누가 살아남을 것인가? 어떤 비즈니스 모델이 작동하는가? 그리고 2027년 승자는 누구인가?

Chapter 9

애플리케이션의 생존 경쟁

2023년 12월, Jasper AI의 조용한 위기

Jasper AI는 2021년 창업 이후 가장 빠르게 성장한 AI 스타트업 중 하나였다. AI 카피라이팅 도구를 이용하면 마케터들이 블로그 포스트, 광고 문구를 몇 초 만에 생성할 수 있게 해줬다.

2022년 말, Jasper는 시리즈 A에서 1억 2,500만 달러를 조달했다. 밸류에이션 15억 달러로 유니콘이 되었다. 매출은 연간 4천 5백만 달러에서 9,000만 달러로 2배 폭증했다. 모든 것이 완벽해 보였다. 하지만 2023년 중반부터 뭔가 이상했다. 성장이 둔화되기 시작했다. 고객 이탈률이 증가했다. 왜 그럴까?

첫째, OpenAI가 ChatGPT Plus를 월 20달러에 출시했다. Jasper는

Creator 39달러/월(연간) 또는 49달러/월(월간), Teams 99달러/월(연간) 또는 125달러/월(월간)였다. ChatGPT보다 2배 이상 비쌌다. 고객들은 생각했다. "ChatGPT로도 카피라이팅을 할 수 있는데, 왜 Jasper에 2배를 내?"

둘째, 경쟁사가 폭발했다. Copy.ai, Writesonic, Rytr, 그리고 수백 개의 AI 카피라이팅 도구가 등장했다. 대부분 비슷한 기능, 비슷한 가격이었다. 차별화가 없었다.

셋째, 적은 비용을 투입해 에이전트를 만들 수 있게 되자 기업 고객들이 직접 AI 시스템을 구축하기 시작했다. "OpenAI API를 직접 호출하고, 간단한 UI를 만들면 Jasper 구독료를 아낄 수 있다." 전환 비용이 낮았다.

Jasper는 2023년 7월, 시리즈 A 투자(1억 2,500만 달러)를 받은 지 약 9개월 만에 직원 일부를 해고했다. CEO인 데이브 로겐모저(Dave Rogenmoser)는 마케팅 분야에 집중하기 위해 인력을 감축한다고 발표했다. 구체적인 수치는 공개되지 않았으나, 당시 업계에서는 상당한 규모로 보도되었다. 밸류에이션은 공식적으로 밝혀지지 않았지만 업계 추정치는 6억~8억 달러로, 1년 만에 50~60% 하락했다.

2023년 12월, 나는 Jasper의 임원 한 명과 비공식 대화를 나눴다. 그는 지쳐 보였다. "우리는 2023년 목표 매출 1.5억 달러를 달성하지 못할 것 같습니다. 아마 1.1억~1.2억 달러 정도로 예상됩니다. 성장률이 급감했습니다. 2022년에는 66%였는데."

"더 큰 문제는 이탈률입니다. 월 이탈률이 5%에서 8%로 증가했습니다. 연간으로 환산하면 약 60~70%입니다. 신규 고객보다 떠나는 고객이 더 많습니다."

"밸류에이션도 문제입니다. 우리는 시리즈 B를 시도했지만, 투자자들이 2022년 밸류(15억 달러)의 절반도 안 되는 금액을 제시했습니다. 다운라운드를 받을까 고민 중입니다."

Jasper만 그런 것이 아니었다. 수백 개의 AI 애플리케이션이 2023년 상반기의 열광, 2023년 하반기의 현실, 2024년의 생존 전쟁이라는 비슷한 궤적을 겪고 있었다.

Jsaper.ai의 매출 성장률(2020~2025)

연도 구간	매출 변화	성장률
2020 → 2021	$0 → $45M	— (신규 발생)
2021 → 2022	$45M → $75M	+66.7%
2022 → 2023	$75M → $120M	+60.0%
2023 → 2024	$120M → $55M	−54.2%(감소)
2024 → 2025	$55M → $88M	+60.0%(대략 회복)

애플리케이션 레이어의 구조적 문제

애플리케이션은 AI 밸류체인에서 사용자에게 가장 가깝다. 그리고 가장 가시적이다. ChatGPT, Midjourney, Notion AI, Grammarly. 이것들이 사람들이 실제로 사용하는 것이다.

하지만 역설적으로, 애플리케이션은 가장 어려운 레이어다. 다섯 가지 구조적 문제 때문이다.

문제 1: 낮은 진입 장벽과 과도한 경쟁

AI 애플리케이션을 만드는 것은 어렵지 않다. OpenAI API를 호출하고, 간단한 UI를 만들고, 월 구독 모델을 설정하면 끝이다. 개발자 몇 명이 단기간에 만들 수 있다.

이것은 과잉 공급을 초래한다. 2026년 현재, 수많은 AI 애플리케이션이 존재한다. 그중 몇 개나 의미 있는 차별화를 가지고 있는가? 아마 1% 미만일 것이다. 대부분은 OpenAI나 Anthropic API에 UI를 씌운 API 래퍼(wrapper)다. 기술적 해자가 거의 없다. 누구나 복제할 수 있다.

문제 2: 낮은 전환 비용

사용자가 Jasper에서 Copy.ai로 전환하는 데 걸리는 시간은 몇 분이다. 데이터를 마이그레이션할 필요도 없다. 대부분의 AI 카피라이팅은 상태가 없다(stateless). 입력을 주면 출력이 나온다. 저장할 게 별로 없다.

전환 비용이 낮으면 고객 락인이 없다. 고객은 가격, 기능, 또는 단순히 기분에 따라 쉽게 전환한다. 이것은 이탈률을 높이고 고객 생애 가치(LTV)*를 낮춘다.

문제 3: 기반 모델 의존성

대부분의 AI 애플리케이션은 자체 모델이 없다. OpenAI, Anthropic,

---

*   LTV(Lifetime Value)는 한 고객이 서비스를 이용하는 전체 기간 동안 기업에 가져다주는 총 수익을 의미한다. 구독 기간, 결제 금액, 재구매율 등을 종합해 계산하며, CAC와 비교해 사업의 지속 가능성을 판단하는 핵심 지표다.

Google의 모델을 사용한다. 이것은 세 가지 리스크를 만든다.

첫째, 가격 변동 리스크. OpenAI가 API 가격을 올리면 애플리케이션의 마진이 즉시 압박받는다. 2023년 실제로, 일부 기간 동안 API 가격이 불안정했다.

둘째, 기능 동등성 리스크. 대규모 모델 제공자가 당신의 앱 기능을 직접 제공하면 당신은 불필요해진다. 2024년 OpenAI가 Canvas 기능을 ChatGPT에 추가했을 때, 여러 글쓰기 도구 앱이 타격을 받았다.

셋째, 정책 리스크. 모델 제공자가 당신의 사용 사례를 금지하면 당신의 비즈니스가 즉시 중단된다. 이것은 드물지만 발생한다.

문제 4: 단위경제학의 취약성

많은 AI 애플리케이션의 단위경제학은 깨져 있다. 고객 획득 비용인 CAC가 높고, 생애 가치인 LTV가 낮기 때문이다.

한 AI 카피라이팅 도구를 예로 들어보자. 월 구독료는 49달러다. 하지만 평균 구독 기간은 4개월에 불과하다. 높은 이탈률 때문이다. 따라서 총 LTV는 196달러가 된다. 반면 광고와 마케팅을 포함한 CAC는 180달러에서 220달러 사이다.

결과적으로 LTV/CAC 비율*이 1 미만이거나 겨우 1을 넘는 수준이

---

*   LTV/CAC는 고객 한 명이 평생 동안 기업에 가져다주는 수익(LTV)을 그 고객을 획득하는 데 들어간 비용(CAC)으로 나눈 비율이다. 예를 들어, 이 값이 80+이면 고객 한 명을 유치하는 데 쓴 비용 대비, 장기간에 걸쳐 회수되는 수익이 압도적으로 크다는 뜻으로, 해당 비즈니스가 매우 강력한 수익 구조와 확장성을 갖고 있음을 의미한다.

다. 이것은 지속 불가능하다. 건강한 SaaS는 LTV/CAC 3 이상을 목표로 한다는 것을 생각하면 이 비즈니스 모델은 구조적으로 문제가 있다.

왜 CAC가 높은가? 경쟁이 너무 많다. Google 광고에서 'AI writing tool'을 검색하면 수십 개의 광고가 나온다. 모두 경쟁 입찰한다. 클릭당 비용(CPC)이 급등한다. 왜 LTV가 낮은가? 전환 비용이 낮고, 차별화가 약하며, 고객이 필요할 때만 사용한다. 많은 사용자가 한두 달 구독하고, 원하는 콘텐츠를 생성한 후, 구독을 취소한다.

문제 5: 가격 압박과 상품화

AI 애플리케이션의 가격은 지속적으로 하락하고 있다. 2023년 초, 프리미엄 AI 도구는 월 99달러에서 199달러를 받았다. 하지만 2024년 말에는 상황이 완전히 달라졌다. 대부분의 도구가 월 29달러에서 49달러 수준으로 내려갔다.

왜 이런 일이 일어났을까? 첫째, 기반 모델 가격이 하락하기 때문이다. OpenAI API 가격이 80% 떨어졌으므로, 애플리케이션도 가격을 낮춰야 경쟁력이 있다. 둘째, 경쟁이 가격을 끌어내린다. 누군가 29달러에 제공하면 다른 사람도 따라야 한다. 셋째, 사용자 기대가 변했다. ChatGPT가 월 20달러에 거의 모든 것을 한다. 사용자는 자연스럽게 생각한다. "왜 특정 작업만 하는 도구에 49달러를 내야 하지?"

다음 표가 보여주는 것은 애플리케이션 레이어의 극심한 불균형이다. 범용 AI는 LTV/CAC가 80+다. 왜냐하면 브랜드 인지도가 높아서 CAC가 거의 0에 가깝고, 사용자 유지율이 높기 때문이다.

AI 애플리케이션 카테고리별 경제학(2024)

카테고리	평균 구독료	평균 이탈률	평균 LTV	평균 CAC	평가
콘텐츠 생성 (글쓰기, 이미지)	$35/월	65%/연간	$160	$150	취약
코딩 어시스턴트	$20/월	45%/연간	$265	$80	건강
생산성 도구 (노트, 검색)	$15/월	40%/연간	$270	$60	우수
고객 서비스 봇	$199/월(기업)	25%/연간	$2,388	$800	건강
디자인 도구	$50/월	55%/연간	$327	$180	취약
교육/튜터링	$25/월	70%/연간	$113	$100	위험
범용 AI (ChatGPT 등)	$20/월	30%/연간	$400	$5	독보적

반면 대부분의 특화 앱은 LTV/CAC가 1~2 사이이다. 이것은 장기적으로 지속 불가능하다.

생존자의 특징: 누가 살아남는가

그렇다면 애플리케이션 레이어에서 누가 살아남는가? 2026년 현재, 생존하고 번성하는 기업들을 분석하면 네 가지 공통 패턴이 나타난다.

패턴 1: 깊은 통합과 워크플로우 락인

Notion AI는 단순한 AI 글쓰기 도구가 아니다. Notion 작업 공간에 깊이 통합되어 있다. 사용자의 모든 노트, 문서, 데이터베이스와 연결되며 컨텍스트를 이해한다. 전환 비용은 매우 높다. Notion을 떠나려면 수년간의 노트와 워크플로우를 버리거나 마이그레이션해야 한다. 막대한 비용이다. 따라서 Notion AI 사용자들은 머문다.

GitHub Copilot도 마찬가지다. 단순히 코드를 생성하는 게 아니라, 개발자의 전체 워크플로우에 통합된다. IDE, Git, 리뷰 프로세스. 모든 것과 연결된다. GitHub Copilot은 2025년 7월, 사용자 수 2,000만 명 이상이다.

패턴 2: 독점적 데이터와 모델

Midjourney는 자체 이미지 생성 모델을 가지고 있다. Stable Diffusion 기반이지만 광범위하게 파인튜닝하고 최적화했다. 그 결과 독특한 미적 스타일을 가지게 되었다. 사용자들은 'Midjourney 룩'을 원한다. 경쟁사가 복제하기 어렵다.

Perplexity는 검색과 AI를 결합한다. 단순히 GPT-5를 호출하는 게 아니라, 실시간 웹 검색 결과를 통합하고, 출처를 인용한다. 이것은 기술적으로 더 복잡하다. 그리고 AI의 할루시네이션을 경계하는 사용자에게 더 높은 가치를 제공한다.

독점적 데이터나 기술은 복제를 어렵게 만든다. 그리고 가격 경쟁을 피할 수 있게 한다.

패턴 3: 명확한 ROI와 B2B 포지셔닝

Harvey AI는 법률 업계를 위한 AI 어시스턴트다. 변호사들이 계약서를 검토하고, 판례를 검색하며, 법률 문서를 작성하는 것을 돕는다. 가격은 변호사당 월 250~500달러로 비싸다. 하지만 고객은 기꺼이 지불한다. ROI*가 명확하기 때문이다. 변호사의 시간당 비용은 300~600달러이다. Harvey가 매일 1시간을 절약하면 월 6,000~12,000달러의 가치를 준다. 500달러 구독료는 쉬운 결정이다.

B2B, 특히 고가치 전문직(법률, 의료, 금융)은 가격에 덜 민감하다. ROI가 명확하면 높은 가격을 정당화할 수 있다.

패턴 4: 네트워크 효과와 커뮤니티

Midjourney는 단순히 이미지를 생성하는 도구가 아니라 하나의 거대한 커뮤니티다. Discord 서버에는 1,900만 명 이상의 사용자가 활동하고 있으며, 이는 단순한 숫자 이상의 의미를 지닌다. 사람들은 이곳에서 자신이 만든 이미지를 공유하고, 효과적인 프롬프트를 교환하며, 서로의 작업물을 보면서 배운다. 초보자는 고수의 프롬프트 기법을 관찰하고, 숙련자는 새로운 스타일과 접근법을 발견한다.

이 커뮤니티는 두 가지를 만든다. 첫째, 네트워크 효과이다. 더 많은 사용자 = 더 많은 공유 이미지 = 더 많은 영감 = 더 많은 사용자가 이루어진다. 둘째, 전환 비용이다. "Midjourney를 떠나면, 이 커뮤니티를 잃는다." 이것은 심리적 락인이다.

---

*   기업에 투입한 자본 대비 얼마나 많은 이익을 벌어들였는지를 보여주는 투자 효율성 지표이다. 투자 성과를 수치로 비교할 수 있어 사업, 프로젝트, 기업 간 의사결정에 활용된다.

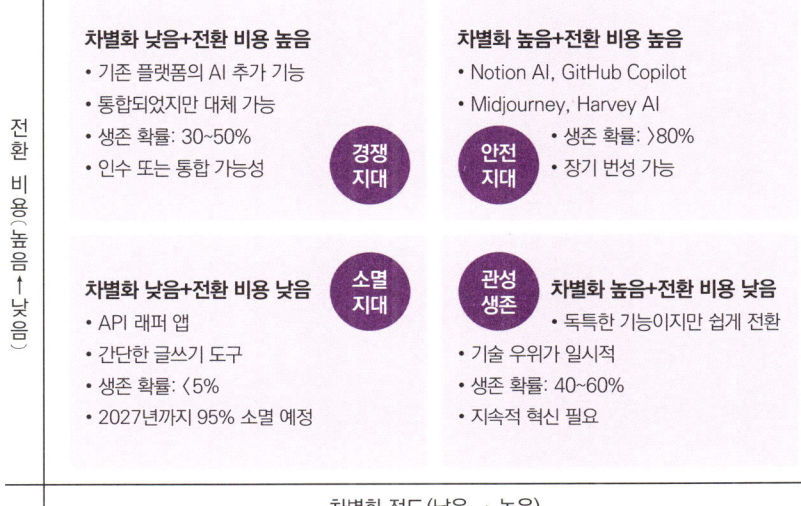

차별화 낮음+전환 비용 높음
- 기존 플랫폼의 AI 추가 기능
- 통합되었지만 대체 가능
- 생존 확률: 30~50%
- 인수 또는 통합 가능성

경쟁 지대

차별화 높음+전환 비용 높음
- Notion AI, GitHub Copilot
- Midjourney, Harvey AI
- 생존 확률: >80%
- 장기 번성 가능

안전 지대

소멸 지대

차별화 낮음+전환 비용 낮음
- API 래퍼 앱
- 간단한 글쓰기 도구
- 생존 확률: <5%
- 2027년까지 95% 소멸 예정

관성 생존

차별화 높음+전환 비용 낮음
- 독특한 기능이지만 쉽게 전환
- 기술 우위가 일시적
- 생존 확률: 40~60%
- 지속적 혁신 필요

전환 비용(높음 → 낮음)

차별화 정도(낮음 → 높음)

AI 애플리케이션 생존 확률 매트릭스

위의 그림이 예측하는 것은 대학살이다. 수많은 AI 애플리케이션 중, 2027년까지 약 79%가 사라질 것이다. 단 4%만이 안전 지대에 있고, 그들 조차 10%는 실패할 수 있다.

플랫폼의 역습: 빅테크가 애플케이션을 잠식하다

AI 애플리케이션의 가장 큰 위협은 경쟁사가 아니다. 플랫폼이다. Google, Microsoft, Apple, Meta는 모두 자신들의 플랫폼에 AI를 통합하고 있다. 그리고 그들은 거대한 우위를 가지고 있다.

우위 1: 기존 사용자 기반

Google은 20억+ Gmail 사용자를 가지고 있다. Microsoft는 3억+ Office 365 사용자를 가지고 있다. 그들이 AI 기능을 추가하면 즉시 수억 명에게 노출된다. 반면 AI 스타트업은 고객을 하나씩 확보해야 한다. 광고에 돈을 쓰고, 콘텐츠를 만들며, SEO를 최적화한다. 느리고 비싸다.

우위 2: 번들링과 가격

Microsoft는 Copilot을 Office 365에 add-on 형태로 제공한다. 추가 비용은 월 30달러이다. 하지만 사용자는 이미 Office에 월 10~20달러를 내고 있다. 30달러 추가는 '새로운 30달러'가 아니라 '기존 10달러에 AI 기능을 덧붙이는 것'처럼 느껴진다. 심리적으로 더 쉽다.

독립 AI 앱은 사용자에게 완전히 새로운 구독이다. 더 높은 심리적 장벽을 형성한다.

우위 3: 데이터와 통합

Google Workspace AI는 사용자의 모든 Gmail, Docs, Sheets, Calendar 데이터에 접근한다. 컨텍스트를 완벽히 이해한다. "다음 주 회의에 대한 이메일 초안을 작성해 줘"라고 하면 Gemini가 캘린더를 확인하고, 관련 이메일을 찾으며, 맥락에 맞는 초안을 작성한다.

반면 독립 앱은 사용자가 수동으로 컨텍스트를 제공해야 한다. 복사-붙여넣기는 번거롭다. 그렇지 않으려면 API를 연결해야 하는데 사용자에게 귀찮음을 떠안긴다.

우위 4: 브랜드 신뢰

사용자는 Google, Microsoft, Apple을 신뢰한다. 그들의 AI 기능도 신뢰한다. 하지만 'AI-Writing-Tool-2025.com'은 회의적이다. "이게 내 데이터를 훔치지 않을까?", "내년에도 존재할까?"라는 물음이 뒤따른다.

브랜드는 강력한 해자다. 다음 표를 살펴보자. 플랫폼이 거의 모든 구조적 우위를 가지고 있다. 독립 앱은 민첩성과 전문화만으로 경쟁해야 한다. 이것은 불공정한 싸움이다.

빅테크 플랫폼 AI vs 독립 AI 앱 비교

요소	빅테크 플랫폼 AI	독립 AI 앱	승자
사용자 접근성	기존 수억 명	제로에서 시작	플랫폼
고객 획득 비용	$0~5(addp-on)	$100~300	플랫폼
데이터 통합	완벽(자체 상태계)	제한적(API만)	플랫폼
가격 경징력	addp-on 할인	독립 구독료	플랫폼
브랜드 신뢰	매우 높음	낮음~중간	플랫폼
제품 혁신 속도	느림(조직 복잡성)	빠름(민첩성)	독립 앱
전문화/맞춤화	범용적	특화 기능	독립 앱
사용자 경험	표준화	최적화 가능	독립 앱
장기 생존력	거의 확실	불확실	플랫폼

종합 평가
플랫폼 AI가 대부분의 중요한 차원에서 우위, 독립 앱은 혁신과 전문화에서만 우위

2025년 이미 이 영향이 나타났다. Google Workspace AI 출시 후, 여러 생산성 AI 스타트업의 성장이 둔화되었다. 10월에 열린 OpenAI Dev Day는 수많은 AI 스타트업을 학살하는 전조로 거론되기도 한다.

살아남는 전략: 틈새, 통합, 또는 인수

그렇다면 AI 애플리케이션 스타트업은 어떻게 살아남을 수 있는가? 세 가지 전략이 있다.

전략 1: 깊은 전문성

범용 AI 도구로 경쟁하지 마라. 대신, 매우 특정한 산업이나 사용 사례에 집중하라. 그리고 그 영역에서 최고가 되어라. 예를 들어 Harvey AI는 법률에만 집중한다. 의료, 마케팅, 회계를 하지 않는다. 법률 전문 데이터로 학습하고, 법률 워크플로우에 통합되며, 법률 규제를 준수한다.

이들은 높은 가격, 낮은 경쟁, 강한 방어성이라는 장점이 있는 대신 시장이 작다는 단점도 가진다. 하지만 작은 시장에서 80% 점유율을 가지는 것이 큰 시장에서 1%보다 나을 수 있다.

전략 2: 워크플로우 통합

독립 앱을 만들기보다는 사용자가 이미 사용하는 도구에 깊이 통합하는 전략이 효과적이다. Slack 플러그인, Chrome 확장, VSCode 익스텐션, Figma 플러그인과 같은 형태로 말이다.

Grammarly가 좋은 예다. Grammarly는 독립 웹 앱이지만, 진짜 가치는 통합에서 나온다. Gmail, Word, Slack, 모든 웹 입력창 등 사용자가 어디서든 글을 쓸 때, Grammarly가 거기 있다. 별도로 전환할 필요가 없다. 이 접근의 장점은 낮은 마찰, 높은 사용 빈도, 강한 습관 형성이다. 하지만 단점도 있다. 플랫폼 의존성이다. 만약 Google이 Gmail에서 서드파티 플러그인을 차단한다면 문제가 된다.

전략 3: 인수 목표가 되게 하라

처음부터 독립적 장기 생존을 목표로 하지 말고, 대신 빅테크에게 매력적인 인수 목표가 되는 전략이다. 빠르게 성장하고, 특정 기술이나 사용자 기반을 구축하며, 3년에서 5년 내 인수를 목표로 한다.

Inflection AI가 예시다. Inflection AI는 개인 AI 어시스턴트 Pi를 만들었다. 제품은 괜찮았지만, 비즈니스 모델은 불명확했다. 2024년, Microsoft가 Inflection의 팀과 기술을 약 6억 5천만 달러에 '고용'했다. 창업자와 투자자는 엑시트했다. 이 전략의 장점은 명확한 출구와 위험 감소다. 단점은 독립성 상실과 제품이 폐쇄될 수 있다는 것이다. 하지만 많은 창업자에게 이것은 여전히 승리다.

사용자 관점: AI 피로와 통합 선호

지금까지 우리는 공급 측면(기업)을 봤다. 이제 수요 측면(사용자)을 보자. 사용자들은 무엇을 원하는가?

2025년 말, 흥미로운 현상이 나타났다. AI 피로다. 사용자들이 이렇게 말한다. "너무 많은 AI 도구가 있다. 각각 계정을 만들고, 구독하고, 사용법을 배워야 한다. 피곤하다." "나는 10개의 AI 구독을 가지고 있다. 월

400달러를 낸다. 하지만 실제로 정기적으로 사용하는 건 2~3개뿐이다."

"새로운 AI 도구가 매일 나온다. 시도해 볼 시간도 없다."

이것은 중요한 신호다. 초기 열광이 식고 있다. 사용자들은 더 신중해지고 있다. 그들이 원하는 것은?

- 원하는 것 1: 통합. "내가 이미 사용하는 도구에 AI를 넣어줘. 새로운 도구를 배우고 싶지 않아." 이것이 플랫폼 AI가 승리하는 이유다.
- 원하는 것 2: 단순함. "복잡한 프롬프트 엔지니어링을 하고 싶지 않아. 그냥 작동했으면 좋겠어." 사용자 경험이 차별화 요소가 된다.
- 원하는 것 3: 신뢰성. "AI가 때때로 환각을 일으킨다. 중요한 작업에는 사용할 수 없다." 정확성과 검증 가능성이 중요해진다.
- 원하는 것 4: 가격 합리성. "ChatGPT가 20달러인데, 왜 특정 작업만 하는 도구가 50달러인가?" 가격 대비 가치가 명확해야 한다.

2025년 한 설문 조사(1,000명의 AI 도구 사용자)[*]는 홍수처럼 쏟아지는 AI 도구에 대한 이용자들의 욕구를 잘 드러낸다.

- 74%: "이미 사용하는 앱에 AI가 통합되기를 원한다."
- 62%: "독립 AI 앱이 너무 많다."
- 58%: "AI 구독료가 너무 비싸다."
- 51%: "AI를 신뢰하기 어렵다."

---

[*]   https://survey.stackoverflow.co/2025/ai

이것은 독립 AI 앱에게 나쁜 소식이다. 사용자들은 통합을 선호한다. 그리고 가격에 민감하고 신뢰성을 요구한다.

결론: 애플리케이션의 다원주의

AI 애플리케이션 레이어는 다원주의적 생존 경쟁의 현장이다. 수만 개의 기업이 태어났고, 대부분은 곧 사라질 것이다. 2027년까지 생존율은 20% 미만일 것이다.

왜 이렇게 가혹한가? 낮은 진입 장벽이 과잉 공급을 만들고, 낮은 전환 비용이 락인을 약화시킨다. 플랫폼의 역습은 시장을 잠식하고, 가격 경쟁은 마진을 압박한다. 사용자 피로는 수요를 둔화시킨다. 이 모든 구조적 요인들이 동시에 작동하면서 생존 가능성이 극도로 낮아진다.

하지만 생존자들은 있을 것이다. 그들은 의료나 법률 같은 영역에서 깊은 전문화를 이루고, 워크플로우에 강하게 통합되며, 데이터·모델·커뮤니티 같은 독점 자산을 보유한다. 측정 가능한 명확한 ROI를 제공하고, 마찰을 최소화한 훌륭한 UX를 구현한다. 이 조건들을 갖춘 기업만이 2027년 이후에도 살아남을 것이다.

당신이 투자자라면 범용 애플리케이션에 투자하지 마라, 전문화된 애플리케이션에만 투자하라. 범용 도구는 플랫폼이 이긴다. 하지만 의료, 법률, 금융 같은 전문 영역은 여전히 기회가 있다. 그리고 초기 단계보다 성장 단계에 투자하라. 시장 적합성을 입증한 기업만 투자하는 것이다.

다음 장에서는 거품의 끝을 다룬다. 어떤 신호가 붕괴를 예고하는가? 누가 살아남고 누가 사라지는가? 그리고 가장 중요하게, 거품이 터진 후 무엇이 남는가?

하지만 지금 기억해야 할 것은 하나다. 거품의 메커니즘을 이해하는 것이 당신을 보호한다. 당신이 유동성 홍수를 볼 수 있다면 범람을 예측할 수 있다. 당신이 서사의 과장을 인식한다면 FOMO에 휩쓸리지 않을 수 있다. 당신이 자기 강화 순환을 이해한다면 정점을 피할 수 있다.

버블 속에서 가장 위험한 것은 버블 자체가 아니다. 버블인 줄 모르는 것이다. 그리고 이제 당신은 안다.

AI 버블을 부추기는
순환 거래

    미국 AI 기업들 사이의 순환 거래로 동일한 자금이 투자·클라우드 매출·GPU 판매로 여러 번 중복 계상되면서 재무 정보를 왜곡하고 버블을 키우고 있다. 인프라 기업의 투자금이 모델 기업으로 들어갔다가 다시 인프라 구매로 쓰이고, 인프라 기업은 그 수요를 근거로 시가총액과 추가 투자를 늘리는 자기증폭 고리가 형성된다. 이 구조에서 실사용자 매출보다 내부 순환 비중이 커질수록 산업의 성장성은 과대평가된다.

    순환 거래는 한 고리에서 수요가 꺾이면 전체 생태계가 동시에 조정될 시스템 리스크가 커진다. 또한 AI 기술의 실질 생산성보다 금융 레버리지에 더 의존해, 규제 강화나 금리·수요 변화 시 급격한 디레버리징과 가치 붕괴를 초래할 수 있다.

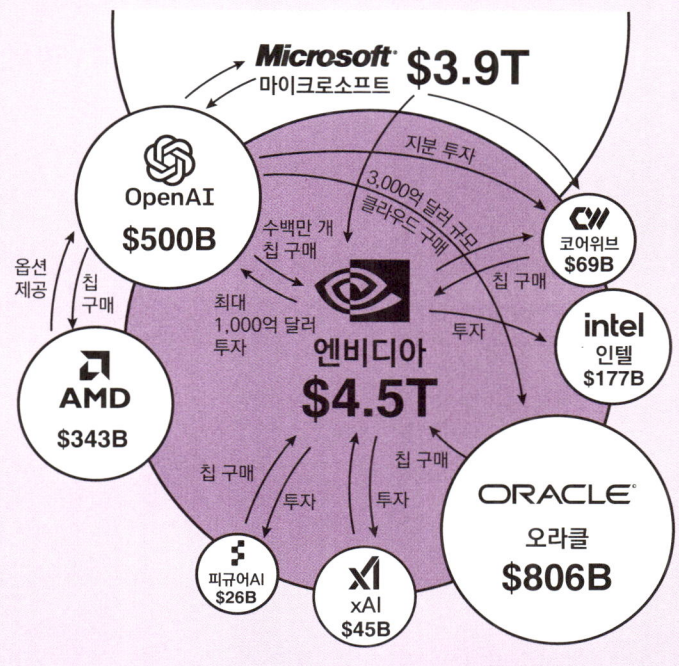

소스: Bloombert News reporting

PART 3

생존 전략
: 10가지 투자 법칙

"기술보다 중요한 것은 구조이며,
제품보다 중요한 것은 단위경제학이다."

Chapter 10

거품의 끝에서 남는 것

2000년 4월 14일, 검은 금요일

나스닥 종합지수가 장 시작과 함께 급락했다. 오전 9시 30분, 개장가는 전날 종가 대비 3.7% 하락한 4,148포인트였다. 하지만 그것은 시작에 불과했다. 오전 10시, 4,050. 11시, 3,920. 정오, 3,782. 하락이 멈추지 않았다. 공포가 거래소를 지배했다.

나는 샌프란시스코 사무실의 트레이딩 화면을 응시하고 있었다. 내 포트폴리오는 실시간으로 녹아내렸다. 아침에 320만 달러였던 것이 점심때는 280만 달러가 되었다. 오후 2시, 245만 달러. 하루 만에 23%를 잃었다. 하지만 나만이 아니었다. 사무실의 모든 사람이 비슷한 상황이었다.

"이건 일시적 조정이야." 누군가 말했다. "다음 주면 회복될 거야." 하지만 그의 목소리는 확신이 없었다. 장이 마감되었을 때, 나스닥은 9.7% 폭락하여 3,321포인트를 기록했다. 단 하루 만에 3,550억 달러의 시가총액이 증발했다.

하지만 그것은 시작이었다. 다음 주 월요일, 나스닥은 다시 7.6% 폭락했다. 화요일, 5.6%. 목요일, 4.2%. 2000년 4월 한 달 동안, 나스닥은 25.3% 하락했다. 그리고 그것은 멈추지 않았다. 2002년 10월까지, 나스닥은 5,048포인트에서 1,114포인트로 정점 대비 78% 폭락했다.

내 포트폴리오는 2002년 말, 95만 달러였다. 2000년 3월 정점의 23%만 남았다. 77%를 잃었다. 그리고 나는 운이 좋은 편이었다. 많은 사람들은 더 많이 잃었다. 일부는 100%를 잃었다.

그 경험은 내 인생을 바꿨다. 나는 두 가지를 배웠다. 첫째, 버블은 언제나 터진다. 예외가 없다. 둘째, 버블이 터질 때 살아남는 것과 번성하는 것은 다르다. 그리고 살아 남으려면 버블이 터지기 전에 준비해야 한다.

붕괴의 해부학: 왜 거품은 터지는가

거품은 왜 터지는가? 단순한 답은 지속 불가능하기 때문이다. 하지만 그것은 설명이 아니다. 더 정확한 질문은 "무엇이 지속 불가능하게 만드는가?"다.

경제학자 하이먼 민스키(Hyman Minsky)는 금융 불안정성 가설(Financial Instability Hypothesis)을 제시했다. 그의 이론에 따르면, 안정 자체가 불안정을 만든다.

버블이 성장하는 동안 투자자들은 점점 더 낙관적이 된다. 초기에는 신중하다. "이 기업은 정말 현금 흐름을 만들 수 있을까?" 하지만 시간이 지나고 가격이 계속 오르면, 신중함은 희석된다. "지금까지 계속 올랐잖아. 앞으로도 오를 거야."

이 낙관은 세 단계의 자금 조달 행동을 만든다. 민스키는 이를 헤지 파이낸싱(Hedge Financing), 투기 파이낸싱(Speculative Financing), 폰지 파이낸싱(Ponzi Financing)이라고 불렀다.

- **헤지 파이낸싱**: 초기 단계. 투자자는 신중하다. 기업은 현금 흐름으로 원금과 이자를 모두 갚을 수 있어야 한다. 이것은 건전한 투자다.
- **투기 파이낸싱**: 중간 단계. 낙관이 증가한다. 기업은 이자는 갚을 수 있지만, 원금은 갚을 수 없다. "괜찮아, 재융자하면 돼. 가격이 계속 오르니까." 리스크가 증가하지만, 아직 관리 가능하다.
- **폰지 파이낸싱**: 후기 단계. 극도의 낙관을 보인다. 기업은 이자조차 갚을 수 없다. 유일한 방법은 더 많은 자금을 조달하는 것이다. "다음 라운드를 받으면 문제없어." 이것은 지속 불가능하다.

2025년 AI 산업을 이 프레임워크로 보면 놀랍도록 많은 기업이 폰지 파이낸싱 단계에 있다. 그들은 운영 비용을 매출로 감당할 수 없다. 유일한 생존 방법은 계속 펀딩을 받는 것이다. 그리고 펀딩은 계속 높은 밸류에이션에 의존한다. 밸류에이션은 시장 분위기에 의존한다. 시장 분위기가 바뀌면 폰지 구조가 무너진다.

민스키의 3단계 자금 조달과 AI 기업 분포(2025년 말 추정)

단계	특징	지속 가능성	AI 기업 비율	예시
헤지 파이낸싱	건전한 투자 원금+이자 가능	높음	~8%	Midjourney 일부 SaaS
투기 파이낸싱	중위험 이자만 가능	중간	~25%	일부 수익 있는 앱
폰지 파이낸싱	고위험 원금·이자 둘다 불가능	매우 낮음	~67%	대부분의 AI 스타트업

AI 스타트업의 3분의 2 이상이 폰지 구조에 있다는 추정이다. 그들은 매출로 비용을 감당할 수 없고, 유일한 희망은 다음 펀딩 라운드다. 이것은 극도로 취약한 구조다.

▍촉발 요인: 무엇이 붕괴를 시작시키는가

거품이 지속 불가능하다는 것과 실제로 터진다는 것은 다르다. 무엇이 방아쇠를 당기는가? 역사적으로, 버블 붕괴는 다섯 가지 촉발 요인 중 하나에 의해 시작된다.

금리 인상은 흔한 촉발 요인이다. 중앙은행이 금리를 올리면 자산 가격이 압박받는다. 닷컴 버블은 2000년 5월 연준이 금리를 6.5%까지 올린 직후 정점을 찍었다. 부동산 버블은 2006~2007년 금리 인상 후 무너졌다.

상징적 기업의 붕괴가 시장 심리를 반전시킨다. 2000년 말, Pets.com의 파산은 닷컴의 취약성을 폭로했다. 2008년 리먼 브라더스의 파산은 금융위기를 촉발했다. 정부가 시장에 개입하여, 게임의 규칙을 바꾼다. 2017년 중국 정부의 ICO* 금지는 암호화폐 버블을 터뜨렸다.

예상치 못한 사건이 시장을 흔들기도 한다. 2020년 3월 코로나 팬데믹은 모든 자산 가격을 일시적으로 폭락시켰다.

AI 버블의 경우, 어떤 촉발 요인이 가능성이 높은가?

2025년 하반기에 미국의 기준금리 인하가 시작되었다. 9월 FOMC에서 첫 0.25%p 인하가 있었고, 이후 12월까지 세 차례 인하가 단행됐다. 2025년 12월 기준으로 연방기금금리 목표 범위는 3.50~3.75% 수준이다. 만약 인하가 예상보다 느리다면 AI 기업들의 자금 압박이 심화될 것이다.

대형 파산은 아직 없다. 하지만 2024~2025년 여러 중소 AI 스타트업이 문을 닫았다. 만약 시리즈 C 이상의 유니콘 기업이 파산한다면 그것은 강력한 신호가 될 것이다.

기술적 실패는 아직 명확하지 않다. AI는 작동한다. 하지만 경제적 실행 가능성의 실패는 쌓이고 있다. 많은 AI 기업이 수익화에 실패하고 있다. 이것이 계속되면, "AI는 기술적으로 놀랍지만 돈이 안 된다"는 인식이 확산될 수 있다. 2026~2027년의 촉발 요인은 대형 파산과 지속적인 고금리의 조합일 가능성이 높다. 한두 개의 유명 AI 기업이 파산하고, 동시에 펀딩 환경이 계속 어렵다면 도미노 효과가 시작될 수 있다.

---

*   새로운 암호화폐(토큰)를 발행해 투자자에게 판매하고 자금을 조달하는 방식이다. 2017년 중국 정부가 ICO를 불법 자금 조달로 규정하고 전면 금지하자, 과열되어 있던 암호화폐 시장의 기대가 급격히 꺾이며 버블 붕괴의 촉매가 되었다.

이코노미스트가 알려주는
버블이 터지는 현실적 징후

이코노미스트(The Economist)는 2025년 12월, '거품이 터지는 순간을 포착하는 방법(How to spot a bubble bursting)'이라는 칼럼을 통해 투자자들이 흔히 사용하는 주가수익비율(PER)이나 매출 대비 주가(PSR) 같은 전통적인 지표가 거품의 존재를 알려줄 수는 있지만, 거품이 언제 터질지를 맞추는 데는 형편없는 도구라고 지적했다.

거품 붕괴를 암시하는 3가지 실질적 신호

신호 1: 검색 엔진 트래픽과 대중의 광기_____ 특정 자산(예: AI 관련주, 암호화폐)에 대한 일반 대중의 검색량이 폭발적으로 늘어날 때가 위험 신호이다. 이는 시장에 새로 유입될 '더 어리석은 사람'이 더 이상 남아있지 않음을 의미하기 때문이다.

신호 2: 비판적인 펀드 매니저들의 해고_____ 시장의 과열을 경고하며 현금 비중을 높게 유지하던 보수적인 펀드 매니저들이 수익률이 낮다는 이유로 고객들에게 버림받거나 해고되기 시작할 때가 사실상 거품의 '끝물'인 경우가 많다. 이는 시장에 마지막까지 남아 있던 비판적 시각이 완전히 사라졌음을 뜻한다.

신호 3: 주가 변동성 확대_____ 기술주가 불과 몇 퍼센트만 하락해도 시장이 극도로 불안해할 때가 붕괴를 암시한다. 이는 투자자들이 '가격이 너무 올랐다'는 것을 이미 무의식적으로 알고 있으며, 아주 작은 충격에도 도망갈 준비가 되어 있다는 방증이다.

거품이 터지는 시점을 알기 위해서는 숫자(재무지표)보다 대중의 심리와 행동 변화(검색량. 전문가들의 퇴출 등)를 관찰하는 것이 훨씬 유용하다고 분석한다. 1990년대 닷컴 버블 당시에도 워런 버핏이나 조지 소로스 같은 거물들이 1995년에 버블의 위험성을 경고했지만 실제 시장이 정점을 찍고 붕괴한 것은 그로부터 5년 뒤인 2000년이었다. 그 사이 나스닥 지수는 무려 1,100%나 추가 상승했다.

붕괴의 단계: 빠르고 잔인하게

버블이 터질 때, 그 과정은 형성 과정보다 훨씬 빠르다. 닷컴 버블이 형성되는 데 5년이 걸렸지만, 붕괴는 2년 반 만에 완료되었다. 부동산 버블은 7년 형성, 2년 붕괴였다.

왜 붕괴가 더 빠른가? 비대칭적 심리 때문이다. 탐욕은 서서히 자라지만, 공포는 즉각적이다. 투자자들은 수개월, 혹은 수년에 걸쳐 조심스럽게 시장에 진입하며 탐욕을 키워가지만, 위기의 신호가 감지되는 순간 공포는 번개처럼 번진다. 사람들은 돈을 벌 기회를 놓치는 것보다 돈을 잃는 것을 훨씬 더 두려워하며, 이러한 손실 회피 심리가 패닉 셀링을 촉발하고 시장을 순식간에 무너뜨린다.

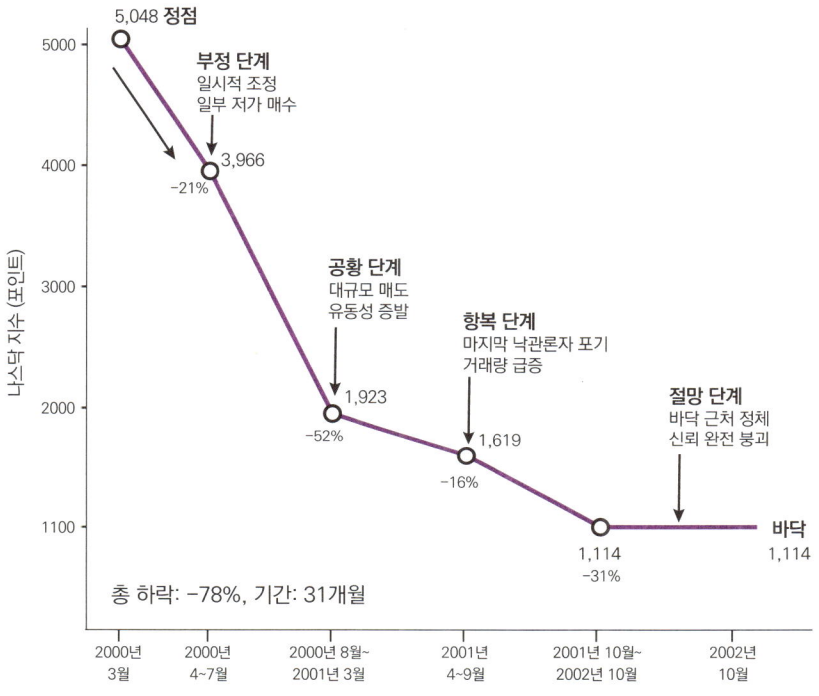

버블 붕괴의 전형적 패턴(닷컴 사례)

붕괴는 전형적으로 네 단계를 거친다.

1단계: 부정(Denial). 초기 가격 하락이 시작된다. 하지만 대부분은 일시적 조정이라고 생각한다. "시장은 항상 변동성이 있어. 장기적으로는 여전히 상승할 거야." 일부는 저가 매수 기회라고 생각하며 더 산다. 이 단계는 보통 2~4개월 지속된다.

2단계: 공황(Panic). 하락이 가속화된다. 이제 조정이 아니라 추세 반전처럼 보인다. 투자자들은 패닉에 빠진다. "더 떨어지기 전에 팔아야 해!"

매도가 매도를 부른다. 유동성이 증발한다. 살 사람은 없고 팔 사람만 있다. 가격이 급락한다. 이 단계는 보통 3~6개월 지속된다.

3단계: 항복(Capitulation). 마지막 낙관론자들마저 포기한다. "이건 끝이야. 손실을 확정하고 빠져나가자." 거래량이 급증하지만, 모두 매도다. 가격은 바닥을 찾는다. 하지만 아무도 그것이 바닥인지 모른다. 이 단계는 보통 2~4개월 지속된다.

4단계: 절망(Despair). 가격은 바닥 근처에서 정체된다. 하지만 아무도 사지 않는다. 신뢰가 완전히 무너졌기 때문이다. "다시는 이런 투자를 하지 않을 거야." 시장은 죽은 것처럼 보인다. 이 단계는 몇 년 지속될 수 있다.

닷컴 붕괴는 정점에서 바닥까지 31개월이 걸렸다. AI 붕괴는 아마 더 빠를 것이다. 현대 시장은 더 연결되어 있고, 정보는 더 빠르게 전파되며, 거래는 더 즉각적이다.

누가 살아남는가: 생존의 법칙

버블이 터질 때, 모든 기업이 죽지는 않는다. 일부는 살아남는다. 그리고 극소수는 번성한다. 차이는 무엇인가? 닷컴 붕괴를 분석하면 생존자들은 네 가지 공통점을 가지고 있었다.

생존 요인 1: 현금 흐름 양성이다. 이는 가장 명백하고 가장 중요한 요인이다. Amazon은 2001년 4분기에 처음으로 분기 흑자를 달성했다. eBay

는 1998년부터 줄곧 흑자였다. PayPal은 2002년 초 손익분기점을 넘었다. 반면 Pets.com, Webvan, eToys는 모두 큰 손실을 내고 있었다. 외부 펀딩이 끊기자 그들은 즉시 무너졌다.

현금 흐름 양성은 단순히 생존을 넘어선다. 그것은 협상력을 준다. 버블이 터질 때 펀딩 조건은 극도로 악화된다. 하지만 현금 흐름 양성 기업은 "우리는 펀딩이 필요 없다"고 말하며 자신의 조건으로 협상할 수 있다.

생존 요인 2: 생존자들은 모두 강한 고객 유지율을 가지고 있었다. eBay의 판매자들은 떠날 수 없었다. 구매자들이 eBay에 있었기 때문이다. Salesforce의 고객들은 전환 비용이 너무 높았다. 모든 데이터와 프로세스가 Salesforce에 통합되어 있었다.

고객 유지는 예측 가능한 매출을 만든다. 그리고 예측 가능성은 위기 시 생명줄이다. "우리는 다음 분기 매출을 확신할 수 있다. 왜냐하면 고객 이탈률이 2%밖에 안 되기 때문이다." 이것은 투자자, 은행, 파트너에게 신뢰를 준다.

생존 요인 3: 무거운 자산은 위기 시 족쇄가 된다. 닷컴 버블 당시 Webvan은 26개 도시에 거대한 물류 창고를 구축했다. 수백만 달러의 고정 비용이었다. 매출이 줄어들어도 그 비용은 사라지지 않았고 결국 그들을 죽였다. 반면 Google은 자산이 가벼웠다. 주로 소프트웨어와 인재다. 시장이 나빠지면 채용을 중단하면 된다. 임대 창고를 처분할 필요가 없다.

클라우드 시대의 AI 기업들은 이 측면에서 유리하다. 대부분은 AWS

나 Azure에서 작동한다. 자체 데이터센터가 없다. 수요가 줄면 클라우드 사용을 줄이면 된다. 비용이 즉시 감소한다.

생존 요인 4: 명확한 가치 제안. 생존자들은 모두 고객에게 명확하고 측정 가능한 가치를 제공했다. Salesforce는 영업 생산성 20% 증가를 약속했고, 실제로 달성했다. PayPal은 거래 보안과 편의성을 제공했다. 반면 실패한 기업들은 가치가 모호했다. Pets.com은 편리한 반려동물 용품 쇼핑이었는데, 실제로 대부분의 사람들은 동네 슈퍼마켓에서 사는 게 더 편했다.

명확한 가치 제안은 경기 침체 시 더욱 중요하다. 기업들이 예산을 삭감할 때, 가장 먼저 자르는 것은 '있으면 좋은(Nice-to-have)' 것들이다. '반드시 필요한(Must-have)' 것들은 끝까지 남는다. 당신의 제품이 어디에 속하는가?

닷컴 생존자 vs 파산자: 핵심 지표 비교(2001년)

지표	Amazon (생존)	eBay (생존)	Pets.com (파산)	Webvan (파산)
현금 흐름	2001년 Q4 흑자	1998년부터 흑자	2000년 −$6.2M/월	2000년 −$21M/월
고객 유지율(연간)	85%	92%	38%	41%
고정 자산/매출	12%	8%	67%	145%
고객 LTV/CAC	3.2	5.8	0.7	0.4
2000년 말 현금 런웨이	18개월	무한(흑자)	4개월	6개월
결과	생존 → 번성	생존 → 지배적	2000년 11월 파산	2001년 7월 파산

생존자들은 현금 흐름과 고객 유지율 등 핵심 지표에서 우수했다. 반면 파산자들은 모든 지표가 빨간불이었다. 그리고 가장 치명적인 것은 짧은 런웨이였다. 4~6개월의 현금은 시장이 얼어붙었을 때 생존하기에 턱없이 부족했다.

2026년 AI 기업 진단: 누가 위험한가

이제 같은 프레임워크를 2026년 AI 기업들에 적용해 보자. 누가 생존할 가능성이 높고, 누가 위험한가?

안전 지대(생존 확률 80% 이상)

Midjourney는 가장 안전하다. 현금 흐름 양성, 높은 고객 유지율(약 76% 연간), 자산 경량, 명확한 가치 제안(고품질 AI 이미지 생성). 그들은 추가 펀딩 없이도 생존할 수 있다.

일부 특화된 B2B SaaS AI 기업들도 안전하다. 예를 들어, 제조업 품질 관리 AI, 의료 영상 분석 AI처럼 명확한 ROI를 제공하고 고객 이탈률이 낮은 기업들이다. 그들의 공통점은 필수품(Must-have) 포지셔닝이다.

위험 지대(생존 확률 30~50%)

OpenAI, Anthropic, Cohere* 등 대부분의 AI 모델 기업이 여기에 속한다. 그들은 기술적으로 인상적이지만, 경제적으로는 취약하다. 모두 대규모 손실을 기록하고 있다. 그들의 생존은 계속되는 빅테크 투자에 달려 있다. Microsoft, Google, Amazon이 계속 지원하는 한 괜찮다. 하지만 만약 빅테크가 AI 투자를 재고한다면 바로 위험해진다.

일부 수익이 있는 AI 앱 기업들도 이 범주다. 그들은 매출은 있지만, 아직 수익성은 달성하지 못했다. 그리고 고객 이탈률이 높다(연간 30~50%). 경기가 나빠지면 고객들이 비용 절감 모드로 들어간다. AI 앱은 종종 첫 번째 희생양이다.

위기 지대 (생존 확률 10% 이하)

대부분의 초기 단계 AI 스타트업이 여기에 있다. 시드나 시리즈 A 단계, 매출이 거의 없거나 없음, 높은 소진율, 12개월 이하의 런웨이 기업들이다. 그들의 유일한 희망은 다음 펀딩 라운드다. 하지만 시장이 얼어붙으면 그 펀딩은 오지 않는다.

특히 위험한 것은 API 래퍼 기업들이다. 그들은 OpenAI나 Anthropic API를 호출하고, 간단한 UI를 씌운다. 차별화가 거의 없다. 전환 비용이 0에 가깝다. 고객이 직접 API를 호출하기로 결정하면 그 기업은 즉시 가치를 잃는다. 2024년 이미 많은 이런 기업이 사라졌다. 2026~2027년에는 더 많이 사라질 것이다.

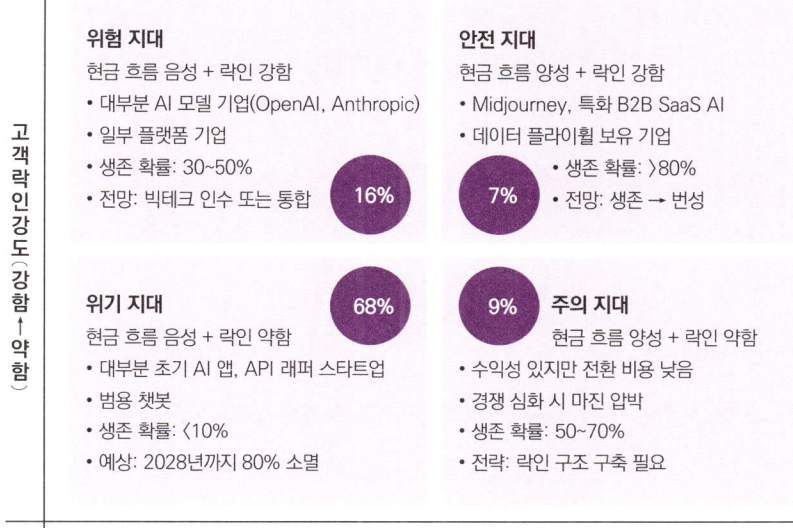

위험 지대
현금 흐름 음성 + 락인 강함
- 대부분 AI 모델 기업(OpenAI, Anthropic)
- 일부 플랫폼 기업
- 생존 확률: 30~50%
- 전망: 빅테크 인수 또는 통합   16%

안전 지대
현금 흐름 양성 + 락인 강함
- Midjourney, 특화 B2B SaaS AI
- 데이터 플라이휠 보유 기업
  7% - 생존 확률: >80%
      - 전망: 생존 → 번성

위기 지대   68%
현금 흐름 음성 + 락인 약함
- 대부분 초기 AI 앱, API 래퍼 스타트업
- 범용 챗봇
- 생존 확률: <10%
- 예상: 2028년까지 80% 소멸

9% 주의 지대
    현금 흐름 양성 + 락인 약함
- 수익성 있지만 전환 비용 낮음
- 경쟁 심화 시 마진 압박
- 생존 확률: 50~70%
- 전략: 락인 구조 구축 필요

고객 락인 강도 (강함 ← 약함)

현금 흐름 상태(음성 → 양성)

2026년 AI 기업 생존 가능성 매트릭스

이 매트릭스가 보여주는 것은 냉혹한 진실이다. AI 스타트업의 68%가 위기 지대에 있다. 단 7%만이 안전 지대에 있다. 만약 AI 버블이 2027~2028년에 터진다면 68%에 위치한 대부분은 사라질 것이다.

버블 이후의 기회: 잔해 속의 보물

버블이 터지는 것은 재앙이다. 많은 사람이 돈을 잃고, 많은 기업이 사라진다. 하지만 역설적으로, 버블 붕괴는 또한 최고의 기회를 만든다.

왜 그럴까? 세 가지 이유다.

이유 1: 가격이 현실로 돌아온다. 버블 중에는 모든 것이 과대평가된다. 좋은 기업도, 나쁜 기업도, 모두 높은 가격이다. 붕괴 후에는 심지어 좋은 기업을 포함해 모든 것이 과소평가된다. 이것은 가치 투자자의 천국이다. 워렌 버핏이 "다른 사람이 탐욕스러울 때 두려워하고, 다른 사람이 두려워할 때 탐욕스러워하라"라고 한 이유다.

2002년 닷컴 붕괴 후, Amazon 주가는 2000년 고점 106.69달러에서 99% 폭락하여 1주당 0.94달러(분할 조정 기준)였다. 2026년 현재 약 230달러다. 약 247배 증가했다. 2002년에 Amazon에 투자한 사람들은 놀라운 수익을 올렸다. 하지만 2002년에 Amazon에 투자하려면 엄청난 용기가 필요했다. 모두가 'Amazon도 곧 망할 것'이라고 말하고 있었기 때문이다.

이유 2: 경쟁이 사라진다. 버블 중에는 모든 산업이 과밀하다. 수백 개의 스타트업이 같은 문제를 해결하려 한다. 붕괴 후에는 대부분이 사라진다. 생존자들은 갑자기 덜 혼잡한 시장을 발견한다. 고객 획득이 더 쉬워진다. 인재 채용이 더 쉬워진다. 협상 지렛대가 강해진다.

2003~2004년, 생존한 닷컴 기업들은 폭발적으로 성장했다. 경쟁자들이 사라졌기 때문이다. Google은 검색에서, eBay는 옥션에서, Amazon은 이커머스에서 지배적이 되었다.

이유 3: 실제 문제를 해결하는 대안이 나온다. 버블 중에는 모두가 '다음 큰 것'을 쫓는다. 고객이 겪고 있는 실제 문제보다는 트렌드를 따른다. 붕괴 후에는 생존이 최우선이다. 기업들은 실제로 작동하는 것, 실제로 고객이 돈을 내는 것에 집중한다. 이것은 더 건전한 혁신을 만든다.

2004~2007년, 웹 2.0 시대의 진짜 혁신들이 나왔다. Facebook(소셜 네트워크), YouTube(비디오 공유), Twitter(마이크로블로깅)이다. 이것들은 닷컴 버블의 과대광고가 아니라, 진짜 사용자 니즈를 해결했다.

버블 붕괴 후의 기회: 역사적 사례

버블	붕괴 시기	10년 후 수익률	새로 등장한 승자
닷컴	2000~2002	Amazon: +4,800% Google: +900%	Facebook(2004) YouTube(2005)
부동산	2007~2009	평균 340%	Airbnb(2008) Zillow(강화)
암호화폐	2017~2018	Bitcoin 1,200% Ethereum 3,500%	Bitcoin 상승 Defi, NFT
AI	2027~2028?	예상: +500~1,000%?	수직 통합 플랫폼 진짜 문제 해결 앱

위의 표는 모든 버블 붕괴 후 놀라운 투자 기회가 있었다는 것을 보여준다. 그리고 완전히 새로운 승자들이 등장했다. Facebook은 닷컴 버블이 터진 후에 시작되었다. Airbnb는 부동산 버블이 터진 후에 시작되었다.

왜 버블 후에 더 나은 기업들이 나오는가? 창업자들이 더 현실적이 되기 때문이다. 과대광고가 아니라 실제 문제에 집중한다. 그리고 자본이 더 신중해진다. VC들은 비전만으로는 투자하지 않는다. 견인력, 수익성, 지속가능성을 요구한다. 이것이 더 건전한 기업을 만든다.

결론: 잿더미 속에서 피는 꽃

버블 붕괴는 파괴적이다. 많은 돈이 사라지고, 많은 꿈이 깨진다. 2000~2002년 닷컴 붕괴 때, 나는 자산의 77%를 잃었다. 그것은 고통스러웠다. 밤에 잠을 잘 수 없었다. 몇 년간 투자한 시간과 돈이 증발했다. 하지만 돌이켜 보면, 그 경험은 내 인생에서 가장 가치 있는 교육이었다. 나는 세 가지를 배웠다.

첫째, 버블은 필연적이다. 인간의 탐욕과 공포는 바뀌지 않는다. 기술이 변하고, 시대가 변해도, 근본적인 심리는 동일하다. 따라서 버블은 계속 반복될 것이다. 닷컴, 부동산, 암호화폐, AI, 그리고 다음은 아마 양자컴퓨팅, 우주과학, 뇌-컴퓨터 인터페이스, 또는 우리가 아직 상상하지 못한 무언가일 것이다. 중요한 것은 버블을 피하려 하지 말고, 버블을 인식하고 적응하는 것이다.

둘째, 파괴는 창조의 전제조건이다. Joseph Schumpeter의 창조적 파괴 개념이다. 낡은 것이 사라져야 새로운 것이 자리 잡을 공간이 생긴다. 2000~2002년 수천 개의 닷컴 기업이 사라졌다. 하지만 그 잔해 위에서 Facebook, YouTube, Twitter가 태어났다. 그리고 그들은 1세대 닷컴보다 훨씬 더 강력하고 지속 가능했다.

AI 버블도 마찬가지일 것이다. 2027~2028년 사이에 수백, 아마도 수천 개의 AI 스타트업이 사라질 것이다. 하지만 그 후, 2028~2030년, 진짜 AI 혁명이 시작될 것이다. 과대광고가 아니라 실제 가치 창출, 서사가 아니라 실제 수익성이 가진 기업이 나타날 것이다. 그리고 그 시대의 승자들은 2025년의 버블 속 기업들보다 훨씬 더 건전하고 강력할 것이다.

셋째, 거품의 끝에서 남는 것은 지혜다. 돈을 잃는 것은 고통스럽다. 하지만 돈은 다시 벌 수 있다. 진짜 손실은 배우지 못하는 것이다. 2000~2002년 나와 함께 투자하던 많은 사람들이 시장을 떠났다. "다시는 이런 투자를 하지 않겠어." 하지만 나는 남았다. 그리고 배웠다. 무엇이 작동하고 무엇이 작동하지 않는지, 어떤 신호를 봐야 하는지, 언제 들어가고 언제 나와야 하는지.

그 지식으로 나는 다음 사이클에서 더 나은 투자를 했다. 2004년 Google IPO에 투자했다. 2005년 Amazon을 샀다(여전히 많은 사람이 회의적이었지만). 2010년 Salesforce에 투자했다. 그리고 그 투자들은 2000~2002년의 손실을 훨씬 초과하는 수익을 가져왔다.

가까운 미래, 우리는 다시 버블의 정점에 있을 것이다. 많은 AI 투자자가 고통을 겪을 것이다. 일부는 시장을 떠날 것이다. 하지만 일부는 남을 것이다. 그리고 배울 것이다. 그들이 2030년대의 승자가 될 것이다.

버블의 끝에서 남는 것은 무엇인가? 견고한 기업, 현명한 투자자, 그리고 가장 중요하게는 경험에서 얻은 지혜다. 그 지혜는 다음 버블을 헤쳐나가는 나침반이 된다. 그리고 버블은 언제나 온다. 인간인 한, 탐욕과 공포는 사라지지 않는다. 하지만 이제 우리는 그 패턴을 안다. 그리고 아는 것이 힘이다.

지금 기억해야 할 것은 하나다. 버블은 끝난다. 그리고 버블이 끝났을 때, 준비된 자만이 기회를 잡는다. 당신은 준비되어 있는가?

Chapter 11

법칙 1~5 ━ 버블 초기에 해야 할 일

서론: 투자자가 살아남는 법

2024년 여름, 나는 샌프란시스코의 한 VC 오피스에서 파트너 미팅에 참석했다. 그날 안건은 한 AI 스타트업의 시리즈 A 투자 검토였다. 창업자는 인상적인 데모를 보여줬다. 그의 AI 모델은 GPT-4보다 특정 작업에서 15% 더 정확했다. 기술 팀은 열광했다. "이건 게임 체인저입니다."

하지만 시니어 파트너는 다른 질문을 했다. "좋습니다. 그런데 고객당 월 순이익은 얼마입니까?" 창업자는 잠시 망설였다. "아직 수익화 단계는 아니지만…" 파트너가 끊었다. "다음 라운드 없이 몇 개월을 버틸 수 있습니까?" "약… 9개월입니다." "Pass입니다."

복도에서 나온 후, 그 파트너가 말했다. "2000년에 나는 같은 실수를 했습니다. 멋진 기술에 투자했죠. 그 회사는 18개월 후 파산했습니다. 기술은 훌륭했지만 현금이 바닥났습니다. 그때 배웠습니다. 투자자의 첫 번째 의무는 생존입니다. 기술의 혁신성이 아니라."

이 책의 제3부는 바로 그 생존의 기술을 다룬다. 창업자가 아닌 투자자의 관점에서 말이다. AI 버블 속에서, 그리고 버블 붕괴 후에, 어떻게 자본을 지키고 증식시킬 것인가. 10가지 법칙을 제시한다.

이 법칙들은 이론이 아니다. 닷컴 버블, 2008년 금융위기, 암호화폐 버블을 거치며 검증된 실전 원칙이다. 그리고 2027~2028년 AI 버블에서도 똑같이 작동할 것이다. 첫 번째 법칙부터 시작하자.

삽 장수가 금광보다 안전하다

법칙 1: 밸류체인의 하층부에 투자하라

1849년 캘리포니아 골드러시 시대, 수많은 사람들이 금을 캐러 서부로 향했다. 대부분은 파산했다. 하지만 곡괭이와 삽을 판 사람들, 청바지를 만든 Levi Strauss, 은행을 운영한 사람들은 부자가 되었다.

법칙 1은 간단하다. 금을 캐지 말고, 삽을 팔아라. AI 밸류체인에서 가장 안전한 투자는 인프라 레이어다. 가장 위험한 투자는 애플리케이션 레이어다. 왜 그런가? 인프라는 누가 이기든 상관없이 필요하다. NVIDIA GPU는 OpenAI도 쓰고, Anthropic도 쓰고, Google도 쓴다. AWS는 모든 AI 스타트업의 고객이다. 반면 애플리케이션은 승자독식 게임이다.

100개의 AI 카피라이팅 도구 중 1~2개만 살아남는다.

역사적 검증: 닷컴 버블의 교훈

1995년부터 2000년까지, 수천 개의 닷컴 기업이 태어났다. 대부분은 소비자 대면 서비스였다. 온라인 쇼핑몰, 포털, 소셜 네트워크의 초기 형태들이었다.

2000년 버블이 터졌다. 2003년까지 닷컴 기업의 약 95%가 파산하거나 인수되었다. 하지만 인프라 기업들은 어땠나? Cisco는 네트워크 장비를 공급했다. 1999년 정점에서 주가가 폭락했지만, 기업 자체는 살아남았다. 2026년 현재도 건재하다. Oracle은 데이터베이스를 제공했다. 버블 붕괴 후에도 수익성을 유지했다. Sun Microsystems는 서버를 판매했다. 결국 Oracle에 인수되었지만, 파산하지는 않았다.

그리고 가장 극적인 성공은 Amazon이었다. Amazon은 소비자 기업처럼 보였지만, 실은 인프라 기업이었다. 2006년 AWS를 출시하면서 진짜 정체를 드러냈다. 그들이 구축한 인프라를 다른 기업에 판매하기 시작한 것이다. 2025년 AWS는 Amazon 영업이익의 58% 이상을 차지한다.

닷컴 버블 후 생존율 비교(2000~2005)

레이어	기업 수(2000년)	생존(2005년)	생존율	대표 기업
애플리케이션	약 5,000개	약 250개	5%	Amazon(소비자), eBay
플랫폼/데이터	약 500개	약 300개	60%	Google, PayPal
인프라	약 200개	약 190개	95%	Cisco, Oracle, AWS

AI 밸류체인 적용

제2장에서 우리는 AI 밸류체인을 인프라, 데이터, 모델, 애플리케이션이라는 4개 레이어로 나누어 살펴보았다.

레이어 1: 인프라 (최저 위험)

- 하드웨어: NVIDIA, AMD, Intel, ARM
- 클라우드: AWS, Azure, Google Cloud Platform
- 데이터센터: CoreWeave, Equinix, Digital Realty
- 전력/냉각: 유틸리티 기업들

이들의 공통점 AI 산업의 성장과 직접 연결되어 있지만 특정 AI 기업의 성패와는 무관하다는 것이다. OpenAI가 망해도, Anthropic이 살아남아도, 그들은 여전히 GPU와 클라우드를 판다.

레이어 2: 데이터 (중간 위험)

- 데이터 인프라: Scale AI, Databricks, Hugging Face
- MLOps: Weights & Biases, Comet
- API 플랫폼: Replicate, Together AI

이들은 특정 기능을 제공하지만, 최종 제품은 아니다. 여러 AI 기업이 그들의 서비스를 사용한다. 비교적 안정적이다.

레이어 3: 모델 (중상 위험)

- 기반 모델: OpenAI, Anthropic, Gemini, Perplexity
- 특화 모델: Mistral, Cohere, AI21

이들은 막대한 자본과 기술력을 가지고 있지만, 경쟁이 치열하고 수익화가 어렵다.

레이어 4: 애플리케이션 (최고 위험)

- 소비자 AI 앱, AI 에이전트: 대부분의 AI 스타트업
- 엔터프라이즈 AI 솔루션: 특화 산업 도구들

이들은 직접 시장과 싸워야 한다. 차별화가 어렵고, 전환 비용이 낮으며, 경쟁이 과도하다. 2028년까지 많은 기업이 실패할 것으로 예상된다.

AI 밸류체인 하층부에 투자할 때 주의점

AI 밸류체인의 하층부, 즉 GPU, 데이터센터, 전력 같은 인프라는 안전한 투자처럼 보인다. "AI가 발전하려면 인프라가 필요하다"는 논리는 맞는 말이다. 그러나 인프라 투자에는 독특한 함정들이 있으며, 이를 간과하면 닷컴 버블 당시의 Cisco처럼 몰락할 수 있다.

첫째, 범용화와 상품화의 덫이다. 초기 기술 우위는 경쟁자들이 따라잡으면 사라지고 가격 경쟁으로 전락한다. NVIDIA는 현재 예외적이지만, AMD, Intel, 중국 업체들의 추격이 거세다. 둘째, 자본 집약적 저수익 구조다. 반도체 팹, 데이터센터는 수십억 달러가 필요하지만 수익성은 낮다. AI 수요가 예상보다 느리게 성장하면 과잉 투자된 자산은 좌초 자산이 된다. 이미 투자한 것을 되돌릴 수 없다는 리스크가 있다.

셋째, 수요 변동성에 직접 노출된다. 하층부는 상층부 수요에 전적으로 의존하며, LLM 붐이 식으면 GPU 수요가 급감한다. 동시에 빅테크 고객

들의 막강한 협상력이 마진을 압박한다. 넷째, 기술 진부화 속도가 빠르다. 효율적인 알고리즘이 등장하면 필요한 컴퓨팅 파워가 급감하고, 오늘의 최첨단 칩이 내년에는 구형이 된다.

하층부 투자의 핵심은 선택성이다. 지속 가능한 기술적 해자, 건강한 수익성, 고객 다변화, 합리적 밸류에이션을 확인해야 한다. 인프라가 중요하다는 것과 인프라 기업 주식이 좋은 투자라는 것은 다른 문제다.

포트폴리오 전략

투자자는 이 구조를 이해하고 포트폴리오를 구성해야 한다. 리스크 선호도에 따라 다르지만 일반적인 가이드라인은 다음과 같다.

투자 유형에 따른 포트폴리오 전략

보수적 투자자(위험 회피)	균형 투자자	공격적 투자자(고위험·고수익)
인프라 30%	인프라 50%	인프라 30%
데이터 15%	데이터 30%	데이터 20%
모델/앱 5%	모델 15%	모델 30%
	앱 5%	앱 20%

중요한 것은 애플리케이션 레이어에 과도하게 투자하지 않는 것이다. 아무리 공격적이어도 20%를 넘지 않아야 한다. 왜냐하면 그것이 가장 먼저 무너지는 레이어이기 때문이다.

2026~2028 시나리오 예측

2026~2027년의 버블 정점 시기에는 애플리케이션 투자가 가장 활발하며 밸류에이션이 극단으로 치솟고 FOMO가 시장을 지배한다. 이 시기에는 애플리케이션 레이어는 명확한 수익 모델과 고객 기반을 가진 경우만 고려하고, 대신 인프라와 플랫폼에 집중해야 한다.

2027~2028년의 조정 시작 시기에는 애플리케이션 기업들이 먼저 무너지기 시작하면서 펀딩이 마르고 다운라운드가 증가한다. 이때는 방어적 포지션을 유지하며 신규 투자를 최소화하고 기존 포트폴리오를 모니터링하면서 현금을 보존해야 한다.

애플리케이션 레이어의 80%가 파산하고 생존자들이 명확해지며 가격이 합리화되는 2028년 이후 시점이 되면 역발상 기회가 온다. 이때는 선별적 공격 전략으로 살아남은 애플리케이션 기업 중 진짜 가치가 있는 곳에 저가 투자하되, 여전히 인프라가 포트폴리오의 중심이어야 한다.

레이어별 투자 타이밍 전략

레이어	2024~2026(성숙)	2027~2028(조정)	2028 이후(회복)
인프라	지속 투자(안정적)	지속 투자(방어적)	지속 투자(중심)
데이터	선별적 투자	기존 모니터링	기회 포착
모델	매우 선별적	홀딩 또는 Exit	통합 후 재평가
앱	최소화	Exit 검토	역발상 저가 매수

만약 AI 버블이 붕괴한다면 NVIDIA는 일시적으로 주가가 하락할 수 있다. 하지만 기업 자체는 건재할 것이다. 왜냐하면 그들은 AI뿐만 아니라

게임, 데이터센터, 자율주행 등 다각화되어 있기 때문이다. 그리고 AI가 장기적으로 성장하는 한, NVIDIA는 수혜를 입는다.

AI 버블이 붕괴한다면 OpenAI는 어떻게 될까? 세 가지 시나리오가 있다. 첫째, Microsoft에 완전히 통합된다. 투자자는 일부 수익을 얻지만, 독립 Exit는 없다. 둘째, 지속적인 손실로 다운라운드를 한다. 초기 투자자는 희석된다. 셋째, 기적적으로 수익성을 달성하고 IPO를 한다. 이것은 가능하지만 확률은 낮다.

투자자로서 어느 쪽에 베팅하겠는가? 역사는 명확한 답을 준다. 삽을 팔아라.

✔ 실행 체크리스트

투자자

☐ 현재 포트폴리오를 레이어별로 분류하라

☐ 각 레이어의 비중을 계산하라

☐ 애플리케이션이 30% 이상이면 리밸런싱하라

☐ 신규 투자 시 레이어를 먼저 확인하라

☐ 인프라 기업에 최소 50%를 유지하라

개인 투자자

☐ NVIDIA, AMD 같은 상장 인프라 기업에 투자하라

☐ AI 테마 ETF보다 개별 인프라 기업을 선택하라

☐ 비상장 AI 스타트업 투자는 극도로 선별적으로 하라

☐ 총 자산의 10% 이상을 AI 애플리케이션에 투자하지 마라

버블이 터져도 인프라가 항상
승리하는 것은 아니다

'인프라는 버블이 터져도 살아남는다'는 믿음은 투자자들 사이에서 널리 받아들여지는 공식처럼 여겨진다. 닷컴 버블이 붕괴했을 때도 인터넷 자체는 사라지지 않았고, 오히려 더욱 확장되었다는 점이 그 근거다. 그러나 역사는 인프라 기업이라고 해서 반드시 승자가 되는 것은 아니라는 냉혹한 교훈을 남겼다.

Cisco의 몰락: 인프라 제국의 25년 침묵

1990년대 후반, Cisco는 인터넷 시대의 절대 강자였다. 라우터와 스위치 시장을 장악하며 '인터넷의 배관공'으로 불렸던 이 회사는 2000년 3월, 80달러대 최고치를 기록해 세계에서 가장 가치 있는 기업에 등극했다. 그러나 닷컴 버블이 터지면서 2002년 10월, 주가는 고점 대비 90% 폭락했다. 2007년대 초반에는 약 30달러대로 상승한 적도 있으나 금융위기 등으로 다시 하락했다. 2025년 12월, 80달러 근처에 오며 2000년의 최고가를 회복하는 데 무려 25년이 걸렸다.

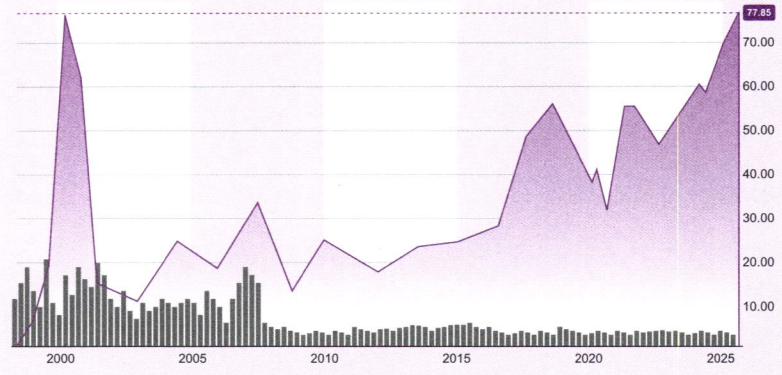

닷컴 버블로부터 25년 Cisco의 주가 흐름

소스: Macrotrends – Cisco 25년 주가 이력 차트

Cisco의 비극은 단순히 버블 붕괴 때문만이 아니었다. 문제는 과대평가된 성장 기대치였다. 시장은 인터넷 인프라 수요가 영원히 폭발적으로 증가할 것이라 믿었지만, 실제로는 주기적인 변동성이 있었고, 경쟁은 치열해졌으며, 마진은 압박받았다. 인프라가 중요하다는 것과 인프라 기업의 주가가 현재 가격을 정당화할 만큼 빠르게 성장한다는 것은 전혀 다른 문제였다.

NVIDIA: AI 시대의 Cisco인가, 예외인가?

2025년, NVIDIA는 Cisco가 걸었던 길과 놀라울 정도로 유사한 궤적을 그리고 있다. AI 인프라의 핵심인 GPU 시장을 장악하며, 'AI 시대의 필수 인프라'라는 찬사를 받고 있다. 시장은 NVIDIA 없이는 AI 혁명이 불가능하다고 믿는다.

그러나 NVIDIA의 운명은 AI 버블과 깊이 얽혀 있다. **주가 하락의 방아쇠는 역성장이 아니다. 단지 성장폭이 시장의 기대에 미치지 못하는 것만으로도 충분하다.** 현재 주가에는 향후 수년간의 폭발적 성장이 이미 반영되어 있기 때문이다. 만약 AI 투자가 둔화되거나, 경쟁이 심화되거나, ROI에 대한 회의감이 확산된다면, NVIDIA는 Cisco처럼 '옳은 인프라'를 제공하면서도 투자자들에게는 '나쁜 투자'가 될 수 있다.

인프라의 역설

여기에 인프라 투자의 역설이 있다. 인프라가 중요하고 지속 가능하다는 것이 반드시 해당 기업의 주식이 좋은 투자처라는 것을 의미하지는 않는다. 가격이 모든 것을 결정한다. Cisco는 여전히 중요한 기업이지만, 2000년에 매수한 투자자들은 25년 동안 기회 비용을 지불해야 했다.

비록 NVIDIA가 피지컬 AI라는 안전장치를 가지고 있지만 Cisco의 전철을 밟을지, 아니면 예외가 될지는 아직 알 수 없다. 그러나 확실한 것은, AI 인프라가 미래에도 중요할 것이라는 사실만으로는 현재의 밸류에이션을 정당화하기 충분하지 않다는 점이다. 역사는 똑같이 반복되지 않지만 운율은 맞춘다. 그리고 그 운율은 지금 불길하게 울리고 있다.

법칙 2: 진입보다 탈출 타이밍을 먼저 계획하라

투자자의 가장 큰 실수는 언제 들어갈지에만 집중하고, 언제 나갈지를 간과하는 것이다. 버블일 때 들어가기는 쉽다. 모두가 들어가고 있으니까. 하지만 나가기는 어렵다. 특히 버블이 터지고 나서는 더욱 그렇다.

법칙 2는 이렇다. 투자하기 전에 Exit 계획을 세워라. 그리고 신호를 보면 주저 없이 실행하라.

Peter Lynch는 말했다. "주식을 팔지 않으면, 수익은 종이 위의 숫자일 뿐이다." 버블에서 이것은 더욱 중요하다. 정점에서 10배 수익을 올려도, 붕괴 후 팔면 손실이 될 수 있다.

역사적 사례: Peter Thiel의 PayPal 판매

2002년, Peter Thiel은 어려운 결정을 했다. PayPal을 eBay에 15억 달러에 매각하는 것이었다. 당시 많은 사람이 비판했다. "너무 싸게 팔았다. 조금만 더 기다리면 더 받을 수 있었을 것이다."

하지만 Thiel의 판단은 냉정했다. 그는 몇 가지를 고려했다. 닷컴 버블이 터진 후 시장은 여전히 취약했다. PayPal의 경쟁 환경이 악화되고 있었다. 사기 문제와 규제 압박이 증가했다. eBay의 제안은 합리적이었다. 매출의 약 7배였다. 더 좋은 제안이 올 보장은 없었다.

그래서 그는 팔았다. 그 돈으로 무엇을 했나? Facebook, LinkedIn, SpaceX에 초기 투자했다. 이 투자들은 수백 배 수익을 만들었다. 만약 Thiel

이 '조금만 더'를 기다렸다면 어떻게 되었을까? PayPal의 가치는 아마 하락했을 것이다. 경쟁과 규제 압박 때문이다. 그리고 그는 다음 기회들인 Facebook 같은 투자를 놓쳤을 것이다.

완벽한 타이밍은 없다. 합리적인 타이밍만 있을 뿐이다. 그리고 때로는 일찍 나가는 것이 늦게 나가는 것보다 훨씬 낫다.

Exit 신호 카테고리 1: 시장 정점 지표

버블에서 Exit 타이밍을 잡는 것은 예술이 아니라 과학이다. 명확한 신호들이 있다. 투자자는 이 신호들을 체계적으로 추적해야 한다.

첫 번째는 미디어 포화다. AI가 모든 메인스트림 미디어의 헤드라인을 장식한다. Time, Forbes, CNBC가 매일 AI를 다룬다. 심지어 비즈니스 매체가 아닌 곳에서도 AI가 주제가 된다.

두 번째는 택시 기사 효과다. 1929년 대공황 직전, Joseph Kennedy는 구두닦이가 주식 정보를 알려주는 것을 듣고 모든 주식을 팔았다. 2026년에는 택시 기사나 이발사가 AI 투자에 대해 이야기한다. 비전문가들이 투자 조언을 한다.

세 번째는 억만장자 선언이다. AI로 억만장자가 되었다는 기사가 등장하며, 유명 투자자들이 공개적으로 "AI가 세상을 바꿀 것"이라고 선언한다. Cathie Wood, Chamath Palihapitiya* 같은 인물들이 극단적인 예측

---

*   Cathie Wood: ARK Invest를 설립한 혁신 기술 중심의 성장 투자자로, AI·로보틱스·유전체학에 대한 장기적 낙관론으로 유명하다. Chamath Palihapitiya: 전 Facebook 임원이자 Social Capital 창업자로, 테크·SPAC 투자와 과감한 거시 전망을 공개적으로 제시하는 투자자다.

을 한다.

네 번째는 규제 논의다. 정부와 규제 당국이 AI 규제를 논의하기 시작한다. 청문회가 열리고, 법안이 제출된다. 규제는 보통 버블 정점 이후에 본격화된다.

버블 정점 신호 체크리스트

신호	설명	2025년 상태	점수
미디어 효과	메인스트림 미디어의 일일 AI 커버리지	매우 높음	5/5
택시기사 효과	비전문가의 투자 조언 빈도	증가 중	4/5
억만장자 선언	공개적 극단 예측 빈도	높음	4/5
규제 논의	정부 청문회/법안 수	진행 단계	3/5
총점			**16/20**

2025년 말 기준, 총점 16점이다. 20점 만점에서 16점이면 경고 단계다. 10점 미만이면 안전, 16-18점이면 경계, 19점 이상이면 즉시 Exit 검토가 필요하다.

Exit 신호 카테고리 2: 밸류에이션 극단

역사적 배수 초과를 본다. Price-to-Sales 비율*이 역사적 평균의 2배에서 3배가 된다. SaaS의 평균 P/S는 5배에서 10배다. AI 스타트업이 50

---

*   P/S 또는 PSR. 기업의 시가총액을 연간 매출로 나눈 값으로, 매출 1원당 시장이 얼마나 높은 가치를 부여하고 있는지를 보여주는 지표이다.

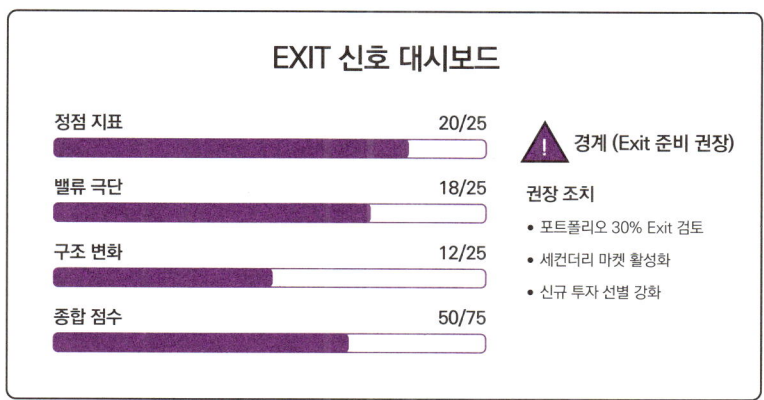

Exit 신호 대시보드(2025년 12월 기준)

배를 탇으면 극단이다.

AI 스타트업의 손실이 큰데도 수십억 달러 밸류를 받는다. 매출 1천만 달러에 밸류 5억 달러 같은 사례들이다. "이번엔 다르다"는 내러티브가 넘친다. "전통적 지표는 적용되지 않는다"는 주장이 지배적이 된다. "AI는 지수힘ㅡ수적*이므로 선형적 평가는 무의미하다" 같은 말들이다. 이런 말들이 나타날 때 밸류에이션이 극단으로 치솟는다.

Exit 신호 카테고리 3: 시장 구조 변화

금리 변화를 본다. 미국연방준비위원회가 금리를 올리면 유동성이 감소한다. 2022~2023년 금리 인상은 기술주에 타격을 줬다. 2026~2027년 금리 방향이 중요하다.

---

* 지수함수 그래프처럼 시간이 지날수록 증가 속도 자체가 계속 빨라지는 방식으로 성장한다는 의미이다.

VC 투자 둔화를 본다. 분기별 투자액이 감소하기 시작한다. 2026년 Q3에서 Q4로 가면서 감소 신호가 보인다면 경계해야 한다. IPO 시장 냉각을 본다. IPO 철회나 연기가 증가한다. 예정된 IPO가 취소되거나 밸류를 낮춘다. 다운라운드 증가를 본다. 유명 기업들도 가치 하락을 겪는다. 2026년 후반 이런 사례가 증가한다면 버블 정점이 지난 것이다.

Exit 전략의 4가지 옵션

투자자는 상황에 따라 적절한 Exit 전략을 선택해야 한다.

옵션 1: 세컨더리 마켓 매각

비상장 주식을 세컨더리 시장에서 매각한다. Forge Global, EquityZen, SharesPost 같은 플랫폼을 사용한다. 가격은 최근 밸류의 70%에서 90%로 할인된다. 속도는 빠르다. 몇 주에서 몇 달이다. 유동성이 급히 필요할 때 적합하다. 장점은 빠른 현금화이고, 단점은 할인이다. 하지만 버블 정점에서 10% 할인으로 현금화하는 것이, 붕괴 후 50% 손실보다 훨씬 낫다.

옵션 2: 회사 매각 유도(VC나 대형 투자사의 경우)

포트폴리오 회사를 대기업에 매각하도록 유도한다. 전략적 매수자를 연결해 준다. 가격은 협상 가능하고, 보통 최근 밸류의 80%에서 120%다. 속도는 중간이다. 3개월에서 6개월이다. 회사가 생존 가능하지만 독립 성장은 어려울 때 적합하다.

장점은 합리적 가격과 명확한 Exit다. 단점은 시간이 걸린다는 것이다.

옵션 3: IPO 가속화(VC나 대형 투자사의 경우)

시장이 여전히 열려 있을 때 IPO를 추진한다. 투자 은행과 협력한다. 가격은 프리미엄이 가능하지만 시장에 의존적이다. 속도는 느리다. 12개월에서 24개월이다. 위험이 있다. 준비 중 시장이 닫히면 갇힌다.

장점은 최고 가격 가능성이다. 단점은 타이밍 위험이다. 2026년 초에 IPO를 준비하면, 아무리 빨라도 2027년 초나 중반에 상장인데, 그때 시장이 어떨지 알 수 없다.

옵션 4: 부분 현금화

포지션의 20%에서 30%만 매각한다. 나머지는 홀딩한다. 초기 투자금을 회수하고, 상승 참여권은 유지한다. 속도는 옵션에 따라 다르다. 세컨더리면 빠르고, 구조화된 거래면 느리다.

장점은 리스크와 기회의 균형이다. 단점은 중간적이라는 것이다. 완전히 안전하지도, 완전히 공격적이지도 않다.

실전 시나리오: 2026~2028 타임라인

구체적으로 2026년부터 2028년까지 어떻게 행동해야 할까?

2026년 Q1-Q2(마지막 상승): 시장은 여전히 뜨겁다. AI 스타트업 밸류가 정점에 도달한다. 이것은 Exit의 황금기다. (행동) 포트폴리오의 30%를 Exit한다. 특히 애플리케이션 레이어를 우선한다. 세컨더리 마켓을 적극 활용한다. 조금 일찍 파는 것을 두려워하지 않는다.

2026년 Q3~2027년 Q2(조정 시작): 첫 번째 고프로필 실패가 나온다. 예를 들어 큰 AI 스타트업이 다운라운드를 하거나 폐업한다. 미디어가 'AI 버블' 이야기를 시작한다. VC 투자가 감소한다. (행동) 추가 Exit를 검토한다. 포트폴리오의 50%까지 Exit를 고려한다. 신규 투자를 중단한다. 현금을 보존한다. 기존 포트폴리오 기업의 Burn Rate를 모니터링한다.

2028년 이후(바닥): 시장이 바닥을 친다. 생존자와 파산자가 명확해진다. 가격이 최저점에 도달한다. (행동) 역발상 투자를 준비한다. 보존해 둔 현금으로 저가 매수를 시작한다. 하지만 여전히 선별적이다. 명확한 생존 가능성과 수익 모델이 있는 기업만 본다.

2028~2030년 이후(회복): 시장이 서서히 회복한다. 생존자들이 시장을 재편한다. 합리적 밸류가 돌아온다. 진짜 AI 비즈니스가 시작된다. (행동) 본격 투자를 재개한다. 2028년 저가 매수한 포지션이 가치를 회복한다. 새로운 사이클이 시작된다.

✔실행 체크리스트

즉시 실행

☐ Exit 신호 대시보드를 만들어라(스프레드시트나 Notion)

☐ 포트폴리오 각 포지션에 Exit 목표를 설정하라(예: 30% 수익 시 30% 매각)

☐ 세컨더리 마켓 플랫폼에 계정을 만들어라

분기마다 실행

☐ 신호 점수를 업데이트하라

□ 20점 이상이면 Exit 검토 시작

□ 포트폴리오 회사의 밸류 변화를 추적하라

□ 경쟁 환경 변화를 모니터링하라

심리 관리

□ Exit 규칙을 문서화하라(감정적 결정 방지)

□ 멘토나 동료와 정기적으로 논의하라

□ '조금만 더' 생각이 들면, 닷컴 사례를 다시 읽어라

화려함보다 현금

▎법칙 3: 기술 데모가 아닌 단위경제학을 실사하라

창업자가 무대에 선다. 화면에 멋진 데모가 펼쳐진다. AI가 코드를 작성하고, 이미지를 생성하고, 복잡한 질문에 답한다. 청중이 박수를 친다. "놀랍다!" "게임 체인저다!" 2024년, AI 스타트업 피치 미팅의 전형적인 모습이다. 하지만 30분 후, 실제 숫자를 보면 이야기가 달라진다. 고객당 월 순이익이 마이너스다. 유지율이 30%다. 다음 펀딩 없이 6개월밖에 못 버틴다.

법칙 3은 간단하다. 데모의 인상이 아니라 단위경제학을 실제로 조사하라는 것이다. 화려한 기술은 필요조건이지만, 건강한 현금 흐름은 충분조건이다.

단위경제학이란 무엇인가

단위경제학은 고객 한 명 또는 거래 하나당 경제성을 의미한다. 핵심 지표는 다섯 가지다.

1. CAC(Customer Acquisition Cost) - 고객 획득 비용
   - 한 명의 유료 고객을 얻는 데 드는 총 비용이다. 마케팅 비용, 영업 비용, 프리 트라이얼 비용 등을 모두 포함한다.
   - 계산: 총 마케팅/영업 비용 ÷ 신규 유료 고객 수
2. LTV(Lifetime Value) - 고객 생애 가치
   - 한 고객이 관계 전체 기간 동안 가져다주는 총 수익이다.
   - 간단 계산: 월 구독료 × 평균 구독 개월 수
   - 정교한 계산: (월 구독료 × 총 마진율) ÷ 월 이탈률
3. LTV/CAC 비율
   - 가장 중요한 지표다. 건강한 SaaS는 3 이상을 목표로 한다. 1 미만이면 성장할수록 손실이 증가한다.
4. Payback Period - 회수 기간
   - CAC를 회수하는 데 걸리는 시간이다. 건강한 SaaS는 12개월 이하를 목표로 한다.
   - 계산: CAC ÷ (월 구독료 × 총 마진율)
5. Net Revenue Retention(NRR) - 순매출 유지율
   - 기존 고객으로부터의 매출이 얼마나 유지·성장하는가. 업셀, 크로스셀, 이탈을 모두 고려한다. 120% 이상이면 매우 건강하다.

단위경제학 벤치마크(SaaS 기업)

지표	위험	경고	건강	우수
LTV/CAC	〈1	1~2	3~4	〉5
Payback Period	〉24개월	18~4개월	12~18개월	〈12개월
NRR	〈70%	70~0%	90~110%	〉120%
Gross Margin	〈40%	40~60%	60~75%	〉75%
CAC/ARR	〉2.0	1.5~2.0	1.0~1.5	〈1.0

AI 기업의 함정: 왜 단위경제학이 깨지는가

AI 기업은 전통적 SaaS보다 단위경제학이 더 나쁜 경향이 있다. 이는 네 가지 주요 요인으로 설명할 수 있다.

첫 번째 요인은 높은 컴퓨팅 비용이다. AI는 본질적으로 비용이 많이 드는데, 모델 추론을 할 때마다 GPU 비용이 발생하기 때문이다. 사용자가 많아질수록 비용도 선형적으로 증가한다. 예를 들어, 한 AI 카피라이팅 도구의 경우 월 구독료가 49달러인데, 사용자당 월 GPU 비용이 15~20달러 정도 발생한다. 이로 인해 총 마진율이 60~65%에 그치는데, 이는 전통적인 SaaS의 80~85%에 비해 현저히 낮은 수준이다. 결국 이것이 LTV를 감소시키는 요인이 된다.

두 번째 요인은 낮은 전환 비용이다. 대부분의 AI 앱은 다른 도구로 이동하기 쉬워서 전환 비용이 낮다. 즉, 락인 효과가 약하다는 것이다. 그 결과 높은 이탈률이 발생한다.

세 번째 요인은 가격 하락 압박이다. 2023년에서 2024년 사이 AI 도구 가격이 50% 이상 하락했는데, 이는 치열한 경쟁과 기반 모델 가격 하락 때문이다. AI 이미지 생성 도구를 예로 들면, 2023년 초에는 월 99달러였던 것이 2024년 말에는 월 29달러로 떨어졌고, 2025년에는 월 15~20달러 수준이나 심지어 무료화될 것으로 예상된다. 이러한 가격 하락은 LTV를 직접적으로 감소시킨다.

네 번째 요인은 높은 CAC다. AI는 새로운 카테고리이기 때문에 사용자 교육이 필요하고, 광고 경쟁도 치열하다. Facebook이나 Google Ads에서 AI 관련 키워드의 CPC가 5~15달러에 달하며, 그 결과 CAC가 100~300달러에 이르게 된다. 이는 중소 스타트업이 감당하기 어려운 수준이다.

실사 프로세스: 투자자가 물어야 할 질문들

피치 미팅에서 데모가 끝나면, 이 질문들을 하라.

질문 세트 1: 매출 구조

- "월간 반복 매출(MRR)이 얼마입니까?"
- "연간 계약 가치(ACV)는 얼마입니까?"
- "유료 전환율은 몇 %입니까?"(프리미엄 모델이라면)
- "평균 거래 규모는 얼마입니까?"

이 질문들은 매출의 질을 파악한다. 높은 MRR과 ACV는 좋다. 낮은 전환율은 제품–시장 적합성 문제를 시사한다.

질문 세트 2: 단위경제학

- "고객 획득 비용(CAC)은 얼마입니까?"

- "생애 가치(LTV)는 얼마입니까?"

- "LTV/CAC 비율은?"

- "CAC 회수 기간은 몇 개월입니까?"

- "순매출 유지율(NRR)은 몇 %입니까?"

이것들이 핵심이다. 만약 창업자가 이 숫자들을 모른다면 투자하지 마라. 이것들은 기본 중의 기본이다.

질문 세트 3: 비용 구조

- "사용자당 월 컴퓨팅 비용은 얼마입니까?"

- "총 마진율(Gross Margin)은 몇 %입니까?"

- "규모가 커지면 마진이 개선됩니까, 아니면 유지됩니까?"

AI의 함정은 선형 비용 구조다. 10배 성장하면 비용도 10배다. 만약 규모의 경제가 없다면 수익성 달성이 거의 불가능하다.

질둔 세트 4: 생존 가능성

- "현재 월 소진율(Burn Rate)은 얼마입니까?"

- "현재 현금으로 몇 개월을 버틸 수 있습니까?"

- "다음 펀딩 없이 수익성을 달성할 수 있습니까?"

이것은 시간 싸움이다. 18개월 미만 런웨이는 위험하다. 12개월 미만은 매우 위험하다.

투자 의사결정 매트릭스 (단위경제학 기반)

LTV/CAC	Runway	NRR	투자 결정	조건
〉3	〉18개월	〉90%	✓ 투자	프리미엄 밸류
2~3	12~18개월	70~90%	✓ 투자	표준 밸류
1~2	6~12개월	50~70%	△ 조건부	할인 밸류
〈1	〈6개월	〈50%	✗ Pass	투자 불가

✔ 실행 체크리스트

투자 전 실사

☐ 창업자에게 단위경제학 대시보드를 요청하라

☐ 최소 6개월 코호트 데이터(동일 집단의 시간별 추적 분석 데이터)를 요구하라

☐ LTV/CAC, NRR, Payback Period를 계산하라

☐ 벤치마크와 비교하라

☐ 개선 가능성을 평가하라

협상

☐ 단위경제학이 나쁘면 밸류를 할인하라

☐ 마일스톤 기반 투자를 고려하라(예: NRR 80% 달성 시 추가 투자)

☐ 개선 계획을 투자 조건에 포함시켜라

투자 후 모니터링

□ 월간 단위경제학 리포트를 요구하라

□ 악화 시 즉시 개입하라

□ 분기마다 벤치마크와 비교하라

법칙 4: 기술 우위보다 구조적 해자를 찾아라

수많은 AI 스타트업이 "우리는 가장 정확한 모델을 가지고 있습니다"라고 주장한다. 하지만 6개월 후, 경쟁사가 같은 정확도에 도달한다. 12개월 후, 오픈소스 모델이 따라잡는다. 18개월 후, 기술 우위는 사라진다.

법칙 4는 이렇다. 기술 우위는 일시적이다. 구조적 해자는 영구적이다. 투자자는 후자를 찾아야 한다. Warren Buffett은 해자를 '경쟁사로부터 비즈니스를 보호하는 지속 가능한 경쟁 우위'라고 정의했다. AI 시대에도 이 정의는 여전히 유효하다.

구조적 해자의 5가지 유형

첫 번째 해자는 **네트워크 효과**다. 사용자가 많을수록 제품이 더 가치 있어지는 현상으로, 새로운 사용자가 기존 사용자에게 가치를 추가하는 구조를 말한다. AI 분야에서는 Midjourney의 Discord 커뮤니티가 대표적인 예인데, 사용자들이 서로의 작품을 보고 영감을 얻는 선순환 구조를 만들어낸다.

　두 번째 해자는 **데이터 독점**이다. 독점적이고 재현 불가능한 데이터를 보유하고, 이 데이터로 모델을 훈련하여 경쟁사가 복제할 수 없는 성능을 달성하는 것이다. Google은 검색을 통해 수십 년간 축적된 검색 쿼리와 클릭 데이터를 보유하고 있고, Tesla는 수백만 대의 차량에서 수집한 실제 도로 데이터로 자율주행 기술을 개선한다. 데이터 해자는 시간과 규모가 필요하기 때문에 스타트업이 구축하기 어렵지만, 일단 구축되면 매우 강력한 경쟁 우위가 된다.

　세 번째 해자는 **전환 비용**이다. 고객이 다른 제품으로 전환하는 데 드는 비용이 매우 높은 경우를 말하며, 여기에는 기술적, 재무적, 심리적 비용이 모두 포함된다.

　네 번째 해자는 **규모의 경제**다. 규모가 커질수록 단위 비용이 하락하며, 경쟁사는 같은 규모 없이는 같은 가격에 경쟁할 수 없게 된다. NVIDIA의 CUDA는 15년간 구축한 소프트웨어 생태계로, 경쟁사가 이를 복제하려면 수십억 달러와 10년의 시간이 필요하다. OpenAI의 추론 인프라도 막대한 GPU 클러스터로 비용을 낮추어 작은 경쟁사가 같은 가격에 서비스를 제공할 수 없게 만든다. 규모의 경제는 자본 집약적이라 초기 투자가 크지만, 일단 달성하면 지속 가능한 경쟁 우위를 제공한다.

　다섯 번째 해자는 **브랜드와 신뢰**다. 고객이 브랜드를 신뢰하여 프리미엄을 지불하는 경우로, 특히 위험이 높거나 중요한 결정에서 두드러진다. OpenAI의 ChatGPT는 'AI = ChatGPT'로 인식될 정도로 강력한 브랜드를 구축했으며, 다른 도구가 더 좋아도 사람들은 ChatGPT를 먼저 시도한다. Google Gemini는 Google이라는 브랜드 덕분에 신뢰를 받고, Anthropic Claude는 '코딩 능력이 뛰어나고 안전한 AI'로 브랜딩되어 기업 고객의 선호를 받는다. 브랜드는 구축에 시간이 필요하지만, 일단 만들어지면 매우 지속적인 경쟁 우위를 제공한다.

해자 유형별 특성 비교

해자 유형	구축 난이도	구축 시간	지속성	방어력
네트워크 효과	높음	3~5년	매우 높음	최고
데이터 독점	매우 높음	5~10년	높음	높음
전환 비용	중간	2~4년	높음	높음
규모의 경제	매우 높음	5~10년	중간	중간
브랜드/신뢰	중간	3~7년	중간	중간

기술 우위의 한계

AI 분야에서 기술 우위는 일시적이다. 첫 번째 이유는 빠른 복제 가능성이다. AI 모델은 주로 논문으로 공개되기 때문에 아키텍처가 알려지면 재현하기 쉽다. Google이 2017년에 발표한 Transformer 아키텍처를 예로 들면 2026년 현재, 수백 개의 회사가 이를 사용하고 있다.

두 번째 이유는 오픈소스의 추격이다. Meta의 Llama는 무료 오픈소스로 제공되는데, 그 성능이 GPT-4에 근접하는 수준이다. 이로 인해 기술 우위만으로 프리미엄을 받기가 어려워졌다.

세 번째 이유는 인재의 이동성이다. AI 인재는 매우 유동적이어서 OpenAI의 엔지니어가 Anthropic으로 이직하기도 하고, Anthropic의 연구자가 스타트업을 창업하기도 한다. 이러한 인재 이동과 함께 기술도 함께 이전되는 구조다.

네 번째 이유는 API의 상품화다. OpenAI, Anthropic, Google 등이 모두 API를 제공하고 있어서, 스타트업들은 이러한 API를 활용하여 빠르게 제품을 만들 수 있다. 따라서 자체적으로 모델을 개발할 필요가 없어졌다.

NVIDIA는 구조적 해자가 매우 강력한 기업이다. 15년간 구축한 CUDA 생태계는 수백만 개발자와 주요 AI 프레임워크가 의존하고 있어 경쟁사로 전환하려면 막대한 비용이 필요하다. 여기에 TSMC와의 최우선 파트너십으로 최신 공정에 우선 접근하고, AI GPU = NVIDIA라는 브랜드 신뢰까지 더해져 70% 시장 점유율을 견고하게 유지한다.

반면 OpenAI는 ChatGPT라는 강력한 브랜드를 보유했지만 구조적 해자는 약하다. 2025년 말, 월간 활성 사용자 8억 명을 확보했으나 고객사의 개발자들이 코드 몇 줄만 바꾸면 다른 서비스로 전환할 수 있고, 초기 기술 우위도 Claude나 Gemini의 추격으로 사라졌다. Microsoft 의존도가 높고 여전히 적자 상태이다.

Midjourney는 비교적 견고한 해자를 구축했다. 데이터셋과 훈련 방법의 조합으로 만들어진 독특한 미적 스타일은 경쟁사가 쉽게 복제할 수 없고, Discord 기반 커뮤니티에서 사용자들이 작품과 프롬프트를 공유하며 네트워크 효과를 만들어낸다. 크리에이터들이 프롬프트 라이브러리를 구축하고 워크플로우에 깊이 통합하면서 전환 비용도 높아졌다.

기업별 해자 비교 분석

기업	주요 해자	해자 강도	10년 후 예측
NVIDIA	CUDA 생태계	■■■■■	시장 지배 지속
Google	데이터 + 통합	■■■■□	AI 인프라 리더
Microsoft	플랫폼 통합	■■■■□	엔터프라이즈 지배
OpenAI	브랜드 + 선점	■■■□□	AI 대표
Anthropic	기술 + 안전 브랜드	■■■□□	틈새 생존 또는 인수
Midjourney	커뮤니티 + 스타일	■■■■□	독립 생존 가능
대부분 AI 앱	기술	■■□□□	위험

투자 의사결정 프레임워크

투자를 검토할 때, 이 질문들을 하라.

- 질문 1: "경쟁사가 이것을 6개월 안에 복제할 수 있는가?"

  답이 "예"라면, 기술 우위일 뿐이다. 해자가 아니다.

  "우리 모델이 3% 더 정확합니다." → 복제 가능

  "우리는 독점 병원 데이터를 가지고 있습니다." → 복제 어려움

- 질문 2: "10년 후에도 이 우위가 유지될까?"

  답이 "아니오"라면, 장기 투자로 적합하지 않다.

  "우리는 가장 빠른 추론 속도를 가지고 있습니다." → 하드웨어 개선으로 누구나 빨라질 것

  "우리는 의사 50,000명의 네트워크를 가지고 있습니다." → 10년 후에도 복제 어려움

- 질문 3: "이 우위를 구축하는 데 얼마나 걸렸는가?"

  10년 걸렸다면, 경쟁사도 10년 걸린다. 이것은 해자다. 6개월 걸렸다면,

  경쟁사도 6개월이다. 해자가 아니다.

  CUDA 생태계: 15년

  GPT-4 훈련: 6~12개월

- 질문 4: "고객의 전환 비용이 얼마나 되는가?"

  10만 달러 이상이면 강한 해자다. 1,000달러 미만이면 약한 해자다.

  Salesforce 전환: 50만~200만 달러(데이터 마이그레이션, 재교육, 통합 재구축)

  AI 카피라이팅 도구 전환: 0달러(그냥 구독 취소)

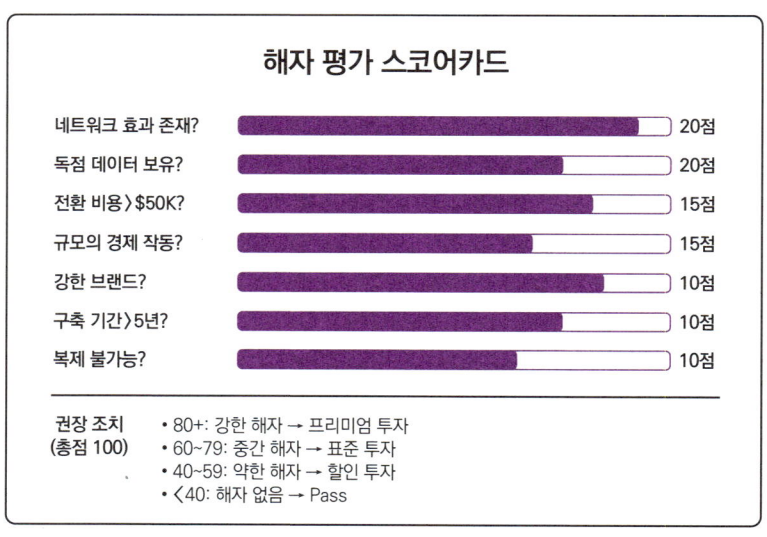

해자 평가 스코어카드

네트워크 효과 존재?	20점
독점 데이터 보유?	20점
전환 비용〉$50K?	15점
규모의 경제 작동?	15점
강한 브랜드?	10점
구축 기간〉5년?	10점
복제 불가능?	10점

권장 조치
(총점 100)
- 80+: 강한 해자 → 프리미엄 투자
- 60~79: 중간 해자 → 표준 투자
- 40~59: 약한 해자 → 할인 투자
- 〈40: 해자 없음 → Pass

투자자

☐ 모든 투자 후보에 해자 스코어카드를 작성하라

☐ 80점 미만이면 투자를 재고하라

☐ 6개월 복제 테스트를 적용하라

☐ 포트폴리오 기업에 해자 구축을 조언하라

☐ 기술 우위만 가진 기업은 빠르게 Exit하라

창업자

☐ 기술 개발만큼 해자 구축에 투자하라

☐ 데이터 플라이휠을 설계하라

☐ 워크플로우 통합을 우선하라

☐ 커뮤니티를 구축하라

생명줄 추적

법칙 5: 포트폴리오 기업의 Burn Rate를 월간 모니터링하라

버블 붕괴의 가장 큰 유발자는 현금 소진율이다. 매월 얼마나 태우는가가 생존 기간을 결정한다. 아무리 훌륭한 기술이라도, 아무리 큰 시장 기회라도, 현금이 바닥나면 게임은 끝난다.

법칙 5는 포트폴리오 모든 기업의 현금 소진액(Burn Rate)을 월간 추적하라는 것이다. 그리고 위험 신호가 보이면 즉시 행동을 취하라.

대부분의 투자자가 실패하는 이유는 분기별로만 체크하기 때문이다. 하지만 현금 위기는 분기보다 빠르게 온다. 월간, 심지어 주간 모니터링이 필요하다.

역사적 교훈: 2008년 금융위기

2008년 9월, Lehman Brothers가 파산했다. 갑자기 VC 펀딩이 얼어붙었다. 6개월 전까지 쉽게 조달하던 기업들이 갑자기 아무것도 받지 못했다.

이때 어떤 기업들이 살아남았나? Dropbox는 2007년 창업했다. 초기 자금은 제한적이었지만, 월 Burn Rate를 극도로 낮게 유지했다. 약 5만 달러 미만이었다. 작은 아파트에서 일했고, 직원은 10명 미만이었으며, 마케팅 비용은 거의 없었다. 2008년 위기가 왔을 때 Dropbox는 18개월 이상 런웨이가 있었다. 조용히 제품을 개선하고, 성장에 집중했다. 2009년 시장이 회복되었을 때, 그들은 여전히 건재했다. 경쟁사들이 사라진 후 시장을 장악했다.

같은 시기 수백 개의 스타트업이 있었다. 많은 이들이 현금이 6개월 남으면 다음 라운드를 시작한다는 just-in-time 펀딩 전략을 가졌다. 2008년 9월 이전에는 작동했다. 하지만 갑자기 펀딩이 중단되었다. 3개월 안에 돈을 조달해야 했다. VC들은 신규 투자를 멈추고 기존 포트폴리오 방어에만 집중했다. 2009년 초까지 이 기업들 대부분이 폐업했다.

차이는 Burn Rate 관리와 투자자의 모니터링이었다. Dropbox의 투자자는 매월 재무 상황을 체크했다. 문제가 생기기 전에 알았다. 다른 기업들의 투자자는 분기별로만 체크했기 때문에 문제를 너무 늦게 발견했다.

AI 기업의 Burn Rate 해부

AI 기업은 전통 SaaS보다 Burn Rate가 높은 경향이 있다. 네 가지 이유가 있다.

첫째, AI 인재 비용이 매우 높다. 실리콘밸리에서 시니어 AI/ML 엔지니어의 평균 연봉이 30만~40만 달러에 달하기 때문에, 30명 규모의 팀만 운영허도 월 인건비가 90만~120만 달러에 이른다.

둘째, 모델 훈련과 추론에 필요한 GPU 컴퓨팅 비용이 크다. 중형 AI 스타트업의 월 클라우드 비용은 10만~50만 달러 수준이며, 대형 기업은 100만 달러를 훨씬 초과한다.

셋째, 고품질 훈련 데이터 확보에 상당한 비용이 든다. 라이선스, 라벨링, 저장 비용을 합치면 일반적으로 월 5만~20만 달러가 소요된다.

넷째, 치열한 인재 전쟁이 과도한 채용을 부추긴다. 2023~2024년 많은 AI 스타트업이 경쟁사에 인재를 빼앗기지 않으려는 조급함에 필요 이상으로 빠르게 채용하면서 비용을 키웠다.

런웨이 계산과 생존 확률

런웨이는 기본적으로 현재 현금을 월 Burn Rate로 나누어 간단하게 계산된다. 예를 들어 현금이 1,500만 달러이고 월 Burn이 120만 달러라면 런웨이는 12.5개월이 된다.

하지만 실제로는 매출 성장을 고려한 더 정교한 계산이 필요하다. 조정 런웨이는 현금과 예상 매출을 합한 금액을 Burn에서 매출 성장률을 뺀 값으로 나누어 구한다. 어떤 기업이 현재 월 매출 20만 달러를 올리고 있고 매출이 월 10%씩 성장한다고 가정해 보자. 매출이 점차 Burn을 상쇄하기 시작하면서 조정 런웨이는 단순 계산보다 길어진다.

런웨이별 생존 확률(2026~2027 조정기 기준)

런웨이	생존 확률	주요 위험	권장 조치
24개월+	85%	낮음	정상 운영
18~24개월	70%	중간	모니터링 강화
12~18개월	50%	높음	비용 절감 준비
6~12개월	25%	매우 높음	긴급 펀딩 또는 절감
〈6개월	10%	극도	생존 모드

런웨이가 짧아지면 투자자는 더 투자할 것인지 아니면 비용을 줄일 것인지 중요한 결정을 내려야 하는 딜레마에 직면한다.

첫 번째 옵션은 브리지 펀딩으로, 추가 자본을 투입하여 런웨이를 연장하는 방식이다. 이 방법은 회사가 근본적으로 건강하고 단지 시장 타이밍이 나빴을 뿐이며, 명확한 수익성 경로가 있고, 펀딩 시장이 곧 회복될 것으로 예상될 때 적합하다. 그러나 이 선택에는 위험이 따르는데, 좋은 돈을 나쁜 돈 뒤에 던지는 상황이 될 수 있고 문제를 해결하는 것이 아니라 단순히 연기하는 것에 그칠 수 있다. 또한 다른 LP들이 추가 투자에 동의하지 않을 가능성도 있다.

두 번째 옵션은 구조조정으로, 비용을 대폭 절감하여 생존을 도모하는 방식이다. 이는 펀딩 시장이 장기간 닫힐 것으로 예상되고, 회사가 더 효율적으로 운영될 수 있으며, 핵심 팀만으로도 제품 개발이 가능하고 수익성 달성이 현실적일 때 적절하다. 하지만 구조조정은 직원 사기를 저하시키고 핵심 인재의 이탈을 초래할 수 있으며, 경쟁 우위를 상실하거나 시장 기회를 놓칠 위험이 있다.

✔실행 체크리스트

즉시 설정

☐ 포트폴리오 모든 기업의 Burn Rate 대시보드를 만들어라

☐ 월간ㆍ재무 리포팅을 표준화하라

☐ 자동 알림 시스템을 구축하라(18/12/6개월 트리거)

☐ 각 기업에 3개 비용 절감 시나리오를 준비하라

월간 실행

☐ 대시보드를 업데이트하라

☐ 런웨이〈18개월 기업과 미팅하라

☐ 전월 대비 변화 추세를 분석하라

☐ 위험 신호를 문서화하라

위기 시

☐ 주간 체크인으로 전환하라

☐ 비용 절감 계획을 즉시 실행하라

☐ 다른 LP/파트너와 소통하라

☐ 최악의 시나리오를 준비하라

OpenAI의 IPO
버블의 '대관식'이자 '마지막 불꽃'

AI 버블 붕괴는 OpenAI의 IPO가 성공했을 때부터 시작된다. IPO 이전까지의 AI 투자는 주로 NVIDIA, Microsoft, Google, Meta와 같은 거대 기술 기업과 거물급 벤처캐피탈이 주도하는 '그들만의 리그'지만, IPO 성공과 함께 개인 투자자가 대거 유입되면서 본격적인 광풍이 불기 시작하기 때문이다.

OpenAI의 IPO는 개인 투자자가 마침내 'AI의 심장'에 직접 투자할 수 있는 기회를 의미하지만, 역설적으로 이는 버블의 정점에서 가장 위험한 매수 주체로 참여하게 됨을 뜻한다. 이러한 광풍 속에서 개인 투자자가 살아남기 위해서는 명확한 전략이 필요하다.

보호예수 기간 해제, 진짜 폭풍은 그때부터다

개인은 상장 직후 시장에서 주식을 사지만, OpenAI의 초기 직원과 벤처캐피탈들은 수년간 수백 배의 수익을 기대한 채 상장만을 기다려온 사람들이다. 상장 후 약 3~6개월간 지속되는 보호예수 기간에 현혹되어서는 안 된다. 진정한 가격 하락 압박은 초기 내부자들이 주식을 팔 수 있게 되는 시점에 발생한다. 상장 첫날의 화려한 급등세에 올라타기보다, 대규모 물량이 쏟아지는 시점의 가격 방어력을 확인한 뒤 진입 여부를 결정하는 것이 훨씬 안전하다.

단위 경제가 무너지는 순간을 포착하라

버블기에는 '사용자가 늘어나면 언젠가 돈을 벌 것'이라는 논리가 지배한다. 하지만 붕괴는 사용자가 늘어날수록 적자가 커지는 구조가 드러날 때 시작된다. OpenAI의 분기 실적 발표에서 사용자당 평균 수익 대비 API 추론 및 서버 유지 비용의 비율을 추적해야 한다. 만약 매출 성장률보다 비용 증가율이 가파르게 상승한다면, 이는 기술적 해자가 없다는 증거다. 스토리인 지능의 진화가 아닌 숫자인 마진율이 꺾이는 첫 번째 분기가 바로 개인 투자자의 탈출 신호다.

래퍼 기업의 몰락이 OpenAI를 끌어내린다

OpenAI는 공급자이다. 그들의 매출은 상당 부분 OpenAI의 API를 호출해 서비스를 만드는 'AI 래퍼' 스타트업들로부터 나온다. OpenAI 주가만 보지 말고, 시장에 상장된 수많은 소규모 AI 응용 앱 기업들의 실적을 함께 살펴야 한다. 하위 래퍼 기업들이 실적 부진으로 무너지기 시작하면 그들의 지출이 곧 매출인 OpenAI의 실적도 시차를 두고 하락하게 된다. "대장주는 안전하겠지"라는 안일한 생각은 닷컴 버블 당시 Cisco 투자자들이 겪었던 실수다.

물리적 인프라로 자산을 옮겨라

버블의 붕괴는 무형의 가치인 지능과 소프트웨어에서 시작되어 유형의 가치인 전력과 하드웨어에서 멈춘다. OpenAI 투자 수익의 일정 부분을 지속적으로 에너지, 전력망, 특수 냉각 시스템 관련 기업으로 옮겨두어야 한다. AI 모델 간의 경쟁이 치열해져 API 가격이 낮아지더라도, 그 지능을 가동하기 위한 전기와 냉각의 수요는 붕괴기에도 하방 경직성을 가진다. 소프트웨어의 광기가 끝날 때를 대비해 물리적 실체가 있는 자산으로 포트폴리오를 분산해야 한다.

감정이 아닌 시스템으로 매도하라

개인 투자자가 실패하는 가장 큰 이유는 버블의 정점에서 종교적 믿음을 갖기 때문이다. 머수와 동시에 수익금 보존 매도 원칙을 세워야 한다. 예를 들어 고점 대비 15% 하락 시 기계적으로 전량 매도한다는 원칙을 세워야 한다. 버블 붕괴는 한 달 만에 주가의 50~70%를 날려버리는 속도로 진행되므로, "다시 오르겠지"라는 희망 회로가 작동하는 순간 탈출 기회는 영원히 사라진다.

Chapter 12

법칙 6~10 ─ 투자자의 생존 기술

출구를 알고 들어가라

2025년 가을, 나는 한 시니어 VC와 뉴욕에서 만났다. 그는 2000년 닷컴 버블을 경험했고, 2008년 금융 위기도 겪었다. 20년 넘는 투자 경력이다. 그가 말했다.

"AI 버블이 닷컴과 다른 점이 하나 있다. 속도다. 닷컴은 1995년부터 2000년까지 5년이 걸렸다. AI는 2022년부터 2024년까지 2년. 모든 것이 3배 빠르다."

"그래서?" 내가 물었다.

"그래서 출구도 3배 빠르게 생각해야 한다. 닷컴 때는 3~5년 홀딩을 생각했다. 지금은 1~2년이다. 창문이 열리면 빠르게 나가야 한다. 망설이면 놓친다."

그가 옳았다. 2026~2028년, 많은 투자자가 배우게 될 것이다. AI 버블에서는 언제 들어가는가만큼 언제 나가는가가 중요하다. 사실, 더 중요할 수 있다.

이 장의 5가지 법칙(6~10)은 투자자를 위한 것이다. 하지만 창업자도 읽어야 한다. 투자자의 생각을 이해하면 더 나은 결정을 내릴 수 있기 때문이다. 그리고 당신도 언제가는 출구를 생각해야 하니까.

집중은 부가 아니라 위험이다

법칙 6: AI 배분을 전체 포트폴리오의 20~30%로 제한하라

2023년 이후, 많은 개인 투자자가 같은 실수를 하고 있다. 포트폴리오의 70%, 80%, 심지어 100%를 AI 주식에 넣는다. "AI가 미래다. 올인해야 한다." FOMO가 판단을 마비시킨다.

법칙 6은 AI 배분을 전체 포트폴리오의 20~30%로 제한하는 것이다. 그리고 정기적으로 균형을 살펴라. 이것이 생존의 핵심이다.

Warren Buffett의 스승 Benjamin Graham이 말했다. "투자에서 가장 중요한 단어는 Margin of Safety다." 집중 투자는 안전 마진을 제거한다. 한 섹터가 무너지면 당신도 무너진다.

버블 시기에는 더욱 그렇다. AI가 아무리 혁명적이어도 버블이 터지면 70~80% 하락할 수 있다. 만약 포트폴리오의 80%가 AI였다면 전체 포트폴리오가 56~64% 폭락한다. 이것은 회복 불가능한 수준이다. 반대로 AI 배분이 25%였다면 전체 포트폴리오 하락은 17.5~20%에 그친다. 고통스럽지만 회복 가능하다. 이것이 생존과 파산을 가르는 차이다.

역사적 교훈: 집중의 대가

닷컴 버블의 Tech-only 투자자들의 예를 보자. 1999년, 많은 투자자가 포트폴리오를 100% 기술주로 전환했다. 논리는 간단했다. "인터넷이 미래다. 왜 다른 것에 투자하는가?" 그들은 맞았다. 인터넷은 정말 미래였다. 하지만 타이밍이 문제였다.

전형적인 집중 투자자의 포트폴리오는 Cisco에 30%, Microsoft에 20%, Intel에 15%, Yahoo에 15%, Amazon에 10%, 그리고 나머지 닷컴 주식에 10%를 배분했다. 기술주 외에는 아무것도 없었다.

2000년 3월, 나스닥이 정점을 찍었다. 포트폴리오 가치도 최고치였다. 하지만 2002년 10월 나스닥은 78% 폭락했다. 집중 투자자들의 포트폴리오는 평균 75~85% 하락했다. 10만 달러를 투자했다면 1만 5천 달러에서 2만 5천 달러만 남았다. 더 충격적인 것은 회복 기간이었다. 원금을 회복하는 데 15년이 걸렸다. 2015년이 되어서야 겨우 본전을 찾았다.

반면 분산 투자자의 상황은 달랐다. 기술주에 30%, 채권에 30%, 그리고 에너지와 헬스케어, 소비재 같은 다른 섹터 주식에 40%를 배분한 투자자를 생각해 보자. 2002년 바닥에서 기술주는 78% 하락했지만, 채권은 안전 자산으로 도피 자금이 몰리면서 오히려 15% 상승했다. 다른 섹터 주식들은 기술주보다 덜 하락하여 평균 20% 정도 떨어졌다. 전체 포트폴리오로 계산하면 기술주 부분에서 23.4%의 손실이 발생했고, 채권에서 4.5%의 이익이 났으며, 다른 주식에서 8%의 손실이 발생했다. 합계는 약 27%의 하락이었다.

집중 투자자는 80%를 잃었다. 분산 투자자는 27%를 잃었다. 전자는 파산 직전까지 몰렸다. 후자는 고통스럽지만 회복 가능했다. 더 중요한 것은 회복 속도였다. 분산 투자자는 2004년에 원금을 회복했다. 집중 투자자는 2015년까지 15년을 더 기다려야 했다.

2008년 금융위기 당시의 '금융주 집중' 투자자들도 마찬가지다. 2007년, 금융주가 매력적으로 보였다. 배당 수익률이 높았고 밸류에이션이 합리적으로 보였다. 많은 투자자가 금융주 비중을 50~70%로 올렸다. 안정적인 배당과 성장을 기대했다.

2008년 금융 위기가 왔다. 금융주는 평균 60~70% 폭락했다. Lehman Brothers와 Bear Stearns 같은 일부 기업은 완전히 사라졌다. 포트폴리오의 70%를 금융주에 배분했던 개인 투자자는 2007년 말 10만 달러를 가지고 있었다면 2009년 초에는 2만 5천 달러에서 3만 달러만 남았다. 70~75%의 손실이었다.

같은 시기 금융주 배분을 25%로 제한했던 분산 투자자는 어땠을까. 나머지를 채권, 상품, 다른 섹터 주식에 분산했다면 전체 포트폴리오는 38% 정도 하락했다. 10만 달러가 6만 2천 달러가 되었다. 여전히 고통스럽지만 집중 투자자의 상황과는 비교할 수 없었다.

역사적 버블에서 집중 투자 vs 분산 투자 성과 비교

버블 사건	집중 투자 손실 (80% 이상 배분)	분산 투자 손실 (20~30% 배분)	원금 회복 시간 (집중 투자자)	원금 회복 시간 (분산 투자자)
닷컴 버블 (2000~2002)	−80%	−27%	15년	4년
금융위기 (2008~2009)	−75%	−38%	6년	3년
암호화폐 버블 (2018)	−85%	−20%	4년 이상	1년
AI 버블 예상 (2027?~)	−70~80%(예상)	−20~25%(예상)	10년+(예상)	3년(예상)

20~30% 가이드라인의 과학

왜 정확히 20~30%인가? 이것은 임의의 숫자가 아니다. 수십 년간의 실증 연구와 위험-수익 최적화의 결과다.

10% 미만으로 배분하면 너무 보수적이다. AI가 실제로 혁명적 기술이라면 10% 미만은 상승의 대부분을 놓친다. 시뮬레이션을 해보자. AI 주식이 향후 5년간 3배 상승한다고 가정한다. 10% 배분이라면 포트폴리오 전체로는 20%의 수익만 발생한다. 나머지 90%는 다른 자산에 있기 때문에 AI의 폭발적 성장을 거의 누리지 못한다. 기회 비용이 너무 크다.

반대로 50% 이상으로 배분하면 위험이 과도하다. AI 주식이 70% 폭락한다면 포트폴리오 전체가 35% 이상 하락한다. 이것은 대부분의 투자자가 견디기 어려운 수준이다. 심리적으로 패닉에 빠지게 되고, 최악의 타이밍에 손절매를 하게 된다. 실제로 행동재무학 연구에 따르면 대부분의 개인 투자자는 30% 이상 손실을 보면 비이성적 결정을 내린다.

20~30%는 이 둘 사이의 최적점이다. AI의 상승을 충분히 누리면서도,

붕괴 시 생존 가능한 손실 수준을 유지한다. 구체적으로 AI가 3배 상승하면 포트폴리오는 40~60% 상승한다. 충분히 매력적이다. 반대로 AI가 75% 폭락하면 포트폴리오는 15~22.5% 하락한다. 고통스럽지만 회복 가능하다.

더 중요한 것은 심리적 안정성이다. 20~30% 배분이라면 AI 섹터가 무너져도 "내 인생이 끝났다"는 느낌이 들지 않는다. 여전히 포트폴리오의 70~80%는 건재하다. 이것이 냉정한 판단을 유지하게 해준다. 패닉 매도를 방지한다.

리밸런싱의 마법

배분 비율을 정했다고 끝이 아니다. 정기적 리밸런싱이 필수다. 이것이 버블에서 자동으로 수익을 실현하는 비밀이다.

리밸런싱의 메커니즘은 간단하다. AI 주식이 급등하여 포트폴리오에서 차지하는 비중이 30%를 넘어서면, 초과분을 매도하여 다시 30%로 맞춘다. 대도한 돈은 다른 자산을 매수하는 데 사용한다. 반대로 AI 주식이 폭락하여 비중이 20% 아래로 떨어지면, 다른 자산을 팔아서 AI 주식을 더 사서 20%로 복원한다. 이것의 효과는 놀랍다. 사실상 고점에서 팔고 저점에서 사는 전략을 자동으로 실행하는 것이다. 감정이 개입하지 않는다. 기계적으로 실행한다.

구치적 시나리오로 살펴보자. 2026년 초, 10만 달러 포트폴리오를 구성한다. AI 주식 2만 5천 달러, 채권 3만 달러, 기타 주식 4만 5천 달러다. AI 배분은 25%다.

2026년 말까지 AI 주식이 100% 상승한다. 다른 자산은 10% 상승한다. 포트폴리오는 이제 AI 주식 5만 달러, 채권 3만 3천 달러, 기타 주식 4만 9천 5백 달러로 총 13만 2천 5백 달러가 되었다. AI의 비중은 37.7%로 올라갔다.

리밸런싱을 실행한다. 목표는 25%다. 13만 2천 5백 달러의 25%는 3만 3천 1백 25달러다. 따라서 AI 주식을 1만 6천 8백 75달러 매도한다. 이 돈으로 채권과 기타 주식을 매수한다. 결과적으로 AI가 정점에서 자동으로 일부를 매도한 것이다.

예를 들어 2028년, AI 버블이 터진다면 AI 주식이 60% 폭락한다. 하지만 리밸런싱 덕분에 보유량이 줄어 있었다. 다른 자산은 10% 하락한다. 재계산해 보면 포트폴리오는 여전히 10만 달러 이상을 유지한다. 리밸런싱 없이 37.7%를 보유했다면 훨씬 큰 손실을 입었을 것이다.

더 나아가 버블 붕괴 후 다시 리밸런싱한다. AI 비중이 20% 아래로 떨어졌다면, 다른 자산을 일부 팔아서 AI 주식을 매수한다. 이것은 저가 매수다. 회복기에 큰 수익을 가져다준다. 리밸런싱 포트폴리오가 일관되게 우수한 성과를 낸다. 버블 정점에서 자동으로 매도했고, 폭락 후 저가 매수했기 때문이다.

개인 투자자를 위한 전략: 분산은 생존이고, 리밸런싱은 승리다

AI 버블이 발생했을 때 개인 투자자가 살아남는 방법은 두 가지다. 첫째는 분산이다. AI 배분을 20~30%로 제한한다. 둘째는 리밸런싱이다. 정기적으로 목표 배분을 유지한다.

이 두 가지는 함께 작동한다. 분산은 폭락 시 생존을 보장한다. 리밸런싱은 버블 정점에서 자동으로 수익을 실현하고, 바닥에서 자동으로 저가 매수한다.

역사는 증명한다. 닷컴 버블, 금융위기, 암호화폐 버블 모두에서 분산과 리밸런싱 전략이 승리했다. **AI 버블도 다르지 않을 것이다. 당신은 선택할 수 있다. 집중 투자로 큰 수익을 꿈꾸다가 파산할 것인가? 아니면 분산과 리밸런싱으로 생존하고 번영할 것인가?** 선택은 당신의 것이다. 하지만 역사는 이미 답을 알려주고 있다.

지금 당장 포트폴리오를 점검하라. AI 비중이 30%를 넘는가? 그렇다면 오늘 리밸런싱하라. 내일을 기다리지 마라. 시장은 기다려주지 않는다. 생존은 오늘의 결정에 달려 있다.

높은 가격의 함정

법칙 7: 밸류 게임보다 모멘텀 게임을 하라

2025년, AI 스타트업 창업자들 사이에서 밸류 게임이 유행이다. "우리는 1억 달러 밸류로 시드를 받았다." "우리는 18개월 만에 유니콘이 되었다." SNS에 헤드라인을 장식한다. 자아를 부풀린다. 하지만 창업자 관점에서 높은 밸류는 축복이 아니라 저주가 될 수 있다.

법칙 7은 밸류에이션보다 모멘텀을 우선하라는 것이다. 당신이 창업자라면 낮은 밸류로 빠르게 투자받고 성장을 위해 노력하는 것이, 높은 밸류로 오래 협상하는 것보다 낫다.

왜 그런가? 세 가지 이유가 있다.

첫째, 시간은 돈이다. 6개월 협상하는 동안 시장은 변한다. 경쟁사는 앞서간다. 기회는 사라진다. 둘째, 높은 밸류는 다음 라운드 압박을 만든다. 1억 달러 밸류로 시드를 받으면, 시리즈 A는 3억 달러 정도의 밸류여야 한다. 불가능하면 다운라운드다. 다운라운드는 사기 저하, 희석, 때로는 죽음을 의미한다. 셋째, 모멘텀이 밸류를 만든다. 빠른 실행과 성장이 밸류를 높인다. 높은 밸류가 모멘텀을 만들지 않는다.

역사적 사례: Zoom vs Quibi

2011년 Eric Yuan은 Cisco Webex를 떠나 Zoom을 창업했다. 그는 경험 많은 엔지니어였지만 스타 창업자는 아니었고, Zoom의 펀딩 접근 방식은 높은 밸류를 추구하지 않는 실용적인 것이었다. 시드 라운드에서 300만 달러를 조달했으며 밸류는 비공개였지만 1,000만~1,500만 달러로 추정된다. 2013년 시리즈 A에서 600만 달러, 시리즈 B에서 650만 달러, 2015년 시리즈 C에서 3,000만 달러, 2017년 시리즈 D에서 1억 달러를 유치했다.

밸류는 인상적이지 않았다. 매 라운드 합리적으로 증가했다. 과장되지 않았다. 하지만 Zoom은 빠르게 움직였다. 자금 조달 후 즉시 실행했다. 협상에 시간을 낭비하지 않았다. 제품 개발, 고객 확보, 팀 구축에 집중했다.

Zoom은 2019년 IPO를 진행했고, 상장 당일 시가총액이 160억 달러를 기록했다. 2020년 팬데믹이 발생하면서 시가총액은 1,600억 달러까지 치솟았고, Eric Yuan은 억만장자가 되었다.

반면 밸류를 우선시한 Quibi를 보자. 2018년, Jeffrey Katzenberg (DreamWorks 창업자)와 Meg Whitman (전 HP CEO)이 Quibi를 창업했다. 모바일 단편 비디오 플랫폼이었다. 그들은 스타 창업자였다. 그리고 그것을 활용했다.

Quibi는 출시 전에 17억 5천만 달러를 조달했다. 놀라운 금액이었다. 밸류는 공개되지 않았지만 수십억 달러로 추정되었다. 모든 미디어가 역사상 가장 큰 프리-론치 펀딩이라고 보도했다. 하지만 그 거대한 기대가 문제였다. 투자자들은 엄청난 성공을 기대했다. Netflix 킬러를 원했다. 압박이 엄청났다.

2020년 4월, 화려한 마케팅, 유명 콘텐츠, 거대한 예산으로 Quibi가 출범했다. 하지만 시장 반응은 차가웠다. 사용자 유지율이 끔찍했다. 3개월 후 90%가 이탈했다. 사용자 이탈이 심각해지자 Quibi는 모바일 전용 숏폼 콘텐츠 전략에서 벗어나 TV나 다른 플랫폼으로 변화를 모색했다. 하지만 할 수 없었다. 너무 많은 돈, 너무 많은 이해관계자, 너무 많은 자아가 걸려 있었다. 유연성이 없었다.

2020년 10월, 출시 6개월 만에 Quibi는 폐쇄를 발표했다. 17억 5천만 달러 중 3억 5천만 달러 정도의 현금을 투자자에게 반환한 채 사라졌다. 이는 총 조달액의 약 20%에 해당하며, 나머지는 콘텐츠 제작과 마케팅 등에 소진되었다.

Quibi의 실패는 출시 전 대규모 자금 조달에도 불구하고 빠른 폐쇄와 막대한 손실로 역사상 가장 비싼 스타트업 실패 사례로 평가된다. 무엇이 잘못되었나? 높은 밸류와 기대가 회사를 질식시켰다. 작게 시작하고, 배우고, 사업을 전환할 기회가 없었다.

높은 밸류의 숨겨진 비용

투자자는 높은 밸류가 창업자에게 유리하다고 생각할 수 있다. 희석이 적으니 좋은 것 아닌가 싶지만, 실제로는 숨겨진 비용이 존재한다.

첫 번째 비용은 다음 라운드에 대한 압박이다. 시드에서 1억 달러 밸류를 받으면 시리즈 A 투자자는 보통 2~3배 증가한 3억~5억 달러 밸류를 기대한다. 만약 성장이 그만큼 빠르지 않다면 다음 라운드가 불가능해지고, 다운라운드나 좀비화 중 하나를 선택해야 한다. 다운라운드가 발생하면 창업자와 초기 투자자가 희석되고 직원 스톡옵션 가치가 폭락하면서 사기가 저하된다. 미디어는 '실패한 유니콘'이라는 부정적 보도를 쏟아내고 인재 이탈이 가속화된다.

두 번째 비용은 협상 지연이다. 높은 밸류를 받으려면 여러 VC를 경쟁시키며 텀시트를 비교하고 수정하고 재협상하는 과정을 거쳐야 하는데, 이는 3~6개월을 소비한다. 그 시간 동안 제품 개발이 지연되고, 경쟁사가 시장을 선점하며, 팀의 에너지가 펀딩에 소모되고, 뉴스 사이클을 놓치면서 모멘텀을 잃게 된다.

세 번째 비용은 희석 저항이다. 높은 밸류로 조달한 창업자는 다음 라운드에서 희석을 극도로 싫어하며 "내 밸류가 하락하면 안 된다"는 태도를 보인다. 이는 때때로 필요한 펀딩을 막는 결과를 낳는다. 회사가 현금이 필요한 상황에서도 창업자가 "밸류가 충분히 높지 않으면 받지 않겠다"

고 버티다가 현금이 고갈되고 위기에 처하는 것이다.

네 번째 비용은 실패의 낙인이다. 높은 밸류로 시작했다가 실패하면 '실패한 유니콘'이나 '과대광고 스타트업'이라는 꼬리표가 붙고 미디어의 조롱을 받는다. 이는 창업자의 다음 벤처에도 부정적 영향을 미친다. 반면 낮은 밸류로 시작했다가 실패하면 상대적으로 덜 주목받으며 '잘 안 됐지만 배웠을 것'이라는 관대한 평가를 받는다.

✔실행 체크리스트

투자 전

☐ 창업자에게 밸류보다 속도의 가치를 설명하라

☐ 시장 중간값 밸류를 조사하라(과대평가 회피)

☐ 선제적 밸류 제시를 준비하라

☐ 다운라운드 리스크를 창업자와 논의하라

협상 중

☐ 밸류 논쟁에 과도한 시간 쓰지 마라(2주 제한)

☐ 다른 조건에 초점을 두라(이사회 의석, 정보 권리)

☐ 만약 밸류가 과도하면, pass하라(FOMO 억제)

투자 후

☐ 창업자에게 모멘텀 유지를 강조하라

☐ 빠른 제품 출시와 고객 확보를 지원하라

☐ 다음 라운드 밸류 기대를 현실적으로 관리하라

☐ 성과가 밸류를 만든다는 것을 상기시켜라

법칙 8: 버블 단계 신호를 조기 감지하라

AI 버블을 감지하는 것은 전문 투자자만의 영역이 아니다. 개인 투자자도 공개된 무료 데이터와 간단한 추적 방법을 활용하면 시장의 과열과 조정 신호를 충분히 포착할 수 있다.

기관 투자자들이 사용하는 복잡한 내부 지표나 비공개 데이터에 접근할 수 없더라도, 시장 심리와 밸류에이션의 변화를 나타내는 핵심 신호들은 누구나 확인할 수 있는 곳에 있다. 중요한 것은 어떤 지표를 추적해야 하는지 알고, 그것을 어디서 어떻게 찾아야 하는지 이해하는 것이다.

VIX 지수: 시장의 공포를 측정하는 온도계

VIX 지수는 CBOE(Chicago Board Options Exchange)가 S&P 500 옵션 가격을 기반으로 산출하는 변동성 지수로, 흔히 '공포 지수'라고 불린다. 이 지수는 투자자들이 향후 30일 동안 예상하는 시장 변동성을 나타내며, 시장 심리를 실시간으로 반영하는 가장 직관적인 도구 중 하나다.

VIX를 확인하는 방법은 여러 가지가 있다. 가장 간단한 방법은 Yahoo Finance를 이용하는 것이다. Yahoo Finance 웹사이트(finance.yahoo.com)에 접속한 후 검색창에 '^VIX'를 입력하면 실시간 VIX 지수를 확인할 수 있다. 차트 메뉴에서 기간을 1개월, 6개월, 1년 등으로 조절하여 추세를 파악할 수 있으며, 과거 데이터를 다운로드할 수도 있다.

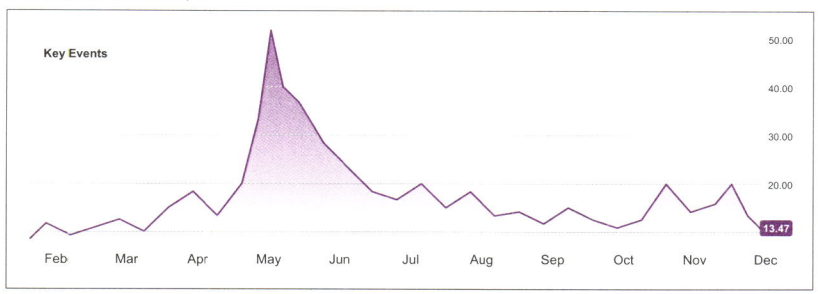

Yahoo Finance의 VIX 지수

FRED(Federal Reserve Economic Data, fred.stlouisfed.org)는 세인트루이스 연방준비은행이 운영하는 경제 데이터 플랫폼으로, 검색창에 'VIXCLS'를 입력하면 VIX 데이터를 확인할 수 있다. 이곳에서는 그래프를 커스터마이징하고 엑셀로 데이터를 내려받아 개인적인 분석에 활용할 수 있다. Investing.com에서도 VIX를 검색하면 실시간 차트와 기술적 분석 도구를 함께 제공받을 수 있다.

VIX 지수를 해석할 때는 절대적 수치와 변화 속도를 모두 고려해야 한다. 일반적으로 **VIX가 20 이하일 때는 시장이 안정적이라고 판단하며, 20에서 30 사이는 불안정, 30 이상은 공포 상태**로 간주한다. AI 버블의 맥락에서 주목해야 할 신호는 두 가지다. 첫째, VIX가 10~15 수준으로 극도로 낮게 유지되는 경우다. 이는 시장이 과도하게 낙관적이며 위험을 과소평가하고 있다는 신호다. 2024년 AI 붐 기간 동안 VIX는 장기간 낮은 수준을 유지했는데, 이는 투자자들이 AI 투자에 대한 리스크를 거의 느끼지 않앗다는 의미다.

둘째, VIX가 갑자기 급등하는 경우를 주시해야 한다. 2025년 초 중국의 DeepSeek가 예상을 뛰어넘는 성능을 보이며 등장했을 때 VIX가 급등했고, 2025년 4월에는 VIX가 평소의 두 배로 상승했다. 이러한 급격한 변화는 시장이 AI 투자의 근본적인 가정을 재평가하기 시작했다는 신호다.

개인 투자자는 VIX를 주간 단위로 기록하는 습관을 들이면 좋다. 간단한 엑셀 스프레드시트에 날짜와 VIX 수치를 기록하고, 4주 이동평균을 계산하면 단기 변동성을 걸러내고 추세를 명확하게 파악할 수 있다. VIX가 4주 이동평균에서 20% 이상 벗어날 때 경계 신호로 삼으면 된다.

Put/Call Ratio: 투자자들의 베팅 방향

Put/Call Ratio는 풋 옵션 거래량을 콜 옵션 거래량으로 나눈 비율로, 투자자들이 하락(풋)과 상승(콜) 중 어느 쪽에 더 많이 베팅하고 있는지를 보여준다. 이 비율은 시장 심리를 측정하는 매우 직접적인 도구다. 콜 옵션은 주가가 오를 것이라는 베팅이고, 풋 옵션은 주가가 떨어질 것이라는 베팅이기 때문에, 이 비율의 변화는 투자자들의 집단적 기대를 반영한다.

Put/Call Ratio를 확인하는 가장 공식적인 방법은 CBOE 웹사이트 (cboe.com)를 이용하는 것이다. 홈페이지에 접속한 후 상단 검색창에 Put/Call Ratio을 입력해 검색하면 일일 Put/Call Ratio 데이터를 확인할 수 있다. CBOE는 전체 시장 Put/Call Ratio뿐만 아니라 개별 주식에 대한 비율도 제공하므로, Nvidia나 Microsoft 같은 특정 AI 기업의 옵션 활동을 추적할 수 있다.

Barchart.com은 더욱 시각적이고 사용자 친화적인 인터페이스를 제공한다. 검색창에 '$VIX' 또는 관심 종목의 티커(회사 식별 코드)를 입력한 후 'Options' 탭으로 이동하면 Put/Call Ratio와 함께 옵션 거래량, 미결제약정 등 다양한 정보를 확인할 수 있다.

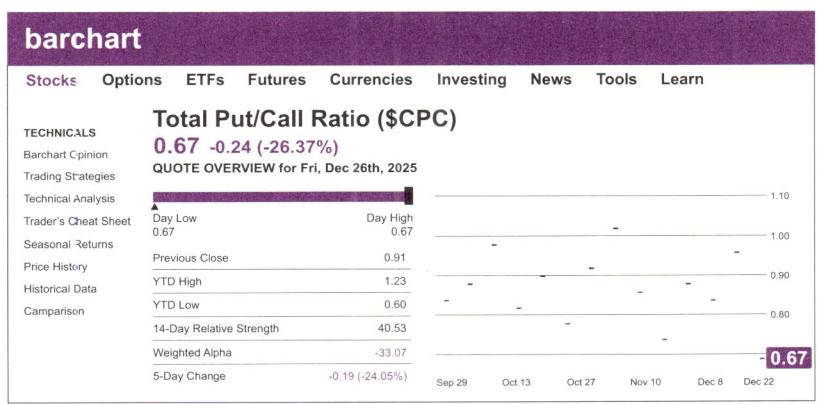

Barchart.com의 Put/Call Ratio

Put/Call Ratio의 일반적인 해석 기준은 다음과 같다. 비율이 1.0 근처라면 시장 심리가 중립적이라는 의미다. 풋과 콜 옵션이 비슷하게 거래되고 있다는 뜻이다. 비율이 1.5 이상으로 높아지면 투자자들이 극도로 비관적이라는 신호다. 역설적이게도 이는 역발상 투자자들에게는 매수 기회가 될 수 있다. 반면 비율이 0.5 이하로 떨어지면 극단적 낙관을 의미하며, 이는 버블 경고 신호다. 2024년 AI 주식 열풍 기간 동안 Put/Call Ratio가 여러 차례 0.5 이하로 떨어졌다. 이는 투자자들이 압도적으로 상승에만 베팅하고 있었고, 거의 아무도 하락 가능성에 대비하지 않았다는 의미다. 역사적으로 이러한 극단적 낙관은 시장 정점을 예측하는 신뢰할 만한 지표로 작용해 왔다.

개인 투자자가 활용하기 좋은 전략은 특정 AI 기업들의 Put/Call Ratio를 개별적으로 추적하는 것이다. Nvidia, Microsoft, Palantir 같은 주요 AI 관련 기업의 비율을 매주 기록하면, 해당 기업에 대한 시장의 기대가 과열되고 있는지 아니면 냉각되고 있는지 파악할 수 있다. 만약 여러 AI 기업의 Put/Call Ratio가 동시에 0.5 이하로 떨어진다면, 이는 섹터 전체가 과열 상태에 있다는 강력한 신호다.

주요 AI 기업 밸류에이션: 숫자로 보는 거품

밸류에이션 지표는 버블을 감지하는 가장 전통적이면서도 효과적인 방법이다. 특히 PER(주가수익비율)과 PSR(주가매출비율)은 기업의 주가가 실제 수익이나 매출에 비해 얼마나 높게 평가되고 있는지를 보여준다. AI 버블의 경우, 이러한 비율이 역사적 기준을 훨씬 초과하는 수준까지 치솟는 현상이 나타났다.

밸류에이션 지표를 확인하는 것은 매우 간단하다. Yahoo Finance(finance.yahoo.com)에서 관심 기업의 티커 심볼을 검색한 후 Statistics 탭을 클릭하면 PER, PSR을 비롯한 다양한 밸류에이션 지표를 한눈에 볼 수 있다. Valuation Measures 섹션에는 현재 PER뿐만 아니라 Forward PER(미래 예상 수익 기준), PEG Ratio(성장률 대비 PER) 등도 제공된다. Google Finance(google.com/finance)도 유사한 정보를 제공하며, 인터페이스가 깔끔하고 여러 기업을 한 번에 비교하기 좋다. 관심 종목을 검색한 후

Financials 탭에서 밸류에이션 배수들을 확인할 수 있다.

AI 버블에서 주목해야 할 주요 기업은 NVIDIA, Palantir, Microsoft, 그리고 비상장 기업인 OpenAI다. NVIDIA는 AI 칩 시장을 장악하고 있는 기업으로, 2025년 7월 시가총액 5조 달러를 달성하며 세계 최초로 이 수준에 도달했다. 더 놀라운 것은 NVIDIA가 S&P 500 전체 시가총액의 8%를 차지한다는 점이다. 역사적으로 단일 기업이 S&P 500에서 차지하는 비중은 2~3%가 일반적이었는데, NVIDIA는 그 3~4배에 달하는 집중도를 보이고 있다. 이러한 극단적 집중은 시스템적 리스크를 의미한다.

OpenAI는 비상장 기업이지만 언론 보도를 통해 밸류에이션 정보를 추적할 수 있다. 2024년 8월 OpenAI는 2차 시장에서 1,000억 달러가 넘는 밸류에이션을 받았는데, 당시 회사는 연간 50억 달러의 손실을 예상하고 있었다. 2024년 10월에는 밸류에이션이 1,570억 달러로 상승했고, 이후 2025년에는 5,000억 달러까지 치솟았다. 그러나 실제 매출은 130억 달러에 불과했다. 이러한 극단적인 밸류에이션과 실제 재무 성과의 괴리는 명백한 버블 신호다.

개인 투자자는 월간 단위로 주요 AI 기업 3~5개의 PER과 PSR을 스프레드시트에 기록하고, 역사적 평균과 비교하는 습관을 들이면 좋다. PER가 100배를 초과하거나 PSR이 50배를 초과하는 기업이 늘어나면 시장 과열의 신호로 받아들여야 한다.

CNN Fear & Greed Index: 시장 감정의 종합 점수

CNN Fear & Greed Index는 시장 심리를 0에서 100까지의 단일 점수

로 압축하여 보여주는 도구다. 이 지수는 시장 모멘텀, 주가 강도, 주가 폭, 풋/콜 비율, 시장 변동성, 안전자산 수요, 정크본드 수요 등 7가지 개별 지표를 종합하여 산출된다. 하나의 지표만 보는 것보다 여러 신호를 통합적으로 파악할 수 있다는 점에서 매우 유용하다.

이 지수를 확인하는 방법은 매우 간단하다. CNN Business 웹사이트(cnn.com/business)에 접속한 후 Markets 섹션으로 이동하거나, Google에서 'CNN Fear and Greed Index'를 검색하면 바로 접근할 수 있다. 페이지에는 현재 점수가 크게 표시되며, 색상으로도 구분된다. 0~25는 극단적 공포, 26~45는 공포, 46~55는 중립, 56~75는 탐욕, 76~100은 극단적 탐욕으로 표시된다. 과거 1주일, 1개월, 1년의 추세도 그래프로 함께 제공되어 변화 방향을 쉽게 파악할 수 있다.

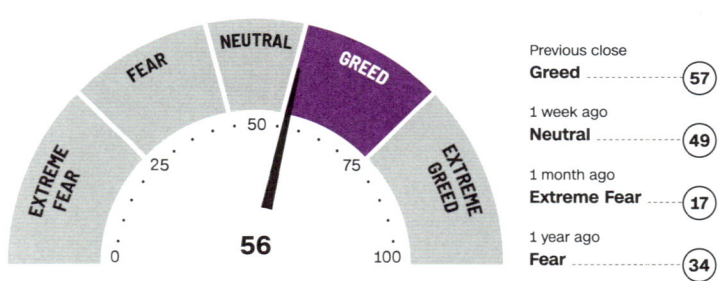

시장 감정을 점수로 보여주는 CNN Fear & Greed Index

버블의 맥락에서 주목해야 할 것은 지수가 75 이상의 '극단적 탐욕' 구간에 진입하는 경우다. 특히 이러한 상태가 몇 주 이상 지속될 때는 시장이 과열되어 있다는 강력한 신호다. AI 관련 중요 뉴스와 함께 극단적 탐욕 구간에 진입한다면 더욱 주의해야 한다. 예를 들어, 새로운 AI 모델 출시나 대규모 AI 투자 발표 직후 지수가 80 이상으로 치솟는다면, 이는 시장이 해당 뉴스를 과도하게 긍정적으로 해석하고 있다는 의미다.

역설적이게도 극단적 공포 구간(0~25)도 중요한 신호다. 버블이 붕괴하는 과정에서 지수는 극단적 공포 구간으로 급락하는데, 이때가 역발상 투자자들에게는 저점 매수의 기회가 될 수 있다. 2025년 초 DeepSeek 충격 당시 지수가 급락했을 때가 바로 그런 순간이었다.

개인 투자자는 이 지수를 주 1~2회 확인하고 기록하는 것만으로도 큰 도움을 받을 수 있다. 지수가 70을 넘어서면 경계 단계로 들어가고, 80을 넘으면 포지션 축소를 고려해야 한다. 반대로 30 이하로 떨어지면 매수 기회를 탐색할 시점이다.

주류 미디어 톤 변화: 내러티브의 전환점

버블의 마지막 단계에서는 미디어의 톤이 극적으로 변화한다. 초기에는 '혁명', '게임 체인저', '패러다임 전환' 같은 흥분된 표현이 지배하다가, 정점에 가까워지면 '버블 우려', '과대평가', '지속 가능성 의문' 같은 회의적 표현이 등장하기 시작한다. 이러한 내러티브 전환을 포착하는 것은 정성적 지표이지만, 역사적으로 매우 정확한 버블 감지 도구였다.

미디어 톤을 추적하는 가장 간단한 방법은 《Bloomberg》, 《CNBC》, 《Wall Street Journal》, 《Financial Times》 같은 주요 경제 매체의 헤드라

인을 정기적으로 확인하는 것이다.《Bloomberg》웹사이트(bloomberg.com)에서 'AI' 키워드로 검색하거나 Technology 섹션을 방문하면 최신 AI 관련 기사들을 볼 수 있다.《CNBC》(cnbc.com)는 특히 영상 컨텐츠가 풍부하여 유명 투자자들의 인터뷰를 통해 시장 심리 변화를 감지할 수 있다.

더 체계적인 접근을 원한다면 Google Alerts를 설정하는 것이 좋다. Google Alerts(google.com/alerts)에서 'AI bubble', 'AI valuation concerns', 'AI overvaluation', 'AI investment risks' 같은 키워드를 등록하면, 관련 기사가 발행될 때마다 이메일로 알림을 받을 수 있다. 이를 통해 회의적 기사의 빈도를 추적할 수 있다. 만약 한 주에 10개 이상의 AI 버블 관련 기사가 쏟아진다면, 이는 시장 심리가 전환되고 있다는 신호다.

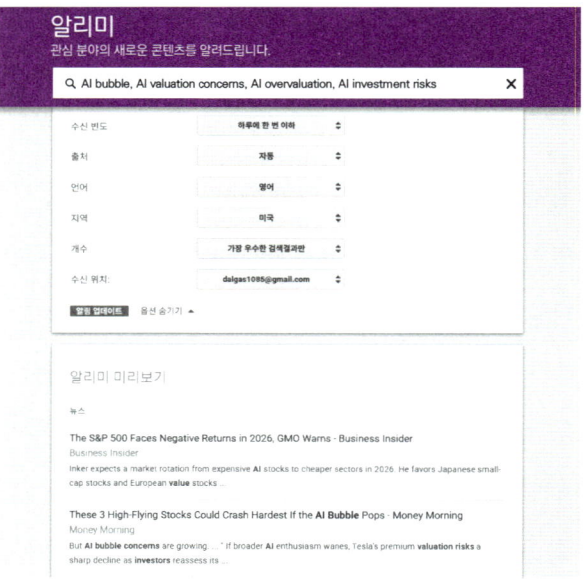

Google Alert에 AI bubble 등의 키워드를 등록해둔다.

개인 투자자는 매주 주요 경제 매체의 AI 관련 헤드라인 톤을 간단히 메모하는 습관을 들이면 좋다. '긍정적 헤드라인 5개, 부정적 헤드라인 2개' 식으로 카운트하면 추세 변화를 포착할 수 있다. 부정적 헤드라인의 비율이 30%를 넘어서면 경계 신호로, 50%를 넘으면 조정 진행 신호로 받아들일 수 있다.

실전 추적 시스템 구축하기

이러한 지표들을 효과적으로 활용하려면 체계적인 추적 시스템이 필요하다. 가장 간단한 방법은 Google 스프레드시트나 엑셀을 이용하는 것이다. 매주 월요일이나 금요일 같은 고정된 날을 정해 다음 항목들을 기록한다. VIX 현재 값과 4주 이동평균, 주요 AI 기업(Nvidia, Microsoft, Palantir)의 Put/Call Ratio, CNN Fear & Greed Index 점수, 그리고 주간 AI 관련 뉴스의 톤(긍정/부정 비율) 등이다. 월간 단위로는 주요 AI 기업들의 PER와 PSR 비율을 업데이트한다.

이러한 데이터를 몇 주만 축적하면 추세가 보이기 시작한다. 예를 들어 VIX가 상승하고, Put/Call Ratio가 0.6에서 0.8로 증가하며, CNN 지수가 80에서 60으로 하락하고, 부정적 뉴스가 증가한다면, 이는 명백히 시장 심리가 냉각되고 있다는 신호다. 반대로 모든 지표가 극단적 낙관을 가리킨다면 포지션을 줄이거나 헤지를 고려해야 할 시점이다.

AI 버블을 감지하기 위해서는 단일 지표에만 의존하지 않고 여러 신호를 종합적으로 판단하는 것이 좋다. VIX, Put/Call Ratio, 밸류에이션, 심리 지수, 미디어 톤이 모두 같은 방향을 가리킬 때, 그것이 진정한 전환점이다. 이러한 시스템을 구축하고 꾸준히 유지한다면 버블의 정점에서 빠져 나가거나 바닥에서 진입하는 타이밍을 잡을 가능성이 높아질 것이다.

✔ 실행 체크리스트

즉시 설정

☐ Google 스프레드시트로 'AI 버블 추적 대시보드' 생성(VIX, Put/Call, 밸류에이션, Fear & Greed, 미디어 톤 컬럼)

☐ Yahoo Finance VIX, CBOE Put/Call, CNN Fear & Greed Index 페이지 북마크

☐ Google Alerts 설정: AI bubble, AI valuation concerns 키워드 등록

☐ 캘린더에 주간 체크 알림(매주 금요일) 및 월간 리뷰 알림 설정

☐ 단계별 대응 전략 문서화(안전/주의/경고/위험 각 단계별 행동 계획)

월간 실행

☐ Nvidia, Microsoft, Palantir의 PER, PSR 업데이트

☐ 4주 추세 분석(상승/하락 패턴 확인)

☐ 현재 AI 관련 자산 비중 확인 및 조정(총점에 따라)

☐ 다음 달 주목할 이벤트 체크(실적 발표, Fed 회의 등)

☐ 월간 핵심 시장 이벤트 및 대응 요약 기록

급격한 변화 감지 시

☐ VIX 전주 대비 50% 이상 급등 → 24시간 내 포트폴리오 점검 및 대응 계획 수립

☐ Put/Call Ratio 0.5 이하 하락 → 과도한 낙관, 포지션 축소 검토

☐ 주요 AI 기업 일간 10% 이상 폭락 → 원인 파악 후 펀더멘털 악화 시 손절

☐ 유명 투자자 다수 동시 경고 → 48시간 내 포트폴리오 재검토

☐ Fear & Greed Index 80 이상 지속 → 과열 신호, 포지션 축소 시작

법칙 9: 뚜렷한 원칙을 세우고 손절매하라

버블이 이미 발생했다는 전제하에, 개인 투자자가 직면하는 가장 현실적인 문제는 언제, 어떻게 손실을 최소화하며 시장에서 빠져나올 것인가이다. 역사는 닷컴 버블, 2008년 금융위기 등을 통해 버블 붕괴 시 개인 투자자들이 가장 큰 피해를 입는다는 사실을 반복적으로 증명해 왔다.

2000년 닷컴 버블 당시 개인 투자자들은 버블이 정점에 달한 시기에 가장 공격적으로 투자했고, 스마트 머니가 빠져나가는 동안 2,600억 달러를 시장에 쏟아부었다. 2002년까지 1억 명의 개인 투자자가 5조 달러의 손실을 기록했으며, 미국의 퇴직연금 계좌 70%가 최소 20% 이상의 가치를 잃었다. 이러한 역사적 교훈을 바탕으로, 개인 투자자가 취할 수 있는 현실적인 손절매 전략을 알아본다.

손실의 수학적 비대칭성과 방어적 투자의 철학

손절매 전략의 핵심은 예측이 아닌 대응에 있다. 많은 개인 투자자가 '반등할 것이다'라는 막연한 희망이나 '너무 많이 떨어져서 팔 수 없다'는 매몰 비용 오류에 빠져 매도 타이밍을 놓친다. 그러나 손실이 누적될수록 이를 만회하기 위해 필요한 수익률은 기하급수적으로 증가한다는 '손실의 수학적 비대칭성'을 이해하는 것이 모든 전략의 출발점이다.

자산 가치가 하락할 때, 원금을 회복하기 위해 필요한 수익률은 하락 폭보다 훨씬 가파르게 상승한다. 이는 개인 투자자가 초기 손실을 확정 짓는 것을 주저하게 만드는 심리적 요인이자, 동시에 신속한 손절매가 왜 절대적으로 필요한지를 증명하는 수학적 근거다.

손실률에 따른 원금 회복 필요 수익률

손실률	원금 회복에 필요한 수익률	결과
−5%	+5.3%	비교적 쉽게 회복 가능
−10%	+11.1%	일반적인 시장 상승으로 커버 가능
−20%	+25%	노력이 필요하나 관리 가능한 수준
−30%	+42.9%	상당한 시간과 리스크 감수 필요
−50%	100%	자산을 2배로 불려야 함(난이도 급상승)
−70%	**+233%**	**사실상 회복 불가능한 영역 진입**
−90%	+900%	선별 투자

버블 붕괴 시 AI 관련 기술주는 고점 대비 50%에서 80%까지 하락하는 경우가 빈번하므로, 초기에 7~10% 수준에서 손실을 끊어내는 것은 계좌 전체의 붕괴를 막는 유일한 안전장치다. 윌리엄 오닐은 이러한 수학적 사실을 간파하고 "모든 주식 손실을 7~8% 선에서 잘라내라"라고 조언했다. 이는 단 한 번의 치명적인 거래가 투자 여정 전체를 끝장내는 것을 방지하기 위함이다.

투자의 대가들이 검증한 손절매 원칙과 현대적 적용

역사적으로 큰 성공을 거둔 전설적인 트레이더들은 예외 없이 철저한 손절매 원칙을 고수했다. 이들의 전략은 수십 년간의 시장 데이터를 통해 검증되었으며, 현재의 AI 버블 상황에도 유효하게 적용될 수 있다.

윌리엄 오닐(William J. O'Neil)의 7~8% 절대 손절매 규칙

성장주 투자의 거장이자 CAN SLIM 전략의 창시자인 윌리엄 오닐은 리스크 관리의 중요성을 누구보다 강조했다. 그는 "시장에서 큰돈을 벌기 위해서는 먼저 잃지 않아야 한다"라는 철학 아래, 매수 가격 대비 7~8% 하락 시 예외 없이 매도하는 원칙을 세웠다.

오닐의 연구에 따르면, 펀더멘털이 튼튼하고 적절한 매수 타이밍에 진입한 주식은 매수 직후 8% 이상 하락하는 경우가 드물다. 만약 주가가 8% 이상 하락한다면 이는 다음 중 하나를 의미하는 강력한 적신호다.

- 진입 시점의 오류: 투자자가 잘못된 타이밍에 매수
- 펀더멘털의 훼손: 기업 내부에 알려지지 않은 악재 발생
- 시장 추세의 전환: 강세장이 끝나고 약세장이나 조정장 시작

개인 투자자는 기업의 내부 정보를 실시간으로 알 수 없으므로, 주가 하락 그 자체를 가장 신뢰할 수 있는 정보로 받아들여야 한다. 오닐은 "주식이 위험하게 급락하기 시작하면 바닥이 어디인지 알 수 없다"고 경고하며, 작은 손실로 막을 수 있는 것을 큰 재앙으로 키우지 말 것을 주문했다.

AI 버블과 같이 변동성이 극도로 높은 장세에서는 7~8%의 등락이 하루 만에도 발생할 수 있다. 이에 대해 오닐의 전략을 따르는 현대의 트레이더들은 시장 상황에 따라 손절 폭을 2~3% 더 여유있게 잡거나, 반대로 수

익이 발생하고 있는 상태에서는 이익 보전을 위한 수익은 열어두고 손실은 제한하는 기법을 병행한다. 그러나 최대 손실 허용치인 7~8%는 타협할 수 없는 마지노선으로 작동해야 한다. 즉, **아무리 변동성이 큰 AI 주식이라도 매수 후 10% 이상 하락한다는 것은 정상적인 변동성의 범위를 벗어난 것이며, 즉각적인 탈출이 필요하다.**

제시 리버모어(Jesse Livermore)의 피라미딩 역발상

1907년과 1929년의 대폭락장에서 공매도로 막대한 수익을 올린 추세매매의 아버지 제시 리버모어는 손절매를 자본금을 지키기 위한 생존 수단으로 간주했다. 그의 전략은 단순한 가격 기준을 넘어 시간과 추세의 개념을 포함한다.

리버모어는 거래가 예상과 다른 방향으로 움직일 때 즉시 손실을 확정짓는 것을 두려워하지 않았다. AI 버블 붕괴 시 주가가 주요 지지선을 깰 때, 리버모어의 원칙에 따르면 '왜 떨어지는지' 이유를 찾기보다 '떨어지고 있다'는 사실에 근거해 즉시 매도해야 한다. 이유가 밝혀질 때쯤이면 주가는 이미 바닥에 도달해 있을 것이기 때문이다.

리버모어는 시간 요소를 중시하여, 주식이 예상한 시간 내에 움직이지 않으면 매도했다. AI 버블의 정점에서 주가가 고점을 갱신하지 못하고 거래량 없이 장기간 횡보한다면 이는 세력의 분산 과정일 수 있다. 리버모어의 관점에서 이는 기회 비용을 발생시키고 잠재적 폭락 위험을 키우는 상태이므로 가격이 하락하지 않았더라도 매도하여 현금을 확보하는 것이 유리하다.

리버모어는 수익이 날 때마다 포지션을 추가하는 피라미딩* 전략을 사용했지만, 이는 철저한 리스크 관리가 전제된 것이다. 그는 포지션을 늘릴 때마다 손절매 기준가를 평균 매입 단가 근처로 상향 조정하여, 최악의 경우에도 본전에서 빠져나올 수 있도록 설계했다. 개인 투자자들은 이를 벤치마킹하여, AI 주식이 상승할 때마다 익절 라인을 계속 높여가는 전략을 구사해야 한다.

빅터 스페란데오(Victor Sperandeo)의 1-2-3 추세 반전 기법

빅터 스페란데오는 다우 이론**을 실전 매매에 적용하기 쉽게 단순화한 '1-2-3 추세 반전' 기법을 제안했다. 이는 감에 의존하는 매도가 아니라 기술적 징후에 기반한 논리적 매도 시점을 제공한다.

- 1단계-추세선 돌파: 주가가 상승 추세선을 하향 돌파한다. 이것이 첫 번째 경고 신호다. AI 주식은 가파른 상승 추세선을 그리는 경우가 많으므로, 이 선이 무너지는 것은 모멘텀의 상실을 의미한다.
- 2단계-고점 재시험 실패: 주가가 다시 반등을 시도하지만, 직전 고점을 갱신하지 못하고 하락한다. 이 과정에서 거래량이 감소한다면 매수세의 고갈을 의미한다.

---

* 처음부터 한 번에 크게 베팅하지 않고, 가격이 자신의 예상대로 움직여 수익이 나는 방향으로 갈 때만 기존 포지션 위에 점진적으로 물량을 추가하는 매매 기법이다.

** 주가는 추세를 형성하며 움직이고, 주요 추세는 서로 확인되는 지수의 고점·저점 갱신을 통해 검증된다는 시장 분석 원리이다.

- 3단계-전저점 붕괴: 반등 실패 후 하락하던 주가가 직전 저점(추세선 돌파 후 형성된 저점)을 하향 돌파한다. 이때가 추세 반전이 확정되는 시점이며, 모든 매수 포지션을 청산해야 한다.

스페란데오의 2B 패턴 역시 중요하다. 주가가 직전 고점을 살짝 돌파했다가 곧바로 급락하여 이전 고점 아래로 내려오는 경우, 이는 강력한 매도 신호로 간주된다. 버블의 천장에서는 이러한 속임수 패턴이 자주 출현하므로 개인 투자자의 각별한 주의가 요구된다.

고변동성 자산(AI 섹터)을 위한 변동성 기반 동적 손절매

AI 섹터와 같이 하루 변동폭이 큰 자산에 고정된 % 손절매를 적용하면, 잦은 속임수 등락에 의해 불필요하게 손절하게 될 위험이 있다. 이를 방지하기 위해 자산의 변동성에 비례하여 손절 폭을 조절하는 동적 전략이 필요하다.

ATR(Average True Range)을 활용한 과학적 손절매

ATR은 특정 기간 동안 자산이 움직이는 평균적인 등락 범위를 나타내는 지표로, 갭 등락까지 포함한 진정한 변동성을 측정한다. ATR을 활용하면 현재 시장 상황에서 통상적으로 발생할 수 있는 등락폭을 계산하고, 이를 벗어나는 움직임만을 손절 기준으로 삼을 수 있다.

ATR 손절매 공식으로 일반적으로 '진입 가격 − (ATR x 배수)' 공식을 사용한다. AI 버블 붕괴 시나리오와 같은 고변동성 장세에서는 배수

(Multiplier) 설정이 핵심이다.

- 통상적 설정: 2 x ATR. 일반적인 트레이딩에서 사용된다.
- 고변동성/버블 장세: 2.5 x ATR ~ 3 x ATR. 암호화폐나 급등하는 AI 주식 의 경우, 2ATR은 정상적인 조정 과정에서도 매매될 수 있다. 따라서 3ATR 정도의 여유를 두어 속임수 등락에 따른 매도를 방지하고 추세를 길게 가져가는 것이 유리하다.

예를 들어, 어떤 AI 주식이 100달러이고 현재의 14일 평균 등락폭(ATR) 이 5달러라면, 3ATR 전략 적용 시 손절가는 **$100 − ($5 x 3) = $85**가 된다. 주가가 85달러 밑으로 떨어지기 전까지는 포지션을 유지하며 추세를 살피 되, 85달러가 붕괴되면 추세가 꺾인 것으로 보고 매도한다.

시장 환경 및 자산 유형별 권장 ATR 배수

유형	시장 환경	권장 ART 배수	적용
대형 기술주	안정적 상승장	1.5x ~ 2.0x	변동성이 낮으므로 타이트한 관리 가능
AI 테마주/소형주	변동성 확대 구간	2.5x ~ 3.0x	잦은 등락을 견디기 위해 넓은 완충폭 필요
초급등주	버블 붕괴/패닉	3.0x ~ 4.0x	극심한 노이즈를 필터링하기 위한 설정
단타	초단기	1.0x ~ 1.5x	짧은 주기의 변동성만 허용

샹들리에 청산(Chandelier Exit): 이익 보전의 최적화

샹들리에 청산은 찰스 르보(Charles Le Beau)가 고안한 것으로, 매수 이후 기록된 최고가를 기준으로 ATR 배수만큼 하락하면 매도하는 방식이다. 이 기법은 천장에 매달린 샹들리에처럼, 손절 라인이 주가 상승에 따라 같이 올라간다는 개념이다. 주가가 오르면 손절가도 자동으로 상향 조정되지만, 주가가 내릴 때 손절가는 내려가지 않고 고정된다.

- 공식: 매도 기준가 = (최근 n일간의 최고가) – (ATR(n) × 배수)

버블 장세에서는 주가가 수직 상승하는 경우가 많다. 이때 고정가 손절매를 쓰면 너무 일찍 팔게 되고, 아무 대책이 없으면 고점에서 폭락을 맞는다. 샹들리에 청산은 상승분을 최대한 따라가면서 수익을 확보하고, 추세가 꺾이는 즉시(최고점 대비 일정 폭 하락 시) 이익을 실현하고 나오는 데 최적화되어 있다. 일반적으로 22일(한 달 거래일) 기간과 3.0배수(3ATR)를 사용한다.

추세 추종 지표를 활용한 구조적 탈출 전략

이동평균선은 시장 참여자들의 평균 매수 단가를 의미하며, 강력한 심리적 지지선 역할을 한다. 이는 복잡한 계산 없이 HTS/MTS 차트에서 즉시 확인할 수 있어 개인 투자자에게 매우 유용하다.

200일 이동평균선: 장기 투자의 생명선

월스트리트의 전설 폴 튜더 존스(Paul Tudor Jones)는 "200일 이동평균선 아래에서는 절대 매수하지 않는다"는 철칙을 가지고 있다. 200일 이동평균선은 장기 추세를 대변하며, 이 선이 붕괴된다는 것은 시장의 거대한 흐름이 상승에서 하락으로 구조적으로 변화했음을 시사한다.

- 전략: 보유한 AI 주식이 200일 이동평균선을 하향 돌파하고, 1~3일 내에 회복하지 못한다면 전량 매도한다. 이는 버블 붕괴가 장기 침체(Bear Market)로 이어질 때 자산을 지키는 최후의 보루다.
- 필터링: 속임수를 피하기 위해, 종가가 200MA보다 1~3% 이상 낮게 형성되거나, 2일 연속 하회할 때 매도를 실행하는 필터를 적용할 수 있다.

데드 크로스(Death Cross)와 50일 이동평균선

50일 이동평균선은 기관 투자자들의 중기적인 수급을 보여주는 지표다. 상승 추세의 주식은 50일선 위에서 움직이며 조정을 받더라도 50일선에서 지지받는다. 만약 50일선이 거래량을 동반하며 붕괴된다면 비중을 30~50% 축소하는 것이 현명하다.

데드 크로스는 단기 이동평균선(50일)이 장기 이동평균선(200일)을 뚫고 내려가는 현상이다. 이는 하락장이 이미 확정적임을 알리는 강력한 신호다. 비록 후행지표라는 비판이 있지만, 버블 붕괴의 확인 사살 단계로서 "아직도 희망을 가지고 있는가?"라는 질문에 "즉시 탈출하라"고 답하는 신호로 받아들여야 한다.

주간 추세선과 거래량 분석

일봉 차트의 노이즈에 휘둘리지 않기 위해 주봉을 활용한다. 주봉상 10주 이동평균선(일봉상 50일선과 유사)이 꺾이거나, 주가가 30주(또는 40주) 이동평균선을 하향 이탈하는 경우, 이는 대세 하락의 시작일 가능성이 매우 높다. 특히 주봉상 주요 지지선이 붕괴될 때 주간 거래량이 급증한다면, 이는 기관 투자자들이 대규모로 물량을 떠넘기고 떠나는 신호이므로 개인 투자자는 반드시 동참하여 매도해야 한다.

급락장 대비 주문 실행 전략

이론적으로 완벽한 손절매 가격을 정했더라도, 실제 시장에서 체결되지 않으면 무용지물이다. 특히 버블 붕괴 시에는 매수 호가가 순간적으로 증발하는 '플래시 크래시' 현상이 발생할 수 있다. 2010년 5월의 플래시 크래시 당시 수많은 우량주가 순식간에 폭락했다가 회복되었는데, 이때 잘못된 주문 유형을 사용한 투자자들은 막대한 피해를 보았다.

시장가 vs. 지정가 주문의 딜레마와 해결책

많은 개인 투자자가 "100달러가 깨지면 99달러에 팔라"는 식의 주문을 선호한다. 이는 자신이 원하는 가격에 팔고 싶어 하는 심리 때문이다. 그러나 급락장에서는 주가가 100달러에서 90달러로 점프하며 하락할 수 있다. 이때 99달러 지정가 주문은 체결되지 않고 허공에 남게 되며, 주가는 계속 하락하여 50달러가 될 수 있다. 이른바 질서 있는 탈출은 버블 붕괴 시 존재하지 않는다.

버블 붕괴 시에는 트리거 가격에 도달하면 즉시 시장가로 매도 주문을 내야 한다. 비록 100 달러 주식이 90달러에 체결되더라도, 아예 팔지 못하고 50달러까지 들고 가는 것보다는 훨씬 낫다. 탈출에는 가격보다 속도와 확실성이 중요하다는 원칙을 명심해야 한다.

개인 투자자를 위한 통합적 손절매 프로토콜

AI 버블 붕괴 시 개인 투자자의 생존 전략은 단일 기법이 아닌, 다층적인 방어 시스템으로 구축되어야 한다. 다음은 AI 버블 대응 4단계 손절매 프로토콜이다.

- 1단계-자동화된 안전망 구축: 매수 즉시 '7~8% 하드 스탑' 또는 '3ATR 트레일링 스탑'을 시스템에 입력한다.
  주문 유형은 반드시 시장가 또는 현재 거래가보다 다소 낮은 가격을 사용하여 체결 확실성을 확보한다. 스마트폰 알림 앱을 활용하여 주요 가격대 도달 시 즉시 인지할 수 있도록 한다.

- 2단계-추세 필터링 및 비중 조절: 주가가 20일 이동평균선을 하향 돌파하면 경계 태세로 전환하고 레버리지를 제거하거나 비중의 30%를 축소한다. 50일 이동평균선 이탈 시 추가 매도를 단행하여 현금 비중을 50% 이상으로 높인다. 200일 이동평균선은 생명선이다. 이 선이 무너지면 펀더멘털에 대한 미련을 버리고 전량 현금화한다.

- 3단계-자본 보존 규칙: 계좌 전체의 손실 한도를 설정한다. 예를 들어 총 자산의 10% 이상 손실이 발생하면 모든 포지션을 청산하고 한 달간 매매를 쉰다. 이는 개별 종목의 손절매가 연쇄적으로 실패했을 때 최후의 보루가 된다.

- 4단계-심리적 유지보수: 매주 주말, 보유 종목의 주봉 차트를 확인하며 큰 추세가 훼손되지 않았는지 객관적으로 점검한다. 하락하는 종목에 물타기를 절대 금지한다.

결론적으로, AI 버블 붕괴 시 개인 투자자가 기관 투자자와의 싸움에서 살아남을 수 있는 유일한 무기는 '예측의 정확성'이 아니라 '규칙 준수의 철저함'이다. 윌리엄 오닐의 7% 규칙, 리버모어의 추세 추종, ATR 변동성 조절, 그리고 자동화된 주문 실행을 결합하여 자신만의 확고한 방어 시스템을 구축하는 것만이 다가올 변동성의 파도 속에서 소중한 자산을 지키는 길이다.

✔ 실행 체크리스트

즉시 설정

☐ 보유 종목별 15~20% 트레일링 스톱로스 기준선 설정 및 엑셀 기록

☐ 증권사에서 스톱리밋 주문 설정(플래시 크래시 방지)

☐ 캘린더에 월간 손절 체크 알림(매월 마지막 금요일)

☐ 포트폴리오 AI/기술주 비중 추적 시트 생성

☐ 손절 후 이동할 MMF 또는 채권 계좌 개설

월간 실행

☐ 보유 종목별 최고가 대비 하락률 계산 및 15~20% 위반 종목 매도

☐ AI/기술주 비중 확인(70% 초과 시 25% 현금화)

☐ 각 종목의 투자 근거 재검토(수익성, 성장성 악화 시 손절)

□ PER, PSR, 현금 흐름 등 기본 지표 확인

□ 월간 누적 손실률 기록(-30% 도달 시 전면 재검토)

급격한 변화 감지 시

□ 보유 종목 일간 10% 폭락 → 24시간 내 원인 분석 후 펀더멘털 악화 시 즉시 손절

□ 보유 종목 7~8% 손실 도달 → 48시간 내 무조건 매도(오닐 룰)

□ AI 섹터 5일간 15% 하락 → 포트폴리오 50% 청산 및 방어주 전환

□ 기관 투자자 대량 매도 포착 → 72시간 내 해당 종목 전량 청산

□ 주요 AI 기업 3곳 이상 실적 쇼크 → 1주일 내 AI 포지션 75% 축소

위기는 최고의 기회

법칙 10: 건파우더를 30% 유지하라

버블에서 가장 어려운 것은 현금을 보유하는 것이다. 모두가 투자할 때 투자하지 않는 것이다. 주변에서 돈을 버는 것을 보면서 방관하는 것이다. 나를 제외하고 모든 사람들이 돈을 벌고 있다는 불안과 초조가 극심하다.

법칙 10은 포트폴리오의 30%를 항상 현금 또는 즉시 현금화 가능한 자산으로 유지하라는 것이다. 이것이 건파우더(dry powder)다. 위기 시 발사할 탄약이다.

Warren Buffett의 유명한 말이 있다. "다른 사람이 탐욕스러울 때 두려워하고, 다른 사람이 두려워할 때 탐욕스러워하라." 건파우더가 있어야 두려움 속에서 탐욕스러울 수 있다.

역사적 검증: 건파우더의 힘

Sequoia Capital: 2008년 금융위기—2007년, 시장이 정점이었을 때 Sequoia는 신규 투자를 줄이기 시작했다. 많은 동료 VC들이 비웃었다. "왜 이 황금기를 놓치는가?"

Sequoia의 판단은 달랐다. 그들은 경고 신호를 봤다. 2008년 초, 그들은 포트폴리오 기업들에게 유명한 R.I.P. Good Times 프레젠테이션을 보냈다. 메시지는 간단했다. "현금을 보존하라. 비용을 줄여라. 생존하라."

2008년 9월, Lehman Brothers가 파산했다. 시장이 얼어붙었다. 대부분의 VC들은 현금이 없었다. 기존 포트폴리오를 지원하기도 벅찼다. 신규 투자는 꿈도 못 꿨다. 하지만 Sequoia는 건파우더가 있었다. 2009~2010년, 그들은 공격적으로 투자했다. 가격이 합리화되었을 때, 우량 자산을 확보했다. 그 투자들 중 다수가 10배 이상 수익을 냈다.

> Sequoia의 교훈: 시장이 뜨거울 때 현금을 보존하라. 시장이 얼어붙을 때 공격하라.

Benchmark Capital: 닷컴 버블—Benchmark도 비슷한 전략을 사용했다. 1999~2000년, 닷컴 광풍의 정점에서 그들은 투자 속도를 늦췄다. 많은 거래를 pass했다. 밸류에이션이 비이성적이라고 판단했다.

2001~2002년, 버블이 터졌다. 대부분의 VC 펀드는 자본이 고갈되었다. 하지만 Benchmark는 건파우더가 있었다. 그들은 2001~2003년 사이에 여러 투자를 했다. 합리적 가격에 우량 기업들을 확보했다.

그중 하나가 Instagram이었다. 2010년 시드 투자로 Benchmark가 리

드했다. 2012년 Facebook이 10억 달러에 인수했다. Benchmark의 수익
률은 100배 이상이었다.

건파우더 전략 vs 풀 투자 전략 비교(2000~2010년의 예)

지표	건파우더 전략	풀 투자 전략
1999~2000 투자 속도	느림, 선별적	빠름, 공격적
2000 정점 시 배분	60~70%	90~100%
2001~2003 투자 능력	높음(현금 풍부)	낮음(현금 고갈)
2001~2003 평균 투자 밸류	낮음(50~70% 할인)	N/A(투자 불가)
2003~2010 수익률	3~5x(평균)	1~2x 또는 손실
생존 및 성장	강함	약함 또는 폐쇄

건파우더 30% 규칙은 경험적으로 검증된 균형점이다. 30% 미만으로
현금을 보유하면 위기 시 의미 있는 투자가 불가능하고 결정적인 기회를
놓치게 된다. 예를 들어 10~20% 수준의 현금 비중은 시장 폭락 시 저가 매
수를 하기에 명백히 부족하다.

반면 30~40% 수준은 최적의 균형을 제공한다. 위기 시에는 충분한 여
력으로 공격적인 투자가 가능하면서도, 버블 시기에 포트폴리오의 과반
이상은 여전히 시장에 노출되어 있어 상승장을 놓치는 느낌이 크지 않다.
이는 방어와 공격을 동시에 가능하게 하는 스위트 스팟이다.

40% 이상으로 현금 비중을 높이면 과도한 보수성의 문제가 발생한다.
50~60% 수준의 현금 보유는 버블 시기 상승의 상당 부분을 놓치게 되어
기회 비용이 지나치게 높아진다. 특히 벤처캐피탈의 경우 LP들이 "왜 자

금을 배포하지 않느냐"며 불만을 제기하게 되는 수준이다. 결국 30% 전후가 위기 대응력과 기회 포착 사이의 황금 비율인 셈이다.

포트폴리오 배분(버블 사이클별)

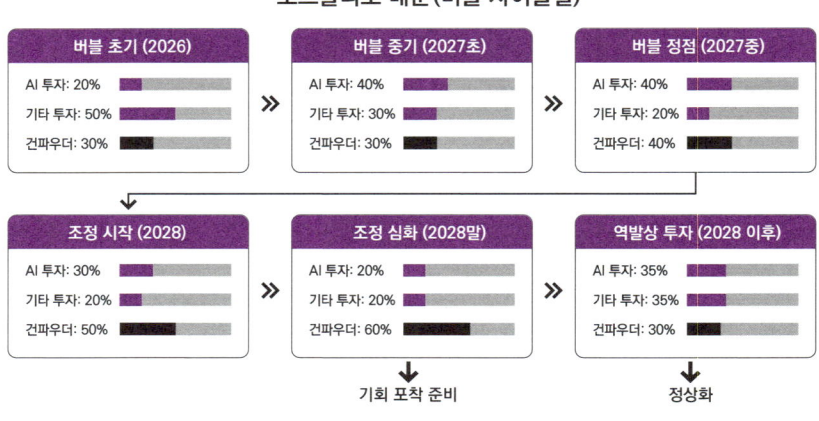

포트폴리오 배분 모델(건파우더 전략)

건파우더 관리의 기술

건파우더 관리는 단순히 현금을 보유하는 것을 넘어 어떻게 전략적으로 운용하는가의 문제다. 첫 번째 원칙은 단계적 자금 집행이다. 위기가 왔다고 해서 건파우더를 한 번에 모두 투입해서는 안 된다. 예를 들어 총 3만 달러의 건파우더가 있다면, 조정 초기에 1만 달러를 투자하고, 바닥 근처에서 1만5천 달러를, 회복 초기에 5천 달러를 집행하는 식이다. 바닥을 정확히 맞추는 것은 거의 불가능하므로 분할 집행를 통해 리스크를 분산해야 한다.

두 번째 원칙은 품질 선별이다. 가격이 싸다는 이유만으로 무분별하게 투자해서는 안 된다. 18개월 이상의 런웨이를 확보한 생존 가능성이 높은 기업, 명확한 비즈니스 모델을 가진 기업, 핵심 팀을 유지하고 있는 기업, 고객 유지율이 양호한 기업, 구조적 해자가 있는 기업을 선별해야 한다. "너무 싸서 지나칠 수 없다"는 생각은 함정이다. 가격이 싼 데는 이유가 있으며, 품질을 타협해서는 안 된다.

세 번째 원칙은 집중과 분산의 균형이다. 건파우더를 소수 기업에 집중할 경우 큰 포지션으로 높은 수익을 기대할 수 있지만 리스크도 높아진다. 반면 많은 기업에 분산하면 리스크는 낮아지지만 개별 투자의 수익은 제한적이다. 권장되는 전략은 혼합 접근법으로, 확신이 높은 기업에 큰 베팅을 하고, 나머지 기업에는 소액 베팅을 하는 것이다.

네 번째 원칙은 타이밍 지표의 활용이다. 건파우더 자금 집행 시점을 판단하기 위해서는 객관적 지표를 체크해야 한다. 버블 신호 스코어가 15점 미만으로 정점을 지났는지, 첫 고프로필 파산이 발생했는지, 평균 밸류에이션이 30% 이상 하락했는지, VC 투자가 분기별로 50% 이상 감소했는지, 다운라운드가 신규 라운드의 30% 이상을 차지하는지 등을 확인한다. 이 다섯 가지 지표 중 세 가지 이상이 충족되면 1단계 자금 집행을 시작하고, 다섯 가지 모두 충족되면 2단계 자금 집행을 시작하는 것이 합리적이다.

✔실행 체크리스트

즉시 설정

☐ 현재 포트폴리오 배분을 계산하라

☐ 건파우더 비율을 확인하라(30% 목표)

☐ 30% 미만이면 신규 투자를 줄여라

☐ 40% 이상이면 선별적 투자를 늘려라

분기별

☐ 건파우더 비율을 재계산하라

☐ 시장 신호를 체크하라(자금 집행 타이밍)

☐ 역발상 투자 타겟 리스트를 업데이트하라

조정 시

☐ 1단계 자금 집행 트리거 확인(신호 3개 이상)

☐ 건파우더의 30~40% 자금 집행 시작

☐ 매우 선별적 투자(생존자만)

☐ 2단계 자금 집행 준비(신호 5개 이상)

☐ 집중 vs 분산 전략 실행

심리 관리

☐ FOMO 느낄 때: 역사 사례를 다시 읽어라

☐ 조급함 느낄 때: 체크리스트를 따르라

☐ 공포 느낄 때: 펀더멘털에 집중하라

☐ 동료와 정기적으로 논의하라

☐ 장기 전략을 상기하라(단기 변동 무시)

결론: 10가지 법칙의 실전 적용

AI 버블 시대, 투자자의 생존과 번영은 기술 이해가 아니라 구조 이해에 달려 있다. 10가지 법칙을 다시 정리하면 이렇다.

전략적 기초 (법칙 1~4)

1. 밸류체인 하층부에 투자하라 – 삽을 팔아라, 금을 캐지 마라

2. Exit 타이밍을 먼저 계획하라 – 들어갈 때 나갈 길을 알아라

3. 단위경제학을 실사하라 – 데모가 아니라 현금을 보라

4. 구조적 해자를 찾아라 – 기술은 일시적, 해자는 영구적

실행적 관리 (법칙 5~7)

5. Burn Rate를 모니터링하라 – 생명줄을 매월 추적하라

6. 포트폴리오의 20~30%로 AI 섹터를 제한하라 – 분산 투자 전략

7. 고멘텀을 우선하라 – 밸류 게임의 함정을 피하라

타이밍과 기회 (법칙 8~10)

8. 버블 신호를 조기 감지하라 – 패턴은 반복된다

9. 푸렷한 원칙을 세우고 손절매하라 – 손절매 원칙

10. 건파우더 30%를 유지하라 – 위기는 최고의 기회

이 법칙들은 독립적이지 않다. 인프라에 투자하면 Burn Rate 리스크

가 낮아진다. 단위경제학이 좋으면 Exit 기회가 많아진다. 건파우더가 있으면 조정 시 기회를 잡을 수 있다.

최종 원칙: 냉정함

가장 중요한 것은 냉정함이다. 버블 속에서 흥분하지 않는 것이다. 모두가 달릴 때 건다. 모두가 공포에 떨 때 매수한다. 그리고 항상 구조적으로 생각한다.

버블이 지나간 후, 생존한 투자자들이 있을 것이다. 그들은 이 법칙들을 따른 사람들일 것이다. 그들은 단기 소음을 무시하고 장기 패턴에 집중했다. 그들은 탐욕과 공포를 통제했다. 그들은 준비되어 있었다. 당신도 그중 하나가 될 수 있다. 이 10가지 법칙을 인쇄하라. 책상에 붙여라. 매일 읽어라. 그리고 실행하라.

AI 버블은 오고 있다. 아니, 이미 여기 있다. 준비된 자만이 생존한다. 그리고 생존한 자가 진짜 승자가 된다. 행운을 빈다. 하지만 운에 의존하지는 마라. 이 법칙들을 따르라. 그것이 진짜 생존법이다.

▍ AI 버블 이후 리밸런싱 전략

버블이 터지고 승자와 패자가 명확해진 후, 가장 중요한 것은 리밸런싱이다. 포트폴리오를 재조정하고, 교훈을 적용하며, 다음 기회를 준비하는 것이다. 버블 붕괴는 끝이 아니라 재설정이다. 살아남았다면, 이제 재건하고 다음 사이클을 준비하라.

대부분의 투자자가 버블 붕괴 후 실수하는 것은 두 가지다. 첫째는 너무 오래 슬퍼하는 것이다. 손실에 집착하고, 후회에 빠지며, 마비된다. 둘째는 너무 빨리 다시 뛰어드는 것이다. 교훈을 배우지 않고 같은 실수를 반복한다.

현명한 투자자는 다르게 한다. 그들은 일정 기간 멈추고, 분석하며, 배운다. 그리고 전략적으로 재진입한다. 감정이 아니라 데이터로, 과거가 아니라 미래를 향해.

역사적 사례: Sequoia의 2001년 재건

2000~2002년 닷컴 붕괴 후, Sequoia Capital은 포트폴리오의 약 40%를 잃었다. 수십억 달러가 증발했다. 많은 포트폴리오 회사가 파산했다. 일부 파트너는 떠났다. 암울한 시기였다.

하지만 Sequoia는 슬퍼하는 데 오래 시간을 쓰지 않았다. 그들은 즉시 사후 분석을 시작했다. 무엇이 잘못되었는가? 어떤 신호를 놓쳤는가? 어떤 패턴이 있었는가? 그들은 모든 투자를 검토했다. 성공한 것과 실패한 것을 비교했다.

그들이 배운 교훈은 이것이다. 첫째, 적절한 밸류에이션이 중요하다. 과도하게 비싼 가격에 투자하면 수익이 제한된다. 둘째, 단위경제학이 중요하다. 수익 없는 성장은 지속 불가능하다. 셋째, 경영진의 능력이 차이를 만든다. 어려운 시기에 좋은 팀은 방향을 전환하고 살아남는다.

이 교훈을 바탕으로 Sequoia는 투자 기준을 강화했다. 그들은 더 엄격한 실사를 했다. 더 낮은 밸류에이션을 요구했다. 더 강한 단위경제학을 찾았다. 그리고 2003~2007년, 그들은 역사상 가장 성공적인 투자 시기 중 하나를 가졌다. Google, YouTube, LinkedIn을 이 기간에 투자했거나 성장을 지원했다.

Sequoia의 이야기가 보여주는 것은 이것이다. 버블 붕괴는 파괴적이지만 교육적이다. 교훈을 배우고 적용하는 자들은 더 강해진다. 무시하는 자들은 다음 버블에서 같은 실수를 반복한다.

AI 버블 후 포트폴리오 분석

2028년, AI 버블 붕괴 후, 당신이 해야 할 첫 번째 것은 포트폴리오를 냉정하게 분석하는 것이다. 감정을 배제하고 데이터를 보라.

먼저 생존자를 식별하라. 어떤 포트폴리오 회사가 살아남았는가? 그들의 공통점은 무엇인가? 아마 이런 것들을 발견할 것이다. 그들은 처음부터 강한 단위경제학을 가졌다. 그들은 효율적으로 운영했다. 그들은 고객 유지율이 높았다. 그들은 현금을 현명하게 관리했다. 그들은 과도한 밸류에이션으로 조달하지 않았다.

이것들이 패턴이다. 이것들을 문서화하라. 그리고 다음 투자에 적용하라. 다음으로 실패자를 분석하라. 어떤 회사가 실패했는가? 왜 실패했지? 아마 이런 것들을 발견할 것이다. 그들은 차별화가 없었다. 그들은 과도하게 자금을 조달했고 비효율적으로 태웠다. 그들은 고객 이탈률이 높았다. 그들은 플랫폼에 의해 잠식당했다.

이것들도 패턴이다. 이것들을 피하는 체크리스트를 만들어라.

마지막으로 좀비를 식별하라. 살아있지만 번성하지 못하는 회사들. 그들은 최소한의 매출을 만들지만 성장하지 않는다. 그들은 파산하지 않지만 Exit도 없다. 이것들은 '워킹 데드'다. 결정을 내려야 한다. 계속 투자할 것인가? 아니면 정리할 것인가?

많은 경우 정리가 최선이다. 시간과 관심은 제한적이다. 좀비에 쓰는 것은 새로운 기회를 빼앗기는 것이다. 따라서 어려운 결정을 내려라. 일부는 매각하라. 그리고 리소스를 가장 유망한 곳에 집중하라.

교훈의 체계화

포트폴리오 분석을 마쳤으면 교훈을 체계화하라. 단순히 '이런 것들이 작동했다'를 아는 것으로는 부족하다. 그것을 체크리스트, 프레임워크, 프로세스로 만들어야 한다.

예를 들어 당신이 배운 것이 '강한 단위경제학이 중요하다'라면, 구체적으로 만들어라. LTV/CAC가 3 이상이어야 한다는 규칙을 만들어라. 그리고 모든 신규 투자에 이것을 확인하라. 예외를 만들지 마라.

당신이 배운 것이 '과도한 밸류가 위험하다'라면, 밸류 한도를 설정하라. 예를 들어 시드는 3,000만 이하, 시리즈 A는 1억 달러 이하. 그리고 이것을 고수하라. 아무리 핫한 거래라도 말이다.

당신이 배운 것이 '플랫폼 리스크가 실재한다'라면, 평가 기준에 추가하라. "이 제품을 Google이나 Microsoft가 3개월 안에 복제할 수 있는가?"라고 물어라. 만약 답이 "예"라면 투자하지 마라.

이런 식으로 교훈을 운영 원칙으로 변환하라. 그리고 팀과 공유하라.

LP들과도 공유하라. 투명성은 신뢰를 구축한다.

다음 사이클 준비

버블 붕괴 후 몇 년은 가장 좋은 투자 시기다. 왜 그럴까? 밸류에이션이 합리적이기 때문이다. 경쟁도 줄어들었다. 살아남은 창업자들은 더 현실적이고 효율적이다. 그리고 다음 큰 기회들이 조용히 구축되고 있다.

2000년대 초반 닷컴 버블 동안 Amazon은 과대광고에 휩쓸렸다. 하지만 버블 붕괴 후 Amazon은 물류, AWS, 마켓플레이스 같은 인프라를 조용히 구축했다. 그리고 2007년 이후 폭발적으로 성장했다.

마찬가지로 2008~2012년, 금융 위기 후 Instagram, WhatsApp, Uber, Airbnb가 조용히 구축되었다. 과대광고가 없었다. 미디어 주목도 없었다. 그리고 그들은 다음 10년을 정의했다.

2028~2030년도 비슷할 것이다. AI 버블이 터진 후 진짜 AI 기업들이 조용히 구축될 것이다. 과대광고가 식었다. 살아남은 자들만 남았다. 그리고 그들 중에서 다음 Amazon, 다음 Google이 나올 것이다.

따라서 준비하라. 현금을 보존하고 네트워크를 유지하라. 트렌드를 추적하고 기회가 오면 대담하게 움직여라. 버블 후 침체는 일시적이다. 하지만 그 시기에 만들어진 투자는 세대적 수익을 만들 수 있다.

감정 관리

리밸런싱에서 가장 어려운 요소는 '기술'에 있는 것이 아니라 '감정'에 있다. 버블을 겪고 손실을 입은 후 두 가지 극단적 반응이 나타난다.

첫째는 트라우마다. "다시는 투자하지 않겠다"며 시장을 불신한다. 모든 거래를 의심한다. 이것은 과도한 위험 회피다. 둘째는 건망증이다. "이번엔 다를 것이다"는 교훈을 무시한다. 같은 실수를 반복한다. 다음 버블에 뛰어든다.

둘 다 나쁘다. 현명한 투자자는 중간을 찾는다. 그들은 상처를 인정하지만 마비되지 않는다. 그들은 교훈을 배우지만 냉소적이 되지 않는다. 그들은 신중하지만 용감하다.

이것을 어떻게 달성하는가? 몇 가지 기술이 있다.

하나는 시간을 가지는 것이다. 버블 붕괴 직후 즉시 결정하지 마라. 6~12개월 쉬어라. 분석하고 반성한 후에 명확한 머리로 돌아와라.

또 하나는 멘토와 대화하는 것이다. 이전 버블을 경험한 사람들. 그들의 이야기를 들어라. 그들이 어떻게 회복했는지. 그들이 어떤 실수를 피했는지. 경험은 최고의 교사다.

세 번째는 글쓰기다. 당신의 경험을 문서화하라. 무엇을 했는가? 무엇이 작동했는가? 무엇이 실패했는가? 글쓰기는 생각을 명확하게 한다. 그리고 미래의 당신에게 참고자료가 된다.

마지막으로 용서다. **자신을 용서하라.** 완벽한 투자자는 없다. 특히 버블에서는 모두가 실수한다. 중요한 것은 실수하지 않는 것이 아니라 배우는 것이다. 그리고 다음에 더 나아지는 것이다.

새로운 기회 공간

AI 버블이 붕괴한 후 어디에 투자해야 하는가? 몇 가지 유망한 영역이 있다.

첫째는 인프라의 다음 레이어다. AI 버블 동안 GPU와 클라우드가 승자였다. 하지만 다음 병목은 무엇인가? 전력과 냉각이다. 데이터센터가 더 많은 전력을 필요로 한다. 전통적 전력망은 감당할 수 없다. 따라서 새로운 솔루션이 필요하다. 모듈러 원자로, 고효율 냉각, 에너지 관리 소프트웨어. 이것들이 2028~2030년의 기회다.

둘째는 AI의 실질적 응용이다. 버블 동안 모든 사람이 범용 AI를 만들려 했다. 하지만 진짜 가치는 특정 문제 해결에 있다. 의료에서 약물 발견, 제조에서 품질 관리, 물류에서 경로 최적화. 이것들은 덜 섹시하지만 더 수익성이 있다.

셋째는 AI 이후의 다음 테마이다. 역사는 버블이 순환한다는 것을 보여준다. AI 후에 무엇이 오는가? 양자 컴퓨팅? 뇌-컴퓨터 인터페이스? 합성 생물학? 우주? 조기 신호를 추적하라. 그리고 다음 파도가 형성되기 전에 자리를 잡아라.

넷째는 디펜시브 투자다. 버블 후 사람들은 안전을 원한다. 예측 가능한 현금 흐름, 낮은 변동성, 견고한 비즈니스 모델, 엔터프라이즈 소프트웨어, B2B 인프라···. 이것들이 2028~2030년 선호될 것이다.

마지막으로 재건 기회다. 버블이 터지면 많은 좋은 자산이 디스트레스 가격에 나온다. 좋은 기술을 가졌지만 실행이 나빴던 회사가 새로운 팀, 새로운 전략으로 부각될 수 있다. 이것은 턴어라운드 투자다.

결론: 리밸런싱은 재탄생이다

버블 붕괴는 끝처럼 느껴진다. 많은 이가 포기한다. 시장을 떠난다. 다시는 돌아오지 않는다. 하지만 이것은 실수다.

역사가 보여주는 것은 버블 붕괴가 끝이 아니라 재설정이라는 것이다. 과잉이 제거된다. 약한 자가 사라지고 강한 자가 다시 일어선다. 그리고 다음 사이클은 종종 이전보다 크고 강하다.

2000년대 초반 닷컴 버블이 터졌다. 하지만 인터넷은 사라지지 않았고 오히려 더 강해졌다. 그리고 Google, Amazon, Facebook이 진짜 가치를 만들었다.

2020년대 후반 AI 버블도 터질 것이다. 하지만 AI는 사라지지 않는다. 오히려 더 실질적이 될 것이다. 그리고 2030년대 진짜 AI 응용이 세상을 바꿀 것이다. 따라서 희망을 잃지 마라. 버블 붕괴는 고통스럽다. 하지만 일시적이다. 교훈을 배우고 적용하라. 포트폴리오를 리밸런싱하라. 다음 기회를 준비하라. 그리고 인내하라.

왜냐하면 투자에서 가장 큰 수익은 종종 가장 어두운 시기 직후에 만들어지기 때문이다. 다른 이들이 공포에 떨 때 당신이 대담하다면, 당신은 다음 사이클의 승자가 될 것이다.

AI 버블 붕괴는 필연적이지만
닷컴 버블보다 규모가 작을 것이라는 분석

지금 이 순간에도 AI 투자 열풍이 버블이 아니냐는 우려가 커지고 있다. IMF는 2025년 10월, 보고서[*]를 통해 AI 투자 버블이 붕괴할 가능성을 공식적으로 인정했다. 2000년대 초 닷컴 버블의 악몽이 되살아나는 듯하지만, 전문가들은 이번 AI 버블의 충격이 당시보다 훨씬 제한적일 것으로 전망한다.

닷컴의 데자뷰, 그러나 다른 게임

AI 버블과 닷컴 버블은 분명 유사점이 있다. 두 시기 모두 기술 혁명에 대한 과도한 기대감으로 투자금이 몰렸고, 실제 수익성보다 미래 가치에 베팅하는 양상을 보였다. 《뉴욕타임스》 기고문에서 제이슨 퍼먼 교수는 AI 버블이 닷컴 버블과 유사한 패턴을 따르고 있다고 지적한다.[**] 하버드 케네디스쿨의 경제학자인 그는 버블 붕괴 시 주식 가격 하락과 소비 위축이 불가피하다고 본다. 그러나 그는 동시에 이번 버블이 2008년 주택 버블만큼 파괴적이지는 않을 것이라고 강조한다.

왜 충격이 작을까: 세 가지 이유

첫째, 부채 의존도가 현저히 낮다. IMF 보고서가 주목한 핵심은 바로 이 지점이다. 닷컴 버블 당시 수많은 기업들이 빚을 내서 투자했고, 버블 붕괴 시 연쇄 부도가 발생했다. 반면 현재 AI 투자는 상대적으로 건전한 재무구조 위에서 이뤄지고 있다. 빚으로 쌓은 성은 한순간에 무너지지만, 자기자본으로 지은 집은 가격이 떨어져도 버틸 수 있다.

둘째, 실제 수익을 내는 비즈니스 모델이 존재한다. Intuition Labs는 AI 시장이 버블 징후를 보이고 있음을 인정하면서도, 닷컴 시대와의 결정적 차이를 지적한다.[***] 당시 많은 인터넷 기업이 수익 모델 없이 '클릭 수'만 자랑했다. 반면 현재 AI 기업들은 API 판매, 구독 모델, 기업 솔루션 등을 통해 실제 매출을 창출하고 있다. OpenAI, Microsoft, Google의 AI 부문은 이미 수십억 달러의 매출을 기록 중이다.

셋째, 기업들의 실제 채택이 진행되고 있다. 닷컴 버블 당시 인터넷은 여전히 실험 단계였다. 하지만 지금은 다르다. 포춘 500대 기업의 절반 이상이 이미 AI를 업무 프로세스에 도입했다. 고객 서비스, 데이터 분석, 코드 작성 등 실제 업무 현장에서 AI가 작동하고 있다. 기술이 단순한 기대가 아닌 현실이 되었다는 뜻이다.

제한적 붕괴, 그리고 생존자들

이러한 것을 근거로 AI 버블이 터지더라도 그 파장은 제한적일 것으로 보는 견해도 있다. IMF는 글로벌 경제에 미치는 충격이 통제 가능한 수준일 것으로 본다. 주식시장의 조정은 피할 수 없겠지만, 금융 시스템 전체를 위협하는 수준은 아니라는 분석이다. Intuition Labs는 더 나아가 버블 붕괴 후에도 생존하는 기업이 닷컴 시대보다 훨씬 많을 것으로 전망한다. 닷컴 버블 당시 90% 이상의 인터넷 기업이 사라졌지만, 이번에는 견고한 수익 기반과 실제 고객을 가진 기업들이 있어 더 많이 살아남는 다는 것이다.

결국 AI 버블은 터질 것이다. 하지만 그것은 세상의 종말이 아니라, 과열된 기대의 정상화 과정이 될 것이다. 투자자들은 이 사실을 직시하되, 항상 버블 붕괴 시 생존을 위한 투자 전략을 세워둬야 한다.

---

*　　https://www.aljazeera.com/economy/2025/10/14/imf-says-ai-investment-bubble-could-burst-comparable-to-dot-com-bubble
**　　https://www.nytimes.com/2025/10/23/opinion/ai-bubble-economy-bust.html
***　　https://intuitionlabs.ai/articles/ai-bubble-vs-dot-com-comparison

PART 4

미래의
승자들

"버블 이후, 진짜 시장은
조용히 태어난다."

Chapter 13

버블 속에서도 구조를 만든 세 기업

예외들의 공통점

2025년 말, AI 업계에 역설적인 현상이 나타났다. 수천 개의 AI 기업이 펀딩 어려움을 겪고, 이탈률이 치솟고, 생존을 걱정하는 동안, 세 개의 기업은 조용히 번성하고 있었다. OpenAI, Midjourney, Runway가 그들이다.

표면적으로 이 세 회사는 매우 다르다. OpenAI는 거대하고 화려하며 수십억 달러의 펀딩을 받았다. Midjourney는 작고 조용하며 거의 펀딩을 받지 않았다. Runway는 중간 어딘가에 있었다. 하지만 자세히 보면 공통점이 있다.

그들은 모두 명확한 가치 제안, 방어 가능한 경쟁 우위, 충성도 높은 고객 기반이라는 구조를 가지고 있었다. 그들은 단순히 인상적인 데모를 만드는 것을 넘어섰다. 그들은 사람들이 돈을 내고 반복적으로 사용하는 제품이라는 실제 비즈니스를 구축했다.

이 장에서 우리는 이 세 기업을 깊이 분석한다. 그들이 무엇을 다르게 했는가? 어떤 결정이 생존을 만들었는가? 그리고 우리는 무엇을 배울 수 있는가?

▌ 사례 1: '대마불사'론의 OpenAI

넷스케이프 내비게이터를 기억하는가? 1990년대 중반 전 세계적으로 가장 많은 사용자를 확보했던 인터넷 웹브라우저이다. 그러나 MZ 세대는 이 이름을 알지 못한다.

넷스케이프 내비게이터는 1994년 최초 출시되어 웹 브라우저 시장을 개척하며 1995~1996년경 전성기를 맞았다. 1997년 이후 Microsoft가 인터넷 익스플로러를 윈도우에 기본 탑재하면서 유통 경쟁에서 급격히 밀리기 시작하다가 1999년 AOL에 인수되면서 사실상 몰락의 길로 들어섰다. 넷스케이프의 몰락에 여러 요인이 있지만 **거대 기업 Microsoft의 인터넷 익스플로러라는 펀치**가 결정적이었다.

넷스케이프의 몰락을 기억하는 수많은 평론가가 빼놓지 않는 표현이 있다. "결국 OpenAI의 ChatGPT는 넷스케이프의 길을 갈 것이다." 이러한 견해를 뒷받침하는 것은 **거대 기업 Google과 Gemini**의 존재이다. 하지만 버블이 지나가고 난 후 OpenAI와 ChatGPT는 당당하게 살아남았다.

샌프란시스코 OpenAI HQ

배경: 연구소에서 기업으로

OpenAI는 2015년 비영리로 시작했다. 창립자들의 비전은 안전한 AGI를 개발하고 인류 전체에 혜택을 주는 것이었다.

초기 몇 년은 순수 연구였다. GPT-1, GPT-2는 인상적이었지만 상업적이지 않았다. Microsoft가 10억 달러를 투자했다. 그리고 Azure 컴퓨팅 파트너십을 맺었다.

2022년 11월 30일은 역사적인 날이었다. ChatGPT가 무료로 출시된 것이다. 5일 만에 100만 사용자, 2개월 만에 1억 사용자를 달성했다. 역사상 가장 빠른 소비자 앱으로 성장했다.

2023년, OpenAI는 수익화에 본격적으로 집중하기 시작했다. 월 20달러의 ChatGPT Plus를 출시했고, GPT-4를 선보였으며, 엔터프라이즈 플랜을 도입하고 API 가격을 최적화했다. 이러한 노력의 결과로 매출이 폭발적으로 증가했다. 2023년 약 20억 달러, 2024년 37억 달러를 기록했고, 2025년에는 130억 달러(200억 달러까지 추정)에 이를 것으로 예상되었다.

하지만 이면에는 긴장이 도사리고 있었다. 막대한 비용이 지속되었고, 경쟁은 갈수록 치열해졌고, 내부 갈등도 심화되었다. 이러한 긴장은 2023년 11월에 극적으로 표출되었다. Sam Altman이 이사회에 의해 해고되었다가 5일 만에 복귀하는 드라마가 벌어진 것이다. 이 사건은 OpenAI 내부의 근본적인 갈등을 드러냈다. 연구와 수익, 안전과 속도, 사명과 시장 사이의 긴장 관계였다.

무엇이 작동했는가

OpenAI의 성공 요인은 다음과 같다. 첫째는 기술적 리더십이다. 그들은 지속적으로 가장 인상적인 모델을 만들었다. GPT-4, GPT-5가 브랜드를 구축했다.

둘째는 전략적 파트너십이다. Microsoft와의 관계는 천재적이었다. Microsoft는 거의 무제한 컴퓨팅을 제공했다. OpenAI는 API와 기술을 제공했다. Microsoft는 이것을 Azure, Office, Windows에 통합했다. 양쪽 모두 승리했다. 셋째는 대중적 접근이다. ChatGPT를 무료로 출시한 것은 대담했다. 많은 이가 "왜 무료로 주는가?"라고 물었다. 하지만 이것은 전략이었다. 무료 버전이 인지도를 만들었다. 그리고 일부는 Plus로 전환했다. 전환율은 낮았지만, 기반이 너무 커서 절대 숫자는 컸다.

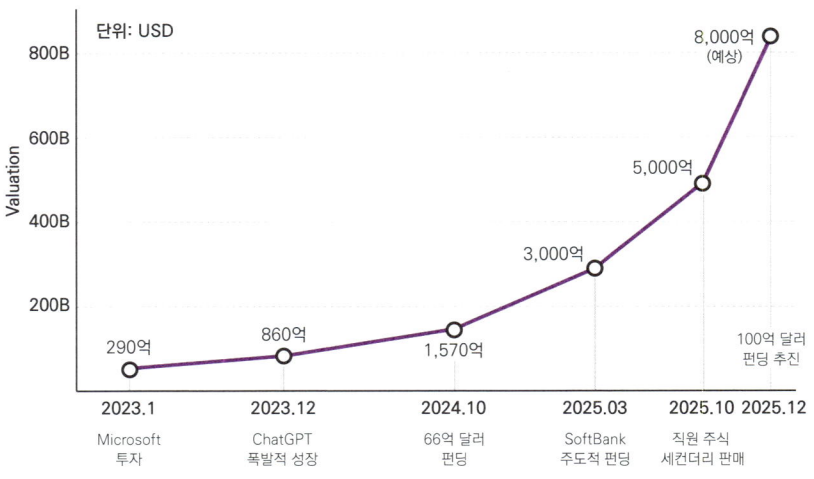

OpenAI 기업가치 변화(2023.1~2025.12)

단위: USD

2023.1	2023.12	2024.10	2025.03	2025.10	2025.12
Microsoft 투자	ChatGPT 폭발적 성장	66억 달러 펀딩	SoftBank 주도적 펀딩	직원 주식 세컨더리 판매	

290억 / 860억 / 1,570억 / 3,000억 / 5,000억 / 8,000억(예상)

100억 달러 펀딩 추진

소스: WSJ 등 뉴스 자료

넷째는 플랫폼 전략이다. OpenAI는 단순히 제품을 만들지 않았다. API, GPT Store, Plugins, Custom GPTs를 통해 개발자와 기업이 GPT 생태계에서 활동할 수 있도록 했다. 이것은 네트워크 효과를 만들었다.

다섯째는 브랜딩과 내러티브였다. OpenAI는 'AGI를 향한 여정'이라는 강력한 스토리를 가졌다. 이것은 미디어 주목, 인재 유치, 투자자 관심을 끌었다. 그들은 단순한 기업이 아니라 운동이었다.

딜레마와 취약성

하지만 OpenAI는 심각한 도전에 직면해 있다. 가장 큰 것은 경제학이다. OpenAI의 비용 구조는 감당하기 어렵다. 컴퓨팅 비용은 매출의 40~50%를 차지한다. R&D와 인건비를 더하면 운영 비용이 매출을 초과

한다. 2025년 예상 손실은 80억~90억 달러이다.

문제는 AI 모델의 경제학이 전통적 소프트웨어와 다르다는 것이다. 소프트웨어는 한 번 만들면 복제 비용이 거의 0이다. 하지만 AI는 각 쿼리가 컴퓨팅 비용을 발생시킨다. 사용자가 많아질수록 비용도 비례해서 증가한다. 규모의 경제가 제한적이다.

OpenAI는 이것을 개선하려 노력하고 있다. 모델 최적화, 더 효율적인 인프라, 가격 인상을 꾀한다. 하지만 근본적 문제는 남는다. 그들의 제품은 비싸다. 경쟁사들(Claude, Gemini, 오픈소스 모델)이 계속 가격을 낮추거나 무료다.

두 번째 취약성은 Microsoft 종속성이다. OpenAI는 Microsoft 없이 작동할 수 없다. 컴퓨팅의 대부분이 Azure에서 온다. 판매 채널의 많은 부분이 Microsoft를 통한다. 만약 Microsoft가 조건을 변경하거나 경쟁 제품(자체 모델)을 밀면 OpenAI는 어려움을 겪는다.

세 번째 취약성은 경쟁이다. 2023년 OpenAI는 거의 독점이었다. 하지만 2023년 Anthropic의 Claude가 나타났고, 2025년에는 Google의 Gemini가 일부 벤치마크에서 이겼다. Meta의 Llama가 무료 대안을 제공했다. OpenAI의 기술 격차가 좁아지고 있다. 그들의 주요 차별화는 브랜드와 에코시스템이다. 하지만 이것이 장기적으로 충분한가?

교훈

OpenAI로부터 무엇을 배울 수 있는가? 첫째는 기술 리더십의 가치다. 최고의 제품을 만드는 것은 중요하다. 그것은 브랜드를 만들고 가격 권력을 준다. 하지만 충분하지 않다. 경제학도 작동해야 한다. 둘째는 파트너십의 양날이다. 전략적 파트너(Microsoft)는 거대한 가치를 제공한다. 하지만 종속성도 만든다. 협상력의 균형이 중요하다.

셋째는 무료의 역설이다. 무료 제품은 인지도를 만든다. 하지만 수익화는 어렵다. '무료로 성장하고 나중에 수익화'는 AI에서 훨씬 더 위험하다. 넷째는 경쟁의 불가피성이다. 초기 리더십은 일시적이다. 경쟁사들이 따라잡는다. 지속 가능한 해자를 구축해야 한다.

다섯째는 사명과 시장의 긴장이다. 이상주의적 사명(안전한 AGI)과 시장 압박(수익, 성장) 사이의 균형은 어렵다. 명확한 우선순위와 거버넌스가 필요하다.

당당히 살아남은 OpenAI와 ChatGPT

ChatGPT는 AI 버블 붕괴에서 살아남을 것이다. 이유는 기술 우위가 아니라 구조적 해자 덕분이다. 2억 명이 넘는 사용자 기반은 강력한 네트워크 효과를 만들었고, Microsoft와의 깊은 통합은 엔터프라이즈 시장이라는 안정적 수익원을 제공했다.

OpenAI는 일찍이 API 비즈니스로 B2B 현금 흐름을 확보했고, 이것이 소비자 시장의 변동성을 버티게 했다. 또한 지속적인 펀딩과 과감한 비용 절감으로 월 소진율을 40% 줄이면서 18개월 이상의 런웨이를 확보했다. 무엇보다 ChatGPT는 더 이상 'AI 도구'가 아니라 검색과 업무의 기본 인프라로 자리 잡았다. 이러한 플랫폼화가 경쟁사들이 무너지는 와중에도 버틸 수 있게 만든 결정적 요인이었다.

사례 2: Midjourney — 조용한 수익성의 힘

배경: Discord 봇에서 제국으로

Midjourney는 2021년 David Holz가 창업했다. 그는 이전에 제스처 인식 하드웨어의 공동 창업자였다. Midjourney는 그의 두 번째 벤처였다. 그리고 완전히 다른 접근을 취했다.

Holz는 AI 이미지 생성에 매료되었다. 하지만 OpenAI나 Stability AI처럼 거대한 펀딩을 조달하지 않았다. 대신 몇 명의 연구자, 최소한의 자금으로 작게 시작했다. 그리고 독특한 선택을 했다. 웹 앱 대신 Discord 봇으로 출시한 것이다.

2022년 7월, Midjourney 베타가 출시되었다. 사용자들은 Discord* 서버에서 "/imagine [프롬프트]"를 입력했다. 그러면 봇이 이미지를 생성했다. 공개 채널에서 다른 사람들이 볼 수 있게 이미지를 생성하는 것이다. 이것은 이상한 선택처럼 보였다. 왜 웹 앱이 아니라 Discord인가?

하지만 이 선택은 천재적이었다. Discord는 즉시 커뮤니티를 만들었다. 사용자들이 서로의 작업을 보고, 영감을 받고, 배웠다. 바이럴 루프가 작동했다. 인상적인 이미지를 본 사람들이 "나도 해보고 싶다"고 생각했다. 그리고 서버에 참여했다.

2022년 말까지 Midjourney는 백만 명 이상의 사용자를 가졌다. 그리고

---

*   Discord는 게이머와 개발자 커뮤니티에서 출발한 온라인 커뮤니케이션 플랫폼으로, 텍스트·음성·영상 채팅을 하나의 서버 공간에서 제공한다. 초대 기반 서버와 봇·명령어 기능을 통해 커뮤니티 운영, 협업 도구, AI 서비스 인터페이스로도 널리 활용된다.

놀랍게도 대부분이 유료였다. Midjourney는 처음부터 수익화했다. 무료 체험은 25개 이미지뿐이었다. 그 후는 월 10달러(Basic), 30달러(Standard), 60달러(Pro), 120달러(Mega)라는 명확하고 간단한 가격정책을 취했다.

2023년, Midjourney는 폭발했다. 사용자 수가 1천만을 넘어섰다. Discord 서버는 세계 최대 중 하나가 되었다. 그리고 가장 중요하게 매출이 급증했다. 2023년 추정 2억 달러, 2024년 추정 3억 달러 매출을 기록했으며, 2025년 추정 5억 달러라는 놀라운 성장세를 보였다.

그리고 이 모든 것을 40명의 팀으로 했다. 외부 펀딩은 최소였다. 정확한 금액은 공개되지 않았지만 수백만 달러 수준으로 추정된다. Holz는 대부분의 지분을 소유했다. 그리고 회사는 수익성이 있었다.

무엇이 다른가

Midjourney의 성공은 여러 독특한 선택에서 왔다. 첫째는 Discord 전략이다. 웹 앱 대신 Discord 봇을 선택한 것은 비전통적이었다. 하지만 여러 이점을 제공했다.

먼저 개발 속도였다. 인증, 결제, 커뮤니티 도구같은 Discord API는 이미 존재했다. Midjourney는 핵심(이미지 생성)에만 집중할 수 있었다. 웹 인프라를 구축할 필요가 없었다.

다음으로 바이럴 효과였다. 공개 채널에서 생성은 자연스러운 마케팅이었다. 인상적인 이미지가 자동으로 다른 사람들에게 노출되었다. 그리고 그들이 시도했다. CAC(고객 획득 비용)가 거의 0이었다.

마지막으로 커뮤니티였다. Discord는 단순한 도구 이상이었다. 소셜 공간이었다. 사람들이 팁을 공유하고, 협업하며, 관계를 맺었다. 이것은 전환 비용을 만들었다. Midjourney를 떠나는 것은 도구를 잃는 것뿐 아니라 커뮤니티를 잃는 것이었다.

수익성 우선 전략도 훌륭했다. Midjourney는 처음부터 돈을 받았다. 무료 체험은 매우 제한적이었다. 이것은 '성장 먼저, 수익화 나중'의 전형적인 스타트업 모델과 반대였다. 하지만 작동했다. 가치가 명확했기 때문이다. 사용자들은 Midjourney가 만드는 이미지를 원했다. 그리고 30달러/월은 합리적이었다. 프리랜스 일러스트레이터를 고용하면 이미지당 50~500달러이다. Midjourney로 무제한 이미지를 30달러에 뽑아낼 수 있게 되자 유료 구독은 쉬운 결정이었다.

그리고 수익성은 독립성을 의미했다. Midjourney는 VC에 의존하지 않았다. 따라서 성장 압박, 밸류 압박, 엑시트 압박이 없었다. Holz는 자신의 비전대로 회사를 운영할 수 있었다.

화려함을 버리고 효율성에 집착한 것도 훌륭한 전략이었다. 40명으로 3억~4억 달러 매출을 만들었다. 직원당 750만~1,000만 달러이다. 이것은 업계 평균의 20~30배다. Midjourney는 화려한 사무실, 마케팅 예산, 영업팀과 같은 불필요한 것을 하지 않았다. 최소한의 고객 지원만 수행했다. 모든 리소스가 제품에 집중되었다. 그리고 제품이 마케팅이 되었다.

또한 외부 인프라를 활용했다. 자체 데이터센터를 구축하지 않았다. 클라우드 GPU를 사용했다. 필요할 때만 지불하게 되자 고정 비용이 최소화되었다.

도전과 리스크

Midjourney는 인상적이지만 완벽하지 않다. 몇 가지 도전이 있다. 첫째는 Discord 의존성이다. 플랫폼의 대부분이 Discord에 있다. 만약 Discord가 정책을 변경하거나 가격을 올리거나 서비스 품질이 하락한다면 Midjourney는 영향을 받는다.

실제로 2023년 일부 갈등이 있었다. Midjourney 서버가 너무 커져서 Discord 인프라에 부담을 주었다. Discord는 일부 제한을 부과하려 했다. Midjourney는 협상해야 했다. 이것은 플랫폼 리스크를 보여준다. 이것이 Midjourney가 2023년 Discord 의존도를 줄이기 위해 웹 버전을 출시한 이유 중 하나다. 하지만 커뮤니티는 여전히 Discord에 있다.

둘째는 경쟁 증가다. 2022년 Midjourney는 거의 유일했다. 하지만

2024년으로 들어서자 DALL-E 3, Stable Diffusion XL, Adobe Firefly, 그리고 수십 개의 다른 도구가 출현했다. 일부는 무료이면서 Midjourney 만큼 좋다.

Midjourney의 차별화는 여전히 존재한다. 독특한 스타일, 강한 커뮤니티. 하지만 격차가 좁아지고 있다. 그들이 지속적으로 혁신해야 한다. 그리고 40명의 팀으로 Google, Adobe 같은 거대 기업과 경쟁하는 것은 쉽지 않다.

셋째 과제는 확장에 대한 도전이다. 지금까지 Midjourney는 비교적 소규모 조직으로도 높은 효율성을 유지하며 운영되어 왔지만, 앞으로의 단계는 단순한 연장이 아니라 질적으로 다른 성장을 전제한다. 사용자와 연산 수요가 10배, 혹은 100배로 늘어나는 국면에서는 인프라의 대규모 확장뿐 아니라 조직 규모와 내부 프로세스 전반의 재설계가 불가피해진다. 문제는 이러한 외형적 성장을 추진하는 과정에서도 지금까지의 강점이었던 운영 효율성과 민첩성을 잃지 않아야 한다는 점인데, 바로 이 지점이 Midjourney가 마주한 가장 어려운 과제라 할 수 있다.

넷째는 비즈니스 모델 한계다. Midjourney는 주로 개인 크리에이터와 소규모 팀을 서비스한다. 엔터프라이즈 시장은 아직 제대로 공략하지 못했다. 하지만 진짜 큰돈은 Adobe, Getty Images 같은 엔터프라이즈에 있다. 그들은 수십억 달러 시장이다. Midjourney가 어떻게 그들과 경쟁할 수 있을까?

교훈

Midjourney로부터 배울 수 있는 것은 많다. 첫째는 수익성이 자유를 준다는 것이다. 외부 펀딩에 의존하지 않으면 밸류 압박, 성장 압박, 엑시트 압박 없이 자신의 게임을 할 수 있다. 이것은 장기 비전을 가능하게 한다.

둘째는 커뮤니티가 해자를 구축한다는 것이다. Midjourney의 가장 강한 방어는 기술이 아니다. 1,900만 명에 달하는 Discord 커뮤니티다. 그들은 단순히 도구를 사용하는 것이 아니라 소속감을 느낀다. 이것은 전환 비용을 만든다. 셋째는 비전통적 선택의 가치다. Discord 봇·조기 수익화·작은 팀. 이것들은 모두 실리콘밸리 성공 공식에 반대되는 것들이었다. 하지만 작동했다. 때로는 다르게 생각하는 것이 최선이다.

Midjourney는 AI 버블에서 가장 건강한 기업 중 하나다. 수익성이 있고, 성장하고 있으며, 독립적이다. 그들은 화려하지 않다. 하지만 지속 가능하다. 그리고 장기전에서 지속 가능성이 화려함을 이긴다.

사례 3: Runway — 크리에이터 락인 전략

배경: 연구에서 크리에이터 도구로

Runway는 2018년 Cristóbal Valenzuela, Alejandro Matamala, Anastasis Germanidis가 뉴욕에서 창업했다. 세 명 모두 NYU Tisch School of the Arts 출신이었다. 그들은 기술자이자 아티스트였다. 그들의 비전은 AI를 크리에이터의 손에 쥐어주는 것이었다.

초기 Runway는 비디오와 이미지 생성 AI 모델 연구에 집중했다. 그들은 여러 논문을 발표했다. 그리고 2022년, Stable Diffusion의 공동 개발자 중 하나가 되었다. 이것은 그들을 AI 커뮤니티의 지도에 올렸다.

하지만 Runway의 진짜 전환점은 제품이었다. 그들은 연구 논문을 실제 크리에이터 도구로 변환했다. Runway는 웹 기반 AI 비디오 편집 플랫폼이 되었다. 사용자들은 텍스트 프롬프트로 비디오를 생성하거나, 기존 비디오를 편집하거나, 효과를 추가할 수 있었다.

2023년 초, 텍스트로 비디오 생성하는 Runway Gen-1이 출시되었다. 그리고 2023년 중반 선보인 Gen-2는 더 길고, 더 고품질의 비디오를 생성했다. 반응은 폭발적이었다. 크리에이터들, 특히 독립 영화 제작자와 광고 대행사가 채택했다.

2024년까지 Runway는 수백만의 사용자, 수십만의 유료 고객, 총 2억

4천만 달러 펀딩과 15억 달러 밸류에이션 달성이라는 인상적인 수치를 보였다. Sequoia, Coatue, Google Ventures가 투자했다. 하지만 Runway를 정말 흥미롭게 만드는 것은 숫자가 아니다. 그들의 크리에이터 락인 전략이다.

크리에이터 락인이란

대부분의 AI 도구는 일회성 작업을 위한 것이다. 이미지 생성, 텍스트 작성, 한 번의 쿼리. 사용자는 결과를 가져가고 떠난다. 전환 비용이 낮다. 경쟁사로 전환하기 쉽다.

하지만 Runway는 다르게 접근했다. 그들은 크리에이터의 워크플로우에 깊이 통합되었다. 단순히 도구가 아니라 제작 과정의 일부가 되었다.

어떻게 이것을 달성했나?

첫째는 프로젝트 기반 작업이다. Runway에서 사용자는 여러 클립, 효과, 레이어를 사용한 비디오 편집 프로젝트를 만든다. 프로젝트는 Runway 클라우드에 저장된다. 따라서 사용자는 프로젝트를 계속하기 위해 계속 돌아온다.

이것은 단순한 도구 사용이 아니다. 작업 자산이 Runway에 있다. 다른 도구로 전환하려면 모든 것을 다시 만들어야 한다. 큰 전환 비용이 든다.

둘째는 워크플로우 통합이다. Runway는 단독으로 사용되지 않는다. Adobe Premiere, After Effects, DaVinci Resolve와 통합된다. 크리에이터들은 일부는 Runway에서, 일부는 다른 도구에서 사용하는 등 Runway를 편집 파이프라인의 일부로 사용한다. 이것은 습관을 만든다. 그리고 습관은 끈기 있다.

셋째는 크레딧 시스템이다. Runway는 구독 기반이지만 크레딧도 사용한다. 각 생성이 크레딧을 소비한다. 사용자는 크레딧을 구매하거나 구독한다. 이것은 크레딧이 있으니까 사용해야 한다는 효과를 가져온다. 그리고 사용할수록 더 의존한다.

넷째는 커뮤니티와 학습이다. Runway는 튜토리얼, 템플릿, 커뮤니티 포럼을 제공한다. 크리에이터들이 Runway를 배우고 숙달하는 데 시간을 투자한다. 그리고 투자한 시간은 전환 비용이다.

다섯째는 포트폴리오 효과다. 많은 크리에이터가 Runway로 만든 작품을 포트폴리오에 올린다. 그리고 'Made with Runway' 태그를 단다. 이것은 브랜딩이다. Runway와 정체성이 얽힌다.

무엇이 작동하는가

Runway의 전략은 여러 면에서 작동한다. 첫째는 유지율이다. 크리에이터 락인은 이탈률을 낮춘다. Runway의 월간 유지율은 추정치로 약 75~80%다. 이것은 대부분의 AI 도구(50~60%)보다 훨씬 높다.

높은 유지율은 LTV(고객 생애 가치)를 높인다. 사용자가 평균 18~24개월 구독한다면 LTV는 360~720달러(월 30달러 기준)이다. CAC가 100~150달러라면 LTV/CAC는 3~7이다. 건강한 경제학이 Runway에 있다.

둘째는 업셀 기회다. 사용자가 Runway에 의존할수록 더 많이 지불할 의향이 있다. Runway는 Basic(15달러/월), Standard(35달러/월), Pro(70달러/월), Unlimited(140달러/월)라는 여러 구독 플랜을 가지고 있다. 그리고 많은 사용자가 시간이 지남에 따라 업그레이드한다.

셋째는 입소문이다. 만족한 크리에이터들은 소셜 미디어에서, 포럼에서, 친구들에게 자연스럽게 공유한다. "이거 Runway로 만들었어. 정말 멋지지?" 이것은 무료 마케팅이다.

넷째는 엔터프라이즈 진입이다. 개인 크리에이터들이 Runway를 사용하면 그들이 속한 스튜디오나 대행사도 관심을 갖는다. "우리 팀이 이미 Runway를 사용한다. 팀 플랜을 구매하자." 이것은 상향 판매(bottom-up sales)다.

다섯째는 데이터 플라이휠이다. 크리에이터들이 Runway를 사용할수록 더 많은 데이터가 생성된다. 어떤 프롬프트가 작동하는가? 어떤 스타일이 인기 있는가? Runway는 이 데이터로 모델을 개선한다. 더 나은 모델은 더 많은 사용자를 끌어들인다.

도전과 한계

Runway도 완벽하지 않다. 몇 가지 도전이 있다. 첫째는 기술 경쟁이다. 비디오 생성은 뜨거운 영역이다. Pika Labs, Stability AI(Stable Video Diffusion), Google(Veo), Meta(Make-A-Video). 모두 경쟁하고 있다. 그리고 일부는 무료다.

Runway의 기술 격차는 좁다. Gen-2는 인상적이지만 유일하지 않다. 만약 경쟁사가 더 나은 모델을 만든다면 사용자들이 전환할까? 워크플로우 락인이 충분할까?

둘째는 가격 압박이다. 경쟁이 증가하면 가격이 하락한다. 2023년

Runway는 가격을 인상할 수 있었다. 하지만 경쟁사들이 절반 가격을 제공한다면 압박이 온다. 셋째는 컴퓨팅 비용이다. 비디오 생성은 이미지보다 10~100배 비싸다. Runway의 마진은 제한적이다. 그들이 확장할수록 비용도 증가한다. 규모의 경제가 있지만 제한적이다.

넷째는 크리에이터 시장의 한계다. 독립 크리에이터 시장은 크지만 엔터프라이즈만큼은 아니다. Runway가 진짜 크게 되려면 할리우드 스튜디오, 광고 대행사, 미디어 회사같은 엔터프라이즈를 공략해야 한다. 하지만 그들은 보안, 커스터마이징, 지원을 요구한다. Runway의 작은 팀(약 100명)이 감당할 수 있을까? 다섯째는 저작권 문제다. Runway의 모델은 기존 비디오로 학습되었다. 일부는 저작권이 있을 수 있다. 2024년 이미 일부 법적 도전이 있었다. 만약 이것이 확대된다면 Runway는 막대한 법적 비용을 직면할 수 있다.

교훈

Runway로부터 무엇을 배울 수 있는가? 첫째는 워크플로우 통합의 힘이다. 단순히 도구를 만들지 마라. 사용자의 작업 흐름에 통합하라. 그들의 습관이 되어라. 이것이 진짜 락인이다. 둘째는 크리에이터 시장의 가치다. 크리에이터들은 좋은 도구에 기꺼이 돈을 낸다. 그들의 수입이 도구에 달려 있기 때문이다. 그리고 그들은 입소문을 만든다. 마케팅 비용을 절약한다.

셋째는 제품 혁신의 지속성이다. Runway는 Gen-1에서 멈추지 않았다. Gen-2, Gen-3(개발 중). 지속적 혁신이 경쟁에서 앞서게 한다. 넷째는 엔터프라이즈로의 확장 경로다. B2C로 시작하여 B2B로 확장하는 전략은 효과적이다. 개인 사용자들이 검증하고, 그들이 속한 조직이 따라온다. 다섯째는 펀딩과 성장의 균형이다. Runway는 상당한 펀딩을 받았다($240M). 하지만 과도하게 태우지 않았다. 그들은 성장과 효율성의 균형을 찾았다. 2024년 그들은 여전히 손실이지만 수익성 경로가 보인다.

Runway는 Midjourney만큼 수익성이 있지 않다. OpenAI만큼 크지도 않다. 하지만 그들은 중간 경로를 찾았다. 펀딩을 활용하여 빠르게 성장하면서도 지속 가능한 비즈니스를 구축한다. 그리고 크리에이터 락인이 그들의 비밀 무기다.

결론: 세 가지 경로, 하나의 교훈

OpenAI, Midjourney, Runway. 세 기업은 매우 다르다. 규모, 전략, 재무. 하지만 공통점이 있다.

그들은 모두 구조를 만들었다. 단순히 인상적인 데모가 아니라 실제 비즈니스, 즉 사람들이 돈을 내고 반복적으로 사용하는 제품, 방어 가능한 경쟁 우위, 충성도 높은 고객 기반을 만든 것이다.

OpenAI의 구조는 브랜드와 플랫폼이다. Midjourney의 구조는 커뮤니티와 효율성이다. Runway의 구조는 워크플로우 락인이다. 모두 다르지만 모두 효과적이다.

그리고 이것이 AI 버블에서 생존의 열쇠다. 기술은 필요하다. 하지만 충분하지 않다. 경제학, 고객 유지, 방어성이라는 구조가 차이를 만든다. 이것들이 버블 붕괴 후에도 살아남게 한다.

2028년, 많은 AI 기업이 사라질 것이다. 하지만 이 세 기업은 아마 여전히 있을 것이다. 그들은 화려한 데모 이상을 만들었기 때문이다. 그들은 비즈니스를 만들었다.

Chapter 14

AI 버블 붕괴 후의 승자와 패자

예상: 2028년 1월, 새로운 질서

샌프란시스코. 2028년 첫 주. AI 업계의 연례 컨퍼런스가 열린다. 3년 전 같은 컨퍼런스와 비교하면 분위기가 완전히 달라진다.

2024~2026년은 흥분, 과대광고, FOMO가 지배했다. AI 컨퍼런스 부스는 수백 개의 스타트업으로 가득했다. 모두가 혁명적이고 게임체인저라고 주장했다. 투자자들은 명함을 나눠주려고 줄을 섰다. 분위기는 전기가 흐르는 것 같았다.

2028년에는 냉정함, 현실주의, 선택성이 지배한다. 부스는 3분의 1로 줄었다. 많은 스타트업이 사라졌다. 남은 기업들은 수익성, 고객 유지율, 단위경제학을 이야기했다. 투자자들은 회의적이었다. 그들은 비전이 아니라 실적을 요구했다.

나는 컨퍼런스 후 한 친구와 저녁을 먹었다. 그는 2024년에 AI 마케팅 도구를 이용한 AI 스타트업을 창업했었다. 2024년에는 500만 달러를 조달했다. 밸류에이션은 3,000만 달러였다. 하지만 2027년 회사를 정리했다.

"무엇이 잘못되었나?" 내가 물었다. 그가 한숨을 쉬었다. "모든 것. 고객 획득 비용이 계속 올랐다. 이탈률이 통제 불가능했다. OpenAI가 가격을 낮췄고, Google이 유사 기능을 Workspace에 추가했다. 우리는 차별화가 없었다. 2026년 중반, 현금이 바닥났다. 다운라운드를 시도했지만, 아무도 관심 없었다. 그래서… 문을 닫았다."

"후회하나?" 그는 잠시 생각했다. "아니. 새로운 시도를 했다는 점에 만족한다. 그리고 배웠다. 하지만 만약 다시 한다면 AI 애플리케이션은 하지 않을 것이다. 너무 경쟁적이다. 아마… 인프라나 데이터 쪽일 것이다. 거기가 진짜 돈이 있는 곳이니까."

▌ 승자들: 누가 살아남았는가

그렇다면 AI 산업의 승자는 누구인가? 다섯 가지 카테고리로 나뉜다.

카테고리 1: 수직 통합 거인
Big 5가 여기 속한다. Google, Meta, Microsoft, Amazon, OpenAI이다. 그들은 AI 산업 매출의 약 70%를 차지한다. 각각 수천억 달러 AI 관련

매출을 가지고 있다. 그들의 공통점은 전체 스택 통합이다.

Google은 가장 완전한 통합을 가진다. 자체 칩(TPU), 자체 클라우드(GCP), 자체 모델(Gemini), 자체 애플리케이션(Search, Workspace, Android)이 있다. 각 레이어가 다른 레이어를 강화한다. 그들의 AI 매출은 2032년 약 5,000억 달러로 예상된다.

Microsoft는 두 번째로 강하다. 자체 칩 개발 중이고, Azure가 있으며, OpenAI 파트너십으로 모델을 커버하고, Office, Windows, Azure가 애플리케이션이다. Meta는 세 번째다. 자체 칩과 Llama가 있고, Facebook, Instagram, WhatsApp이 거대한 유통 채널이다. AI 광고 최적화가 핵심 매출원이다.

Amazon은 네 번째다. AWS가 여전히 최대 AI 클라우드 제공자이고, 자체 칩(Trainium, Inferentia)이 있으며, 커머스에 AI를 통합한다. OpenAI ChatGTP의 2억 명이 넘는 사용자 기반은 강력한 네트워크 효과를 만들었고, Microsoft와의 깊은 통합은 엔터프라이즈 시장이라는 안정적 수익원을 제공했다.

카테고리 2: 인프라 제공자

NVIDIA는 여전히 살아있고 번성한다. GPU 시장 점유율은 약 50%로 하락할 수도 있지만(2024년 70%에서), 시장 자체가 5배 성장했다. 따라서 절대 매출은 오히려 증가했다.

새로운 인프라 제공자들이 나타난다. 소형 원자로 제조사, 에너지 관리 소프트웨어, 고효율 냉각 시스템같은 전력 인프라 기업들이다. 이것들이 가장 빠르게 성장하는 부문이다. 예를 들어 NuScale Power 같은 SMR(소형 모듈 원자로) 기업은 2030년까지 수십억 달러 기업이 될 수 있다. AI 데이터센터가 그들의 주요 고객이다.

카테고리 3: 엔터프라이즈 AI 플랫폼

Salesforce, Oracle, SAP 같은 전통적 엔터프라이즈 소프트웨어 기업들이 부활한다. 그들은 AI를 기존 제품에 깊이 통합했다. 그리고 엔터프라이즈 고객들은 그들을 신뢰한다.

Salesforce는 Einstein AI를 CRM, 마케팅에 통합했다. AI가 자동으로 리드를 식별하고, 이메일을 작성하며, 거래를 추천한다. 엔터프라이즈 고객들은 이것에 기꺼이 돈을 낸다. 왜냐하면 ROI가 명확하기 때문이다.

또한 새로운 엔터프라이즈 AI 플랫폼이 나타난다. AI 워크플로우 오케스트레이션, AI 거버넌스, AI 옵저버빌리티(observability)이다. 이것들은 2024년에는 존재하지 않았지만 2032년에는 필수다.

카테고리 4: 수직 AI 애플리케이션

범용 AI 애플리케이션의 시대는 끝났다. 하지만 수직 특화 AI는 번성한다. 의료 AI, 법률 AI, 금융 AI, 제조 AI이다. 각각 수십억 달러 시장을 형성한다.

Harvey AI 같은 법률 AI는 2030년까지 모든 주요 로펌에서 사용된다. 변호사들의 워크플로우에 깊이 통합되어 계약서 검토, 판례 검색, 문서 작성을 자동화한다. 의료 AI는 더 크다. 진단 보조, 약물 발견, 개인 맞춤 치료를 제공한다.

카테고리 5: AI 에이전트 플랫폼

완전히 새로운 카테고리다. 2024년에는 거의 존재하지 않았다. 하지만 2028년에는 가장 뜨거울 것이다. AI 에이전트 플랫폼은 에이전트들이 생성되고, 거래되고, 상호작용하는 인프라를 제공한다. 에이전트 마켓플레이스, 에이전트 오케스트레이션, 에이전트 간 통신 프로토콜을 담당한다.

OpenAI가 2026년쯤 이것을 시도할 수 있다. 사용자가 자신만의 에이전트를 만들고 공유한다. 그리고 에이전트들이 서로 협력하여 복잡한 작업을 수행한다. 하지만 진짜 승자는 아마도 블록체인 기반 플랫폼일 것이다. 왜일까? 에이전트 거래는 신뢰가 필요하다. 블록체인은 투명하고 검증 가능한 기록을 제공한다. 미래에는 에이전트 경제의 상당 부분이 블록체인에서 작동할 수 있다.

█ 패자들: 무엇이 잘못되었는가

승자만큼이나 중요한 것은 패자다. 그들로부터 배울 수 있다. 2027년, 누가 사라졌는가?

패자 카테고리 1: API 래퍼 스타트업 (95% 소멸)

2023~2025년, 수천 개의 AI 스타트업이 생겼다. 그중에는 프롬프트

엔지니어링에 머무는 경우도 많았고, 단순히 OpenAI API를 호출하고 UI를 씌운 것도 있었다. 차별화가 거의 없었다.

이들은 AI의 실핏줄 역할을 하지만, 2028년 이후에 대부분이 사라질 것이다. 왜 그럴까? OpenAI와 경쟁사들이 가격을 지속적으로 낮추고 있다. 플랫폼(Google, Microsoft)이 유사 기능을 무료 또는 저렴하게 제공하기 시작했다. 펀딩이 마르고, 런웨이가 고갈되어 간다.

AI 버블이 도사리고 있는 2026년의 상황을 살펴보자. Jasper AI는 한때 빠르게 성장하며 마케팅 콘텐츠 생성 도구로 수백만 달러 규모 ARR(연간 반복수익)을 기록했지만, ChatGPT 기능 향상 및 가격 경쟁 압박 속에서 연 매출이 급감하고 밸류에이션이 하락하는 등 구조적 어려움을 겪고 있다.

Copy.ai는 빠르게 성장했고 콘텐츠 생산성 도구 시장에서 유의미한 사용자 기반을 확보했지만, 낮은 차별성, 외부 AI 모델 의존성 등의 구조적 리스크로 인해 장기적인 시장 지배력 확보에 어려움을 겪고 있다.

패자 카테고리 2: 과도하게 자금을 조달한 범용 모델 (일부)

모든 모델 기업이 실패한 것은 아니다. OpenAI와 Anthropic은 생존했다. 하지만 일부는 실패했다.

2025년은 AI 스타트업들이 성공적으로 도약할 것으로 예상되었으나, 실제로는 많은 스타트업이 문을 닫았다. 이들의 실패 패턴은 자금 조달이나 제품 출시보다 '사람들이 지속적으로 비용을 지불할 만한 제품'을 만드는 것이 어려웠다는 점이다.

AI 버블 이슈로 주가가 출렁이던 2025년의 상황을 살펴보자. 이 시기의 대표적인 실패 사례는 약 4억 4,500만 달러를 투자받고도 파산한 유니콘 기업 Builder.ai이다. 기술 과장과 불투명한 재무 보고가 문제되었다. 2억 4,100만 달러를 투자받은 소비자 AI 하드웨어 기업 Humane은 핵심 제품인 AI Pin의 성능과 유용성이 미흡하여 결국 자산을 매각했다.

엔터프라이즈 AI 기업들(Noogata, Astra 등)은 긴 영업 주기와 고객의 신뢰 문제로 인해 파일럿 단계에서 벗어나지 못하고 자금난에 빠졌다. Locale.ai는 성장 속도가 기대에 미치지 못하고 창업자의 번아웃으로 인해 윤리적이고 합리적으로 사업을 정리했다.

Tune AI, Wuri와 같이 클라우드 대기업들이 유사한 기능을 제공하는 상황에서 독자적인 차별점이나 강력한 틈새시장을 확보하지 못한 스타트업도 실패했다. CodeParrot, Subtl.ai 등은 기술력이 있었으나, 명확하고 반복 가능한 비즈니스 모델을 찾지 못하고 여러 방향으로 초점을 분산시키다가 무너졌다. Yara AI는 정신 건강 챗봇이었으나, 현재 AI 기술의 안전성 및 윤리적 책임 문제를 이유로 창업자가 스스로 사업을 중단했다.

이들의 공통적인 교훈은 제품-시장 적합성(PMF)이 얕고, 과도한 투자가 근본적인 문제를 가렸으며, 독자적인 진입 장벽 없이는 대규모 플랫폼과의 경쟁에서 승리할 수 없다는 것이다.[*] 이들은 모두 기술은 좋았지만 비즈니스 모델이 불명확했다. 그들은 더 나은 모델을 만드는 데 집중했지만 '왜 고객이 우리를 선택해야 하는가?'에 답하지 못했다.

---

[*]   https://techstartups.com/2025/12/09/top-ai-startups-that-shut-down-in-2025-what-founders-can-learn/

다음 표는 2025년에 일어난, AI 관련 인프라/소프트웨어 기업이 다른 회사에 인수·편입된 대표 사례들이다.

2025년 대표적 AI 기업 인수 사례

기업	인수 주체	분야/성격	금액/상태
Wiz	Google (Alphabet)	클라우드 보안·AI 보안 스타트업, 미국 중심 사업 기반	약 320억 달러, 2025년 3월 발표·규제 승인 후 클로징 예정
Groq	NVIDIA	l칩 추론 스타트업, 모델 최적화	약 200억 달러, 비독점 기술 라이선스 계약 + 핵심 인재 영입 (반독점 규제 회피)
ZT Systems	AMD	AI 서버·하드웨어 ODM, 미국 기반 인프라 공급	약 49억 달러, 2025년 인수 후 일부 제조 자산은 Sanmina에 매각
Confluent	IBM	데이터 스트리밍· 이벤트 플랫폼, AI 워크플로에 활용	약 110억 달러 규모 합의, 2026년 클로징 예상
io(Jony Ive의 AI 디바이스 스타트업)	OpenAI	소비자용 AI 디바이스·하드웨어- 소프트 통합 역량	약 65억 달러, 2025년 7월경 인수 완료
Windsurf	Cognition	AI 운영·배포 플랫폼, 인프라 역량 보강	OpenAI의 인수 실패 후 Cognition이 인수
Statsig	OpenAI	실험·A/B 테스트 플랫폼, 제품데이터· 인재 확보 목적	약 11억 달러(주식딜), 2025년 9월 발표

위 사례들은 대부분 인프라·엔터프라이즈 워크플로·에이전트형 AI 등에서 경쟁력을 가진 회사를 흡수해 '스택 통합'을 강화하는 방향의 인수

가 이루어졌다.

패자 카테고리 3: 잘못된 시장을 선택한 애플리케이션

일부 AI 애플리케이션은 좋은 제품을 만들었지만, 잘못된 시장을 선택했다. 교육 AI 튜터 시장이 대표적인 예다. 2024년 수백 개의 스타트업이 AI 개인 튜터를 만들었다. 개념은 매력적이었다. 하지만 현실은 달랐다.

주요 사용자인 학생들은 지불 능력이 없었고, 부모들은 AI 튜터를 신뢰하지 않았다. 학교들은 구매 주기가 느렸고 예산도 제한적이었다. 설상가상으로 ChatGPT가 무료로 대부분의 기능을 제공했다.

결과는 참담했다. 2028년까지 교육 AI 튜터 스타트업의 약 85%가 폐업하거나 피봇할 것으로 예상된다. 소수만 생존 가능한데, 주로 언어 학습처럼 명확한 ROI가 있는 영역에서였다.

패자 카테고리 4: 하드웨어 도전자들

여러 스타트업이 NVIDIA 킬러 AI 칩을 만들려 했으나 거의 모두 실패했다. 영국 AI 칩 개발사 Graphcore가 한때 자체 개발한 IPU(Intelligence Processing Unit)로 주목받았으나, 2022년 인력 구조 조정과 함께 직원 약 20% 감축하고 노르웨이·일본·한국 등 일부 사무소를 폐쇄했다.

Graphcore는 누적 투자액 약 6억~7억 달러 이상을 유치하면서도 상업적 경쟁에서 어려움을 겪었다. Graphcore는 2024년 7월 소프트뱅크 그룹에 완전 인수되었는데 인수 계약 금액이 약 4억~5억 달러 수준으로 추정되며, 이는 누적 투자액보다 낮은 규모였다.

왜 그들이 실패했나? NVIDIA의 해자가 너무 깊었다. 칩 개발에는 수십억 달러가 필요한데, 스타트업들은 그만큼 조달할 수 없었다.

한국의 AI 스타트업도 치열한 생존의 기로에 서 있다. 한국산업기술진흥협회(KOITA)가 2025년 12월에 발간한 '국내 AI 스타트업 연구개발(R&D) 현황 분석 및 시사점'*에 따르면, 한국내 AI 스타트업의 생존율은 전 산업 평균에 비해 낮은 수준인 것으로 나타났다.

한국 AI 스타트업의 3년 생존율은 50%대 중반에 머물러, 일반 스타트업 및 전체 산업 평균보다 크게 뒤처졌다. 특히 창업 초기 1~2년 차까지는 비교적 높은 생존율을 보이지만, 이후 급격히 하락했다. 이러한 현상의 주요 원인으로 안정적인 수익 모델 부재와 시장 검증 이전 단계에서의 과도한 기술 중심 경영을 지목했다. 또한 다수의 AI 스타트업이 정부 R&D 지원금에 높은 비중으로 의존하고 있어, 지원 종료 시 재무적 부담이 급격히 증가하는 것으로 분석됐다.

민간 투자 유치와 매출 창출이 충분히 뒷받침되지 못한 점도 생존율 저하의 핵심 요인으로 꼽혔다. AI 기술 자체의 경쟁력과 별개로 사업화 역량과 산업 연계 능력이 생존을 좌우한 것이다.

---

* https://www.koita.or.kr/board/commBoardPressView.do?no=66529&utm_source=chatgpt.ccm

교훈: 무엇을 배웠는가

2024~2028년 AI 붐과 조정에서 우리는 무엇을 배울 수 있는가? 다섯 가지 핵심 교훈이 있다.

교훈 1: 기술 우위는 일시적이다, 구조적 우위는 영구적이다

가장 좋은 모델을 가진 기업이 승리하지 않았다. 가장 강한 해자를 가진 기업이 승리했다. NVIDIA는 CUDA 생태계와 제조 파트너십을 가지고 있었다. Google과 Meta는 독점 데이터와 수십억 사용자를 보유했다. Microsoft는 플랫폼 통합과 기업 고객 기반을 갖췄다.

기술은 복제 가능하다. 하지만 생태계, 데이터, 고객 기반은 다르다. 이것들을 구축하는 데는 10년에서 20년이 걸린다. 그것이 진짜 해자다.

교훈 2: 타이밍이 제품보다 중요하다

많은 AI 스타트업이 실패한 이유는 제품이 나빠서가 아니다. 타이밍이 잘못되었기 때문이다. 너무 일렀던 사례가 있다. 2023년 초기 AI 에이전트 스타트업들이다. 기술이 아직 준비되지 않았다. 환각과 신뢰성 문제가 있었다. 시장도 준비되지 않았다.

너무 늦었던 사례도 있다. 2024년 중반 이후의 AI 카피라이팅 도구들이다. 시장이 이미 포화되었다. 선점자 우위를 극복할 수 없었다. 적절한 타이밍을 맞춘 사례도 있다. GitHub Copilot은 2021년, Midjourney는 2022년에 출시되었다. 기술이 충분히 성숙했고, 시장이 준비되었으며, 경쟁이 아직 과도하지 않았다.

교훈 3: 버블 속에서는 비용이 보이지 않는다, 하지만 언젠가는 중요해진다

2023년에서 2024년, 많은 AI 기업이 '성장이 전부'라고 생각했다. 비용은 나중에 걱정하자는 식이었다. 수익성은 규모가 커지면 자연스럽게 해결될 것이라고 믿었다.

하지만 2026~2027년, 펀딩이 마르자 상황이 바뀌었다. 비용이 갑자기 중요해졌다. 그리고 많은 기업이 규모가 커져도 수익성이 개선되지 않는다는 것을 깨달았다. 오히려 손실이 증가했다. AI의 선형 비용 구조 때문이었다.

생존자들의 공통점은 무엇이었나? 초기부터 단위경제학에 집중했다는 것이다. Midjourney, Harvey AI, Perplexity가 그랬다. 그들은 빠르게 수익성을 달성하거나 수익성 경로를 확보했다.

교훈 4: 사용자는 AI를 원하지 않는다, 문제 해결을 원한다

많은 AI 스타트업이 "우리는 최첨단 AI를 가지고 있습니다"라고 마케팅했다. 하지만 사용자는 AI 자체를 사지 않는다. 그들은 문제 해결을 산다.

실패 사례를 보자. 많은 'AI 기반 문제 해결' 도구들이 있었다. 기술을 강조했지만 가치 제안이 불명확했다. 성공 사례도 있다. GitHub Copilot은 '코드를 더 빠르게 작성'을 약속했다. Harvey는 '법률 업무를 3배 빠르게'를 내세웠다. 명확한 결과와 측정 가능한 가치였다. 최첨단 기술을 파는 것이 아니라 혜택을 팔아야 한다.

교훈 5: 버블은 비합리적이지만 패턴은 예측 가능하다

AI 버블의 형성과 붕괴는 과거 버블인 닷컴, 부동산과 놀랍도록 유사하다. 형성 과정을 보자. 유동성이 홍수처럼 밀려들었다. 그다음 서사가 폭발했다. 자기 강화 순환이 일어났다. 붕괴 과정도 비슷했다. 대형 파산이 일어나고 공황이 퍼졌다. 차이는 속도뿐이었다. AI 버블은 더 빠르게 형성되고, 더 빠르게 조정되었다. 하지만 패턴 자체는 동일했다.

투자 교훈은 무엇인가? 역사는 반복된다는 것이다. 다음 버블이 올 것이다. 양자컴퓨팅일까? 뇌-컴퓨터 인터페이스일까? 어떤 기술이든 같은 패턴을 따를 것이다. 패턴을 이해하면 대응할 수 있다.

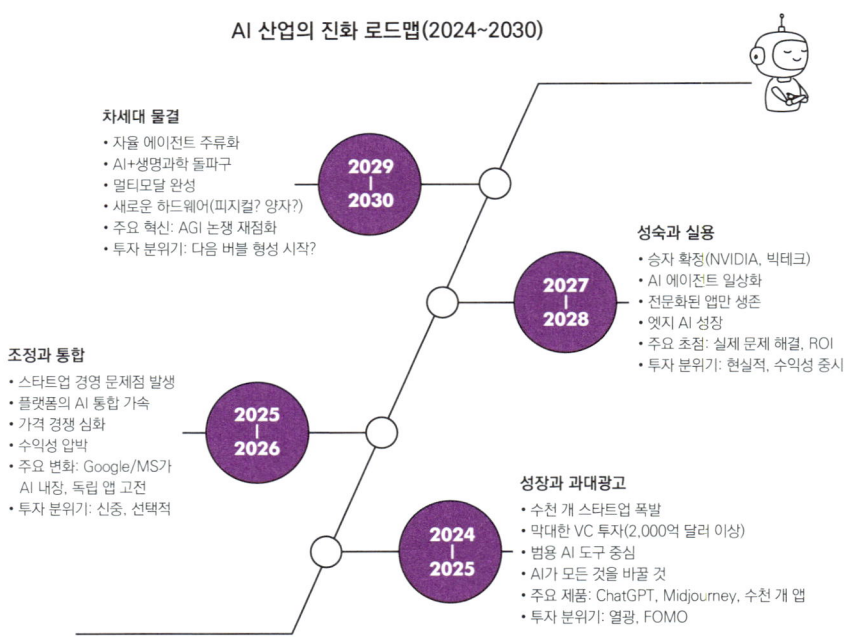

AI 산업의 진화 로드맵(2024~2030)

차세대 물결
- 자율 에이전트 주류화
- AI+생명과학 돌파구
- 멀티모달 완성
- 새로운 하드웨어(피지컬? 양자?)
- 주요 혁신: AGI 논쟁 재점화
- 투자 분위기: 다음 버블 형성 시작?

2029 - 2030

성숙과 실용
- 승자 확정(NVIDIA, 빅테크)
- AI 에이전트 일상화
- 전문화된 앱만 생존
- 엣지 AI 성장
- 주요 초점: 실제 문제 해결, ROI
- 투자 분위기: 현실적, 수익성 중시

2027 - 2028

조정과 통합
- 스타트업 경영 문제점 발생
- 플랫폼의 AI 통합 가속
- 가격 경쟁 심화
- 수익성 압박
- 주요 변화: Google/MS가 AI 내장, 독립 앱 고전
- 투자 분위기: 신중, 선택적

2025 - 2026

성장과 과대광고
- 수천 개 스타트업 폭발
- 막대한 VC 투자(2,000억 달러 이상)
- 범용 AI 도구 중심
- AI가 모든 것을 바꿀 것
- 주요 제품: ChatGPT, Midjourney, 수천 개 앱
- 투자 분위기: 열광, FOMO

2024 - 2025

결론: 미래는 예측 가능하다

2030년은 먼 미래처럼 보인다. 하지만 산업 구조는 놀랍도록 예측 가능하다. 역사는 패턴을 가진다. 그리고 AI는 그 패턴을 따른다.

수직 통합, 오픈소스 성숙, 인프라 재중심화, 지정학적 분열. 이것들은 새로운 것이 아니다. 우리는 이것을 자동차, 컴퓨터, 인터넷과 같은 이전 산업에서 봤다. AI도 다르지 않다. 투자자라면 수직 통합 거인과 인프라에 베팅하라. 창업자라면 틈새와 수직 특화를 찾아라. 직원이라면 AI를 업무에 적극 도입하고 AI로 대체되지 않는 기술을 배워라.

그리고 기억하라. 미래는 일어나는 것이 아니라 만들어지는 것이다. 만약 지금 올바른 선택을 한다면 당신이 2030년의 승자가 될 수 있다.

Chapter 15

AI 버블의 돌파구 ─ 피지컬 AI

2025년 11월, 피지컬 AI 분야의 거대 스타트업 등장

AI 버블 이슈가 발생하면서 주가가 출렁이던 2025년 말, AI 업계에 숨통을 틔워줄 구원투수가 나타났다. Amazon 경영에서 물러난지 4년이 지난 2025년 11월, 제프 베조스가 Project Prometheus(프로젝트 프로메테우스)라는 피지컬 AI 스타트업을 들고 전면에 나선 것이다.

이미 피지컬 AI 분야엔 수많은 플레이어가 각축전을 벌이고 있다. 그럼에도 베조스의 Project Prometheus가 단숨에 스포트라이트를 독점한 이유가 있다. 출범 자본금만 무려 62억 달러. 그것도 시작일 뿐이다. 베조스는 지금 이 순간에도 더 많은 자금을 끌어모으기 위해 투자자들을 만나고 있다.

Project Prometheus가 노리는 건 단순한 AI가 아니다. 비디오, 센서, 실험 장터에서 쏟아지는 실세계 데이터를 직접 학습하며, 실험 설계부터 검증, 제조 공정까지 스스로 최적화하는 자율 시스템—진짜 의미의 '피지컬 AI'를 만드는 것이다. Project Prometheus 발표 후 Physical Intelligence 등 로보틱스 스타트업의 후속 펀딩이 가속화되며, AI 자본이 소비자 중심에서 B2B 산업 분야로 이동했다. 또한 데이터 희소성 문제를 해결하기 위한 대규모 시뮬레이션 인프라 투자는 GPU 수요를 폭증시키고 있다.

주요 피지컬 AI 스타트업(2025년 12월 기준)

스타트업 이름	창업자	출범 자본금	주요 투자자
Project Prometheus	제프 베조스	62억 달러+	제프 베조스
Physical Intelligence	카롤 하우스만 외	4억 달러	OpenAI, Sequoia
Skild AI	딥마인드 출신팀	3억 달러	Lightspeed, Coatue
World Labs	페이페이 리	2억 3천만 달러	a16z, NEA

소프트웨어 AI에서 물리적 구현으로의 전환

피지컬 AI는 단순히 텍스트나 이미지를 생성하는 가상 세계의 AI가 아니라 물리적 세계에서 직접 작동하고 실험하며 최적화하는 AI이다. 이는 AI 산업의 패러다임 전환을 의미한다. 지금까지의 AI는 디지털 데이터를 학습하고 디지털 결과물을 생성하는 데 그쳤다. 하지만 피지컬 AI는 센서, 로봇, 실험 장비와 결합하여 실제 세계의 문제를 해결한다. 제조 공정을 직접 최적화하고, 신약 후보 물질을 실험실에서 합성하며, 복잡한 조립 작업을 수행한다.

피지컬 AI가 주목받는 또다른 이유가 있다. 피지컬 AI는 측정 가능한 가치 창출이 가능하기 때문이다. 생성형 AI가 '얼마나 유용한가'를 정량화하기 어려운 반면, 피지컬 AI는 '제조 시간 30% 단축', '불량률 15% 감소', '실험 속도 10배 향상'과 같이 구체적인 ROI를 제시할 수 있다.

피지컬 AI로의 대규모 자본 유입은 두 가지 의미를 갖는다. 첫째, 진입 장벽의 형성이다. 피지컬 AI는 막대한 하드웨어 인프라, 실험 설비, 데이터 수집 시스템을 필요로 한다. 초기에 거대 자본을 확보한 기업들은 이를 빠르게 구축하여 경쟁 우위를 선점할 수 있다.

둘째, 투자자 신뢰의 회복이다. 제프 베조스와 같은 검증된 경영자가 직접 나서는 것은 시장에 강력한 신호를 보낸다. "AI는 여전히 투자 가치가 있다"는 메시지를 전달하며, 다른 투자자들의 참여를 유도한다.

피지컬 AI 밸류체인과 투자 기회

계층	구성 요소	대표 기업	리스크
하드웨어(부품)	센서, 액추에이터, 모터	Keyence, Fanuc, ABB	낮음
데이터(인프라)	실세계 데이터셋, 합성 데이터, 시뮬레이션 환경	NVIDIA(Cosmos/Omniverse), Generalist AI, SAPIEN, AI2-THOR	중간
플랫폼(인프라)	클라우드, 시뮬레이션, MLOps	NVIDIA, AWS, Siemens	낮음
미들웨어(SW)	월드 모델, 로봇 OS, AI 프레임워크	World Labs, AMI Labs, Physical Intelligence, ROS, PyTorch	중간
애플리케이션 (End-user)	특정 산업 솔루션 스타트업	신생 스타트업들	높음

피지컬 AI와 월드 모델

LLM AI는 인터넷에서 크롤링한 텍스트, 이미지 데이터베이스, 사람이 라벨링한 데이터셋으로 학습했다. 이에 비해 피지컬 AI는 실세계에서 직접 수집한 데이터로 학습한다.

피지컬 AI의 성공을 가로막는 가장 큰 장애물은 실세계 데이터의 절대적 부족이다. 로봇 조작 데이터는 인터넷에서 크롤링할 수 없으며, 물리적 세계에서 하나씩 수집해야 한다. 한 대의 로봇이 하루 8시간 작동하며 생성하는 데이터는 불과 수 시간에 불과하다. 수백만 시간의 데이터를 모으려면 수천 대의 로봇이 수년간 작동해야 한다. 비용은 천문학적이고, 시간은 턱없이 부족하다.

바로 이 지점에서 월드 모델이 등장한다. 월드 모델은 물리적 세계를 디지털로 재현하고, 그 안에서 무한에 가까운 합성 데이터를 생성하는 기술이다. 이는 단순한 시뮬레이션을 넘어서, 실제 물리 법칙과 환경의 복잡성을 이해하고 재현하는 인공지능 시스템이다.

월드 모델은 중력, 관성, 충격 역학 같은 물리적 세계의 작동 방식을 이해하는 AI 모델로, 다양한 모달리티의 실시간 데이터로 훈련되어 행동과 환경 변화의 결과를 예측하여 빌트인한다. 이는 언어만 이해하는 대규모 언어 모델과는 근본적으로 다르다. 언어 모델은 단어의 통계적 패턴을 학습하지만, 그 단어가 지칭하는 물리적 실체를 이해하지 못한다. "사과가 떨어진다"는 문장을 생성할 수 있지만, 중력이 어떻게 작용하는지, 사과가 바닥에 닿았을 때 어떻게 튀는지는 알지 못한다. 월드 모델은 이 간극을

메운다. 물리적 법칙을 학습하고, 행동의 결과를 예측하며, 상호작용을 시뮬레이션한다.

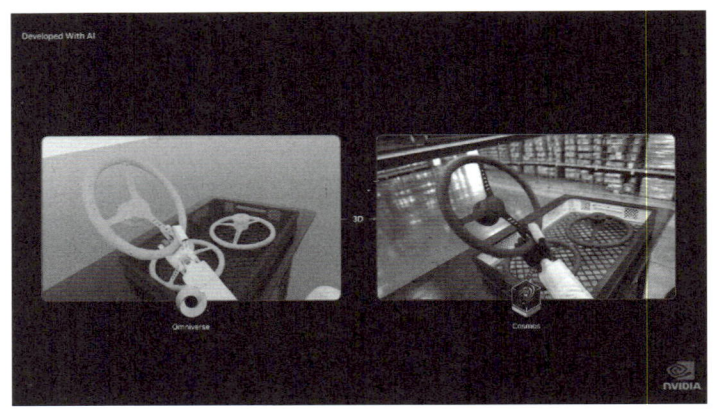

피지컬 AI 개발 가속화를 위한 플랫폼-NVIDIA Cosmos

피지컬 AI의 성공 전략은 월드 모델의 합성 데이터와 실세계 데이터의 전략적 결합이다. 월드 모델로 대규모 사전 학습을 수행하여 기본적인 물리 법칙과 상호작용 패턴을 익힌다. 그 후 실세계 데이터로 미세조정하여 시뮬레이션과 현실의 차이를 보정한다.

▌ 피지컬 AI가 학습할 데이터 확보 전쟁

피지컬 AI 학습을 위한 데이터 확보 경쟁은 실세계 운영 데이터, 실험실 생성 데이터, 합성 데이터라는 세 가지 축으로 전개되고 있다.

실세계 운영 데이터 보유 기업 (가장 큰 경쟁 우위)

- Amazon: 가장 압도적인 데이터 보유 기업이다. 2012년부터 100만 대 이상의 로봇을 전 세계 300개 이상의 물류센터에 배치하여 운영하고 있다. Amazon의 Vulcan 로봇은 수천 개의 실제 물체를 다룬 물리적 데이터로 학습했다.
- Tesla: 자율주행 데이터를 통해 막대한 실세계 데이터를 보유하고 있으며, 이를 Optimus 휴머노이드 로봇에 활용하고 있다.

합성 데이터 및 플랫폼 제공 기업

- NVIDIA: GTC 2025에서 15테라바이트의 피지컬 AI 오픈 데이터셋을 공개했으며, 로봇 훈련을 위한 32만 개 이상의 궤적, 최대 1000개의 OpenUSD 자산을 포함한다. Isaac GR00T N1 모델은 실제 및 합성 데이터를 결합한 대규모 휴머노이드 데이터셋으로 훈련되었다. Cosmos와 Omniverse 플랫폼을 통해 합성 데이터 생성을 주도하고 있다.
- Scale AI: 샌프란시스코 프로토타입 실험실에서 10만 시간 이상의 생산 작업을 완료했으며, Physical Intelligence, Generalist AI, Cobot 등 주요 피지컬 AI 기업들에 데이터를 제공한다.
- Generalist AI: GEN-0는 역사상 가장 크고 다양한 실세계 조작 데이터셋을 구축하고 있다. 감자 껍질 벗기기부터 볼트 조이기까지 가정, 제과점, 세탁소, 창고, 공장을 아우르는 데이터를 수집 중이다.
- Physical Intelligence, Figure AI, Skild AI: NVIDIA Cosmos와 Isaac GR00T 모델을 채택하여 합성 데이터를 생성하고 로봇에 새로운 행동을 학습시키고 있다.

데이터 분야는 피지컬 AI의 핵심 경쟁력을 결정하는 계층으로, 실세계 로봇 데이터 수집의 어려움과 희소성으로 인해 중간 리스크와 중상위 수익률을 갖는다.

피지컬 AI의 게임 체인저 가능성

피지컬 AI는 단순히 AI 버블의 생명 연장일까, 아니면 근본적 패러다임 전환일까? 이 질문에 대한 답이 향후 5년 AI 산업의 향방을 결정한다.

버블 연장 시나리오에서 피지컬 AI는 일시적 흥분을 불러일으키지만, 결국 생성형 AI처럼 과대광고의 함정에 빠진다. 초기 과도한 기대 → 현실의 벽 → 투자 위축 → 버블 붕괴의 사이클이 반복된다. 2030년이 되면 "피지컬 AI도 실패했다"는 냉소가 지배한다.

구조적 전환 시나리오에서 피지컬 AI는 AI를 실험실에서 현실 세계로 끌어낸다. 측정 가능한 가치 창출, 기존 산업과의 긴밀한 연결, 지속 가능한 비즈니스 모델을 통해 AI 산업을 성숙 단계로 진입시킨다. 2030년이 되면 피지컬 AI는 제조, 물류, 연구의 표준 인프라가 된다.

현실은 아마도 두 시나리오의 중간일 것이다. 일부 영역(반도체, 신약)에서는 큰 성공을 거두고, 다른 영역(범용 휴머노이드)에서는 실망을 준다. 중요한 것은 피지컬 AI가 생성형 AI보다 더 견고한 기반을 갖추고 있다는 점이다.

피지컬 AI는 무시할 수 없는 가능성이다. 만약 성공한다면, 제조업, 물류, 연구개발의 방식을 근본적으로 바꿀 것이다. 생산성이 혁신적으로 향상되고, 새로운 거대 기업들이 탄생하며, 경제 구조가 재편될 것이다. 투자자에게 중요한 것은 균형 잡힌 시각이다. 맹목적 낙관도, 과도한 비관도 아닌, 냉철한 분석과 계산된 베팅. 피지컬 AI에 모든 것을 거는 것은 위험하지만, 완전히 무시하는 것은 기회의 상실이다.

제프 베조스는 62억 달러를 걸었다. 그는 피지컬 AI가 Amazon보다 더 큰 기회라고 믿는다. 그가 옳을 수도, 틀릴 수도 있다. 하지만 그의 베팅 자체가 이미 시장을 움직이고 있다.

생존하라
다음 버블에서 만나자

우리는 긴 여정을 함께했다. 2024년 AI 버블의 형성에서 시작하여, 2028년 새로운 질서까지 내달렸다. 무엇을 배웠는가?

첫째, 버블은 파괴적이지만 필요하다. 2027~2028년 AI 버블이 터진다면 수천 개의 기업이 죽고, 수천억 달러가 증발될 것이다. 하지만 동시에 막대한 혁신과 인프라 구축을 촉진한다. NVIDIA의 GPU 제국, Microsoft의 AI 통합, OpenAI의 ChatGPT. 이것들은 버블 없이는 불가능했을 것이다. Joseph Schumpeter의 말처럼, 창조적 파괴다. 낡은 것이 무너져야 새로운 것이 자리 잡을 수 있다.

둘째, 기술만으로는 충분하지 않다. 이 책 전체의 핵심 메시지다. 가장 인상적인 기술을 가진 기업이 승리하지 않았다. 가장 강한 경제학, 가장 깊은 해자, 가장 명확한 가치 제안을 가진 기업이 승리했다.

OpenAI는 GPT-5를 만들었지만 여전히 손실이다. NVIDIA는 단순히 GPU를 팔지만 62% 마진이다. 기술은 필요조건이다. 하지만 충분조건은 비즈니스 모델이다.

셋째, 역사는 반복된다. AI 버블은 닷컴 버블과 놀랍도록 유사했다. 형성 메커니즘, 붕괴 패턴, 생존자 특성이 거의 동일했다. 차이는 주인공(인터넷 vs AI)과 속도뿐이었다. 이것은 무엇을 의미하는가? 다음 버블도 예측 가능하다는 것이다. 기술은 바뀐다. 하지만 인간의 심리(탐욕과 공포)는 바뀌지 않는다. 따라서 패턴은 반복된다.

넷째, 생존하려면 적응하라. 2025년의 성공 공식은 2028년에는 작동하지 않는다. 환경이 바뀌면 전략도 바뀌어야 한다.

- 2025년: 성장이 전부, 밸류에이션 극대화, FOMO 활용
- 2028년: 수익성이 중요, 단위경제학 중시, 선택적 투자

변화에 적응한 기업과 투자자가 살아남았다. 과거에 집착한 자들은 사라졌다.

다섯째, 장기적으로 생각하라. 버블은 2~3년이다. 하지만 진짜 가치 창출은 10~20년이다. Amazon은 닷컴 버블에서 살아남았고, 20년 후 세계를 지배했다. Google도 마찬가지이다.

AI에서도 같을 것이다. 2028년 생존자 중 일부는 2040년 거대 기업이 될 것이다. 그들을 알아보는 것이 투자자의 도전이다. 그들이 되는 것이 창업자의 도전이다.

이 책은 경고이자 가이드다.

경고: AI 버블은 터진다. 많은 AI 기업이 실패할 것이다. 대부분의 투자는 손실을 볼 것이다. 과대광고를 믿지 마라. FOMO에 굴복하지 마라.

가이드: 하지만 기회도 있다. 올바른 기업(인프라, 플랫폼, 전문화된 앱)은 번성할 것이다. 올바른 전략(방어 가능한 해자, 명확한 가치, 건전한 경제학)은 작동할 것이다.

핵심은 과대광고와 현실, 트렌드와 지속 가능한 가치, 단기 흥분과 장기 비전을 구별하는 것이다. 당신이 투자자라면 인내심을 가져라. 선택적이 되어라. 역사를 공부하라. 데이터를 요구하라. 당신이 창업자라면 겸손하라. 초점을 유지하라. 고객을 섬겨라. 당신이 관찰자라면 비판적으로 생각하라. 쉬운 답을 의심하라.

AI는 세상을 바꿀 것이다. 이것은 의심의 여지가 없다. 하지만 어떻게, 언제, 누구에 의해 바뀔 것인가? 그것은 아직 결정되지 않았다.

2025년, AI를 사용하지 못하면 직장에서 도태되고, AI를 도입하지 않는 기업은 경쟁에서 뒤쳐질 것이라는 서사가 우리를 휘감았다. 하지만 AI에 대한 진짜 이야기는 이제부터 시작이다. 그리고 당신은 그 이야기의 일부가 될 것이다.

이 책을 읽고, 비판하고, 적용할 사람들. **당신들이 다음 사이클의 생존자가 되기를 바란다.** 시장은 잔인하다. 하지만 공정하다. 준비된 자에게 기회를 준다. 그리고 역사를 아는 자에게 우위를 준다. 준비하고 생존하라. 행운을 빈다. 다음 버블에서 만나자.